KB040548

선진국 한국의 →
다음은

약속의
땅인가

이탈리아로
가는 길

선진국 한국의
→ 다음은

약속의
땅인가

THE
ROAD
TO
ITALY

조귀동
지음

이탈리아로
가는 길

생각의힘

차례

들어가며

아무것도 바꿀 수 없는 사회

한국은 어떠한 개혁도 바랄 수 없는 사회가 됐다. 정치가 헛돌고 있기 때문이다. '헛돈다'는 건 이해관계가 엇갈리고 가치관이 다른 사람들 사이에서 정치가 거간꾼 노릇을 하며 적절한 시스템을 만들어낼 수 없다는 뜻이다. 민주주의가 만성적 위기 국면에 접어들었다는 징후도 넘쳐난다.

　　정치적 갈등 수준은 대단히 높아졌지만, 정작 갈등의 내용은 유권자의 실질적 이해관계나 사회가 나아갈 방향과는 거리가 멀다. 정치인과 정당은 고정 지지자만 바라볼 뿐 반응성(유권자의 여론이나 투표 결과에 대응해 움직이는 것), 책임성(정치 행위나 선거 결과 등에 대한 상벌이 분명한 것)이 결여되어 있다. 여러 세력이 '순화된 내전'(즉 정치)을 벌이기 위해서는 규칙을 준수하는 게 전제가 되지만, 오히려 반칙을 하는 게 장려된다. '탈진실'이라 번역되는 '포스트 트루스post-truth'라는 단어는 앙상한 힘겨루기만 남았음을 보여준다. 2016년 연인원 1,000만 명[1]이 광장에 나와 제6공화국(제9차 개정헌법에 따라 출범한 공화국) 정신에 걸맞은 민주주의를 요구하며 예상했던 '촛불 민주주의 시대'의 귀결이라고 보기엔 초라하기 짝이 없다.

　　문제는 한국이 어느 때보다 체제 개혁이 필요한 상황이라는 점이다. 이제 상식이 되다시피 한 선진국 진입의 또 다른 의미는, 고도성장기에 만들어진 각 분야의 시스템을 바꿔야 한다는 것이다. 가속화된 고령화와 저출산(저출생)의 충격을 극복하기 위해서는 전면적인 체제 개혁밖에 없다. 빠른 기술 변화, 심화되는 불평등, 늘어나는 외국인 이민자, 세계 경제의 구조 변화는 새로운 문제를 낳고 있다.

'아무것도 바꿀 수 없는 사회'는 역설적이게도 한국이 산업화와 민주화에 성공한 결과이다. 지금 민주주의를 약화시키고 있다고 지적받는 것 중 다수는 2000년대 들어 본격화된 정당 간 경쟁과 현대적 대중 동원 과정에서 출현한 것들이다. 특정 정치인이나 분파에 강한 일체감을 가지면서 다른 이들과 공존을 거부하는 정치적 부족주의가 대표적이다. 더불어민주당이 골머리를 앓고 있는 극단적인 권리당원이나, 국민의힘에서 내홍이 불거지게 한 전광훈 목사 등 기독교를 기반으로 한 극우 정치 세력은 두 정당의 대중 동원 기제와 밀접하게 연관되어 있다.

새로운 대중정치의 주역은 경제 발전에 따라 늘어난 중산층, 정확히는 상위 중산층upper middle class이었다. 이들은 1987년 6월 혁명, 2002년 '노무현 돌풍'을 이끌었다. 이후 중산층의 정치적 행동주의는 '깨어 있고 적극적으로 참여하는 시민들'이 꽤 중요한 정치적 상수가 되도록 했다. 2016~2017년 보수의 '태극기 집회' 참여자도 대졸 이상(64%) 학력이 주를 이룰 정도다.[2] 하지만 경제 구조 고도화는 좀 더 복합적인 불평등을 낳았고, 저성장 속에서 극복하기 어려운 질적 격차를 만들어냈다. 수출 대기업과 이해관계를 같이하는 자산가·부유층·상위 중산층과 나머지 '뒤처진 사람들'의 격차는 전통적 정당 구조를 허물어뜨리는 결과를 낳았다. 상부구조(정치)를 떠받치던 하부구조(경제)가 무너지면서, 정치인과 정당들은 생존을 위해 더 극단적인 행태를 취하기 시작했다.

이처럼 정치의 위기는 어딘가 고장이 났거나 누군가의 일탈로 발생한 것이 아니다. 기존 정치 질서가 안고 있는 모순이 더는 감당할 수 없을 정도로 커졌기 때문이라고 보아야 한다.

사회적 병목이 된 정치

제6공화국은 근현대사에서 가장 역사가 오랜 정치 체제다. 1988년 2월 25일부터 만 35년을 넘겼다. 일제 강점기(만 34년 11개월)보다 길다. 추가적인 헌법 개정에 대한 논의가 간간이 있었지만, 그때마다 유야무야됐다. 1987년 6월 항쟁으로 터져 나온, '자유롭게 태어난 한국인'을 요구했던 거대한 에너지에 맞먹는 대중 동원이 불가능했기 때문이다.

하지만 현재 한국 민주주의는 공식적인 제도는 안정적일지 몰라도, 그 운영을 담당하는 행위자인 대통령실과 주요 정당은 무능력하다. 이를 압축해 보여주는 게 윤석열 대통령이다. 윤 대통령은 2021년 5월 17일 "5·18은 어떤 형태의 독재와 전제에 대한 강력한 거부와 저항을 명령하는 것"[3]이라는 메시지를 내며 정치 행보를 시작한 지 1년이 안 돼 대통령이 되었다. 보수 정치의 거대한 공백을 채울 수 있는 유일한 인물이었기 때문이다. 그가 정치적 성공을 거머쥔 또 다른 요인은 지지 연합이 급격히 와해된 더불어민주당이다. 민주당은 2016~2017년 광장으로 뛰쳐나온 수백만 시민들 덕분에 압도적인 권력을 잡았고, "20년 집권론"을 외치며 2018년 지방선거와 2020년 총선에서 압승했지만 스스로 무너져 내렸다. 현재 민주당의 '대안'이 무엇인지 명확히 답할 수 있는 이도 드물다.

　정치 행위자의 무능은 사람을 바꾼다고 해결될 일이 아니다. 꽤 구조적인 행태이기 때문이다. 민주당의 산증인이라 할 수 있는 이해찬 전 총리(2018~2020년 민주당 대표)는 압도적 승리가 예상됐던 2017년 대선에서도 국정 핵심 정책을 준비하는 조직이 없어 집권 이후 "학자 몇 사람 주장으로 정책을 짜는"[4] 일이 벌어졌다고 회고했다. 선거 캠페인의 핵심인 후보 일정도 한동안 제대로 조율이 되지 않아 난맥상을 보였다. "강원도 갔다가 전라도 갔다가 하루에 몇백 킬로미터를" 달려야 할 정도로 엉망이었다. 2021년 말 윤석열 당시 국민의힘 후보 캠프는 후보자 일정, 주요 직위 인선, 정책 개발 등에서 혼란 그 자체를 드러내면서 선거 패배 일보 직전까지 몰렸다. 급기야 선거대책위원회를 해체하는 극약 처방을 내려야 했다. 집권 이후 보이는 모습도 비슷하다. 가령 대통령실 홍보수석실은 대선 캠프 당시 핵심 관계자 없이 대행사를 바꿨듯, 계속해서 중심 인물이 교체되고 있다. 정당이 기업이나 NGO(비영리기구)처럼 짜임새 있게 작동하지 않을 뿐만 아니라, '캠프'로 모이는 사람들도 사전 네트워크 형성은 물론 정치적 지향점을 공유하고 있지 않기 때문이다. 어떻게 정치 엘리트를 충원하고, 훈련시킬지에 대한 고민은 사치나 마찬가지다.

　극히 불안정하고 유동적인 정치 시장에서 살아남기 위해 정치인들은 앞다퉈 선명성 경쟁을 벌인다. 상대를 '토착 왜구', '김일성주의자' 등으로 부르는 행위는 일상적이다. 극단적인 발언은 명확한 전선을 긋고 '우리 편 아니면 적'이라고 선언한다. 상대나 중도층을 설득하기보다는 당 내부에서 지지층을 더 많이 확보하겠다는 판단에 따른 것이기도 하다. 정당 간 합의가 이뤄질 수 없는 여건이다. 심판이 없다 보니 걸핏하면 경·검찰에 고발하거나 헌법 소원을 비롯한 각종 소송을 건다. 정치의 사법화 현상이다. 그 결과 검찰이나 사법부도 정치의 영역으로 넘어오게 됐다. 윤석열 대통령이 문재인 정부에서 고속 승진해 검찰총장이 되고, '배은망덕'하게 청와대에 수사의 칼끝을 돌리면서 '정권의 적'이 되고, 결국 정치인으로 나서게 된 건 그러한 맥락에서 상징적이다. "군인 시대는 육사 출신, 정치 시대는 운동권 출신 데려다 쓰면 됐지만, 지금은 '로스쿨' 출신 외에는 집단적으로 준비된 그룹이 없"어, 법조 정치인 독점 시대가 펼쳐지리라는 예측도 나온다.[5]

정치의 불안정성, 역량 상실, 타협의 부재는 결국 정치적 의사 결정이 불가능한 사회를 낳는다. "경제 위기 아닌 정치적 의사 결정의 위기",[6] "한국 정치는 아무것도 결정할 수 없는 늪"[7] 등의 진단이 몇 해 전부터 나오는 이유다. 정치는 공동체에서 늘 발생할 수밖에 없는 갈등과 대립을 조율하고, 집단적 선택을 내리는 것이다. 결정이야말로 정치의 본질이다. 정치가 제 역할을 하지 못하는 사회는 미래를 위해 아무것도 바꿀 수 없고, 그저 운이 좋기만을 바라기 일쑤다.

오히려 정치는 현재 필요한 변화를 막는 '병목'이 되고 있다. 경제, 사회, 문화는 선진국의 문턱을 넘어섰지만 역설적이게도 정치는 오히려 퇴보하다시피 했기 때문이다. 1995년 이건희 당시 삼성그룹 회장이 "정치는 4류, 관료는 3류, 기업은 2류"라고 말했던 것을 기업인의 오만함으로 치부할 수 없게 된 셈이다. 가령 저출산 문제의 본질은 결혼과 출산이 특권이 되다시피 한 사회다. 하지만 정치가 제대로 작동하지 못하며 땜질식 대책만 반복될 뿐이다. 정규직과 비정규직의 격차, 자산 격차를 비롯한 불평등의 질적 심화, 고령화에 뒤따르는 복지제도 및 근로 생애work life의 대규모 변화 압력 등에 대해서도 정치는 무능한 모습만 보인다.

선진국 진입의 결과, 노무현 정치 질서의 내파

한국 정치가 만성적 위기로 미끄러져 들어가게 된 건 정치인이나 정당 또는 권력 구조 때문이 아니다. 2002년 대선을 전후해 자리 잡은 정치 질서 또는 '노무현 질서'라고 부를 수 있는 일련의 정치 구조가 더는 제대로 작동하지 못하는 상황에 봉착했기 때문이다. 좀 더 정확히 표현하면 한국 사회가 선진국으로 바뀌어 나가면서, 그 성공으로 인해 정치 질서 내부의 모순이 수습 불가능한 지경이 된 것이다. 일종의 '내파implosion'가 발생한 셈이다. 새뮤얼 헌팅턴은 이제 고전이 된 《정치발전론》[8]에서 신흥국 정치가 불안정한 이유로, 경제적·사회적 근대화가 정치 발전에 앞서서 나갔기 때문이라고 설명한다. 하부구조와 상부구조의 불일치가 결국 정치의 위기를 가져온다는 논리다. 빠르게 선진국 진입에 성공한 한국에도 적실성이 있다.

여기서 정치 질서 또는 노무현 질서는 흔히 '체제'로 번역되는 레짐regime이나 시스템system보다 정당, 정치인, 이데올로기, 지지자 구성, 정치 행위의 명시적·암묵적 규칙 등에 방점이 찍힌 개념이다. 가령 정치학자 데이비드 플롯케는《민주당 정치 질서의 건설》[9]이란 책에서 정치 질서를 정치 연합의 범위와 성격, 지배적 담론 등을 묶은 포괄적 의미로 사용했다. 이른바 '87년체제론'[10]이 민주화 이후의 한국을 '분단체제'를 극복할 역량을 갖출 국면에 들어간 것으로 간주하고 정치·경제·사회를 모두 포괄해 '체제'를 규정한 것과 달리, '노무현 질서'는 중장기적인 정치 구조의 변화에 주목한다. 또 IMF 외환위기 이후 신자유주의가 전방위적으로 침투했다는 '97년체제론'의 환원주의적인 시각과도 다르다.

정치 질서의 특징 중 하나는 주도권을 가진 특정 세력뿐만 아니라 그에 반대되는 세력에까지 강력한 영향력을 미친다는 점이다. 가령 아이젠하워 미국 전 대통령은 공화당이지만 당시 민주당이 주도했던 '뉴딜 질서'의 영향을 받을 수밖에 없었고, 클린턴 전 대통령은 1980년대 레이건 전 대통령에서 시작된 '신자유주의 질서'를 그대로 따라갔다는 것이다.[11] 당시 지배적인 사회적·경제적 인식, 유권자의 특징, 정당 간 경쟁 구도의 결과다. 특정 산업에서 경쟁을 벌이는 기업들은 전략, 경영 방식, 조직 구조 등에서 비슷한 모습을 보이는 경우가 많다. 이를 동형화isomorphism라고 한다. 기업을 비롯한 각종 조직에서 제도적 동형화가 발생하는 강력한 압력이 존재한다는 주장도 있다.[12] 강압(법 규제를 포함한 외부의 압력), 모방(불확실한 상황에서 벤치마크 조직을 참고), 규범(전문화 등에 따른 표준적인 규범의 등장과 채택)이 그 원인이라는 설명이다.

굳이 '노무현 질서'라고 이름 붙인 것은 2000년대 초중반 형성된 정치 질서의 핵심에 노무현 전 대통령이 있기 때문이다. 거대 양당이 선거에서 실질적으로 경쟁하는, 즉 정권 교체를 일반적인 상황으로 간주하는 민주주의가 한국 사회에 자리 잡은 것은 2002년이다. 또 노무현 대통령이 당내 경선과 대선에서 승리한 것은 이전과 다른 대중 동원 방식을 만들어냈기에 가능했다. 이후 노무현 대통령과 그 주변의 정치 엘리트들은 민주당을 '개조'하는 작업을 적극적으로 벌였다. 핵심은 당에 의존하지 않고 정치인이 '시민'을 직접 동원하는 기제를 만들고, 이를 통해 당내 권력을 잡는 규칙을 확립하는 것이었다. 이 작업은 대학교 졸업·대기업 근무·대도시 거주 화이트칼라 집단이 사회 전반에서 목소리를 높이는 '중산층 행동주의'를 바탕으로 성공했다.

정치 질서가 원활하게 작동할 수 있게 하는 경제 환경도 2000년대 초중반 재구성됐다. 1998년 외환위기로, 대규모 요소 투입에 의존하고 국가가 금융을 바탕으로 기업을 통제하던 옛 산업화 방식은 무너졌다. 이 자리를 채운 것이 삼성전자, 현대자동차, SK, LG화학 등 대기업 집단이 보여준 기술 기반과 수출 지향 그리고 경영 효율화를 꾸준히 추구하는 선진 경영기법이다. NHN, 카카오 등 IT 기업의 기반도 이때 만들어졌다. 중국 등 신흥국 수요가 폭발하면서 자본재와 소재 분야 기업도 급성장했다. 대기업의 성공에 기반한 상위 중산층이 성장하며 '뒤처진 사람들'과의 불평등이 심화되는 구조가 만들어졌다. 경제 성장과 산업 구조 고도화의 결과로 민주당계 정당과 보수계 정당 모두 지지 기반 내부에서 심각한 균열을 상시적으로 경험하게 됐다.

한국 경제의 질적 도약은 사회복지에 대한 욕구를 끌어올렸다. 상위 중산층을 포함한 넓은 의미의 '중산층'은 변동성이 심한 사회에서 '사회적 안전망'을 요구했다. 또 보육·교육·의료 등 비용이 많이 들어가는 사회 서비스 영역에서 국가 역할의 확대를 원했다. 한편에서는 불평등 확대에 따른 '뒤처진 사람들'에 대한 사회 정책이 필요해졌다. 하지만 사회복지 정책의 확대는 상위 중산층을 중심으로 수혜가 주어지는 방식으로 이뤄졌으며, 세금을 높이거나 사회보장 기여금 부담을 늘리는 방식은 되도록 억제됐다. 기업 간 격차 심화라는 근본적인 문제에도 손을 대지 않았다.

이렇게 형성된 노무현 질서는 문재인 정부에서 무너지기 시작했다. 수출 대기업 및 IT·금융 등 지식 기반 산업 고도화의 수혜를 받는 집단과 그렇지 못한 나머지들의 격차가 심화됐다. 소득 격차 심화는 아파트를 비롯한 자산 가격의 급등이라는 형태로 폭발했다. 한국이 드디어 선진국이 됐다는 인식은 문재인 정부에서 자리를 잡게 됐지만, 그 선진국의 과실이 불평등하게 배분된다는 사실도 그만큼 명확해졌다. 2019년 조국 전 법무부 장관을 둘러싼 논란은 자녀 세대의 교육과 노동시장 진입에서의 불평등 심화를, 2020년 경기도까지 확산된 아파트 광풍은 1980년대 중후반 및 그 이후 출생자 집단에서 주거 사다리의 소멸을 각각 보여주었다. 날로 부유해지는 '대서울'에 비해 쇠락한 제조업과 함께 침몰하는 지방의 문제는 영남과 호남에서 '지역 패권 정당'에 대한 반감을 낳았다. 2021~2022년 대규모로 발생한 탈脫민주당 유권자들의 공통점은 사회적·경제적 약자라는 데 있다.

그러나 윤석열 정부는 기존 정치 질서의 균열을 봉합하거나

들어가며   아무것도 바꿀 수 없는 사회

이를 대체할 새로운 질서를 제시할 능력을 갖추고 있지 않았다. 오히려 문재인 정부 당시 본격화된 '순수한 인민'과 '부패하고 비도덕적인 기득권'을 가르는 정치 행태를 거의 그대로 받아서 통치의 핵심 수단으로 사용했다. 국무회의에서 "국민을 약탈하는 이권 카르텔과 일전불사의 각오로 싸워야 한다"[13]는 발언을 내놓고, 보수 성향 지지층의 결집만을 도모하는 정치 행태를 보인다. 박근혜 전 대통령 탄핵을 계기로 폐허가 되다시피 한 보수정당이 5년 만에 정권 교체에 성공했지만, 거대한 반대 여론에 직면해 있는 근본적인 이유는 이 '무능력'일 것이다.

사회적·경제적 변화 방향은 앞으로 노무현 질서의 기능부전 malfunction이 점점 더 심화될 것임을 시사한다. 가령 고령화는 장기 요양 수요의 폭발적 증가를 야기하는데, 재정뿐만 아니라 대량의 인력을 빨아들이는 결과를 낳을 것이다. 고령자 집단의 심각한 자산 불평등은 자산 과세 등 사회복지 재정 확대 필요성과 함께 그에 대한 정치적 저항이 만만치 않을 것임을 암시한다. 뒤처진 지방의 불만은 하나둘씩 수면 위로 떠오르고 있다. 주택·보육·의료·교육·교통 등 공공재 성격이 강한 재화나 서비스를 공급하는 기존 방식은 국가가 개입하는 '공동구매'에 가까웠다. 값싸고 저렴한 서비스를 공급하는 시스템을 먼저 만든 뒤, 경제 성장에 발맞춰 국가 역할을 확대했다. 공동구매 밖의 고급 서비스는 여력이 되는 이들이 따로 살 수 있게 하는 구조였다. 성장하는 경제를 전제로 해 이해당사자들의 불만을 억제했다. 그런데 이제는 성장률 하락과 고령화 그리고 격차 확대와 함께 기존의 공공재 및 사회 서비스 공급 체계가 제대로 작동하지 않기 시작했다.

문제는 새로운 정치 질서가 좀처럼 등장하기 어려워 보인다는 데 있다. 기존 정당이 안정적인 지지 연합을 구축할 가능성은 낮다. 민주당이 마포구·용산구·성동구에 사는 상위 중산층과 경기도에 사는 호남 출신 중하층 노동자 및 영세 자영업자의 간극을 메울 방도를 찾으리라 기대하기 어렵다. 국민의힘의 전통적인 수도권 기반은 중하층 자영업자와 고령자이지만, 앙상한 시장 보수의 가치는 딱 서울 목동과 상계동 학원가에서 성장한 이들에게만 소구력이 있다. 제조업 쇠락이 부산·울산·창원의 탈보수화를 야기하는 등 전통적 지역 지지 기반은 쇠퇴 일로다. 몇 년 전까지만 해도 유지됐던 사회계약, '열망의 대상 또는 도달해야 할 목표로서의 중산층'은 이제 상위 10~15%(즉 상위 중산층)만 누릴 수 있는 특권으로 간주된다.

포퓰리즘 정치의 약속의 땅, 한국과 이탈리아

노무현 질서의 유산, 정당에 의존하지 않는 대중 동원은 포퓰리즘 정치로 발전하고 있다. 많은 정치학자는 포퓰리즘을 일종의 정치 스타일 또는 이데올로기로 본다. "사회적 의무를 다하고 생산적인 활동을 하지만 정치적으로 과묵"한 '침묵하는 다수' 또는 '순수한 민중'과 "사회적 타락과 도덕의 붕괴"를 만들어내고 "특정 이익 단체에 사로잡혀 있"는 '부패한 엘리트'와 그들이 비호하는 특정 사회 집단의 두 진영으로 나누는 정치 행태라는 것이다.[14] 포퓰리즘 정치는 대개 '국민'이라는 명칭으로 호출되는 순수한 민중이 사회적 위기 상황에서 의견을 주장하는 행동으로 스스로를 규정하게 된다. 또 우파와 좌파를 가리지 않고 다른 이데올로기와 결합해 다양한 변종을 만들어내기도 한다. "현실주의, 근면함, 성실성 등 민중이 자연스럽게 갖고 있는 윤리적 자질을 정치적·경제적·사회적·문화적 기득권의 위선·비효율성·부패와 대비시키는" 일종의 정신상태로 보기도 한다.[15]

민주당과 국민의힘 양쪽에서 포퓰리즘 정치는 이미 주류에 편입됐다. 두 정당 모두 사회경제적인 문제를 해결하지 못하고, 이질적인 지지 연합을 포괄하는 의제를 설정하지 못한다는 모순에 봉착해 있다. 여기에 대한 손쉬운 해결책은 '적'을 설정하고, 그 적을 타도하는 것만이 지지자들이 생각하는 실질적인 목표(다시 말해 사회경제적 이해관계에 부합하는 목표)를 달성하는 방법이라는 세계관을 제시하는 것이다.

이 세계관에는 순수한 민중의 의지를 대변하는 지도자가 필요하다. 정당을 비롯한 다른 매개는 배제되고, 지도자와 대중은 직접 연결된다. 정치인 입장에서 자신만의 '군대'나 '영지'를 가질 수 있는 셈이다. 나라와 지역을 불문하고 포퓰리즘적 정치 행태가 계속 나타나는 이유다. 팬덤 정치가 기승을 부리는 건 정치에서 소외된 '뒤처진 사람들'의 분노와 불만이 커지고 있다는 수요 측면 요인과 이를 잘 활용해 특정 정치인의 자산으로 삼을 수 있다는 공급 측면 요인이 결합한 결과다. 팬덤 정치는 근본적으로 정체성 정치이고, 이때 미지근한 타협과 협상은 금기시된다. 따라서 정치적 양극화, 정확히는 산업화와 민주화 그리고 노무현 전 대통령이라는 거대 서사가 없는 고만고만한 중소 '부족'의 다극화된 대립이 정치의 기본 문법이 되어가고 있다. 경제와 정치가 얽혀 의사 결정을 내릴 수 없는 사회를 만들어내고 있는 모양새다.

이 때문에 한국 정치의 미래는 마리오 타르치(피렌체 대학교)가 "포퓰리즘의 약속의 땅promised land"(구약성서에서 하나님이 이스라엘 민족에게 주기로 한 땅으로, 일종의 이상향을 의미)이라고 표현한 이탈리아에 가깝다. 이탈리아에서는 수십 년간 유지되던 기독교민주당(기민당)의 반反공산당 동맹이 사회·경제 구조 변화에 무너지고 1994년 총선에서 실비오 베를루스코니가 이끄는 '전진이탈리아(포르자이탈리아)'가 집권당이 되면서 포퓰리즘 전성시대가 열렸다. 이 선거는 '마니 풀리테mani pulite'(깨끗한 손이라는 의미로, 검찰에 의한 대규모 정치부패 척결 작업)로 불리는 반부패 수사와 탈냉전으로 기민당과 공산당이 각각 치명상을 입고 소선거구제로 제도가 바뀐 직후 치러졌다. 전진이탈리아뿐만 아니라 극우 '국민동맹AN', 북부 지역주의를 내건 '북부동맹LN'도 약진했다. 2018년 총선에서는 중도 좌파 포퓰리즘 정당 '오성운동M5S'이 최다 득표를 했고, 2022년 총선 결과 포스트파시스트 정당인 '이탈리아의형제들FdI'(국민동맹의 후신 격 정당)이 집권당이 됐다. 공산당과 기민당의 중도 좌파 세력이 모인 민주당도 2014~2016년 마테오 렌치 총리(이후 탈당해 '생동하는이탈리아'라는 정당 창당) 시절 '제도적 포퓰리즘'이라 평가받을 정도로 다른 포퓰리즘 정당의 행태를 대거 도입했다. 타르치는 "얼마 전까지만 해도 대의 민주주의 체제의 병리적인 현상으로 간주됐던 사항들은 이제 정치의 필수적인 구성 요소가 됐다"라며 "다양한 유형의 포퓰리즘이 경쟁하고 있다"고 평가했다.

이탈리아는 한국과 비슷하게 제2차 세계대전 이후 빠른 산업화를 겪었다. 1958~1963년 사이의 고성장(연평균 5.8%)은 '경제 기적'이라고 불린다.[16] 한국 못지않게 수출 주도 성장 정책을 폈고, 이 기간 수출은 연평균 16%씩 늘어났다.[17] 자동차·모터사이클·재봉틀·냉장고 등 내구 소비재와 섬유·의류 등 비내구 소비재, 철강·화학 등 중간재가 골고루 성장했다. 1970년대 잠깐 어려움을 겪었지만 1980년대 '제2차 경제 기적'으로 호시절을 맞았다. 영국에 이은 세계 5위의 경제 대국에 진입한 것도 이때다. "쉽진 않았지만 꿈을 이룰 수 있었던 시기"[18]라고 당시를 기억하는 이탈리아인이 많은 이유다. 하지만 방만한 공공 부문과 만성적 재정 적자, 인위적 경기 부양에 대한 의존, 낮은 생산성, 높은 인건비, 투자 부진, 불투명한 기업 지배 구조 등 1970년대부터 문제로 지적되어 온 것들이 전혀 바뀌지 않으면서 경제의 발목을 잡았다. 1990년대 이후 이탈리아 정치는 개혁에 나설 추진력을 갖지 못했다. 경제가 정체를 면치 못하면서 2021년 1인당 GDP(3만 1,288달러)에서 한국(3만 1,497달러)에 처음 추월당하게 됐다.

또한 이탈리아는 한국과 마찬가지로 대기업 정규직과 중소기업·비정규직으로 나뉜 이중 구조가 강하다. 이중 구조는 단순히 노동시장 지위에만 그치지 않는다. 두 나라 모두 연금 등 사회복지가 일자리 지위와 밀접히 연관되어 있어, 이것이 그대로 사회복지의 이중 구조를 낳는다. 또한 이탈리아도 주거에서 아파트 비중이 높다(이탈리아의 아파트는 한국의 고층·대규모 아파트 단지보다 공동주택에 가깝다). 베를루스코니 총리는 1960~1970년대 아파트를 지어 큰돈을 번 신흥 재벌이었다. 청년들이 집을 사는 데 큰 부담을 느끼는 행태도 유사하다. 심지어 유럽에서 출산율과 혼인율이 가장 낮은 사회라는 점도 닮았다. 경제 구조에 더해 뿌리 깊은 가부장제 사회라는 점이 저출산의 요인으로 꼽힌다.

이 같은 이유로 한국이 어떤 유형의 사회로 나아가고 있는지 질문을 던질 때, '이탈리아로 가는 길'에 있는 것으로 보인다는 무거운 답을 내릴 수밖에 없다. 산업화 시대 누적된 문제가 해결되지 못한 채 급격히 저성장 국면에 접어든 데다, 그 과정에서 형성된 질서가 스스로의 모순에 못 이겨 제대로 작동하지 않고 있는 모습이 닮았기 때문이다. 또 정치 영역에서 좌우를 가리지 않고 포퓰리즘적 행태가 기승을 부리고 새로운 표준이 되는 듯한 양상은 미국, 영국, 일본 같은 나라보다 이탈리아와 닮았다. 한국 사회에서 선진국에 진입했다는 환호 한편에 미래상에 대한 불안이 짙게 깔려 있는 건, 많은 이들이 '어떤 선진국이 되고 있는가'라는 질문을 던지기 시작했기 때문일 것이다.

글의 구성

구성은 다음과 같다. 1장에서는 한국 사회가 어떤 특징을 가진 선진국이 되고 있는지 다룬다. 그간 보수는 미국, 진보는 스웨덴을 일종의 '롤 모델'로 삼았다. 현실적인 타협안은 독일 정도였다. 하지만 출산율이라는 지표와 출산율에 영향을 미치는 여러 요인, 국가의 대응 등을 기준으로 놓고 보면 이탈리아와 같은 남유럽형 사회에 가까워 보인다.

2장에서는 2002년 무렵 만들어진 정치 질서를 분석한다. 군이 노무현 질서라는 이름을 붙인 것은 레이건, 마거릿 대처 당시와 같은 명시적인 정책 프로그램이 없었다 할지라도, 노 전 대통령과 민주당계 정당이 이후 한국 정치의 작동 방식을 주조했기 때문이다. 경제 구조의 변화와 중산층 행동주의의 등장, 한국형 복지국가의 형성 등에 있어서도 노 전 대통령과 민주당 정부는 능동적으로 영향을 미쳤다. 그리고 한국이 선진국에 가까워지면 질수록 노무현 질서가 안고 있던 모순은 더 첨예해졌다.

3장에서는 2016년 이른바 '촛불혁명'으로 출범한 문재인 정부의 압도적 우위가 어떻게 허물어졌는지 분석한다. 2022년 대통령 선거와 지방선거 결과는 민주당을 지지하는 유권자 연합이 해체된 데 따른다. 그 핵심 원인은 경제에 있다. 특히 상위 중산층의 독주와 나머지 '뒤처진 사람들'의 이탈은 한국 사회가 선진국 도약이라는 목표를 달성했기에 발생한 사건이다. 민주당의 패배는 기존 정치 질서가 제대로 작동하지 않게 됐음을 여실히 보여준다. 또 민주·진보 진영의 세계관이 파산한 결과이기도 하다.

이어 4장에서는 박근혜 전 대통령 탄핵으로 만들어진 폐허 속에서 5년 만에 정권 탈환에 성공한 보수가 왜 어려움을 겪고 있는지 분석한다. 윤석열 정부가 출범한 지 몇 달 되지 않아 50%가 넘는 부정 평가를 받으면서도 중도층 유권자를 눈여겨보지 않는 데에는 구조적 원인이 있다. 즉 인물·조직·이데올로기의 진공 상태에 있는 보수 정치의 한계 때문이다. 기존 정치 질서가 제대로 작동하지 않는 국면이지만 새로운 정치 질서를 만들어낼 역량이 없는 상황에서 보수 정치는 낡은 언어를 반복하거나, 아니면 어떻게든 '적'을 창출해 대립 구도를 만드는 전략을 취하고 있다.

한국이 당면한 경제적·사회적 구조 변화를 살피면 기존 정치 질서가 더는 제대로 작동하지 않고, 나아가 와해 국면에 접어들게 하는 요인이 수두룩하다. 5장에서는 '고령화', '지방의 몰락', '외국인 이주민 증가'라는 서로 맞물려 돌아가는 인구적·공간적 요인을 살핀다. 경제 구조 변화의 가장 기저에 있는 인구 변동은 정치적으로도 큰 충격을 야기할 수밖에 없는데, 이러한 변화는 선진국형 사회로 한국이 바뀌는 과정에서 발생한 것이기도 하다.

6장에서는 '공동구매형 사회'라고 표현할 수 있는 전통적인 공공재 공급 방식이 무너지는 양상과 그 정치적 함의를 다룬다. 주거, 간병, 의료, 연금 등에서 기존 시스템은 위기를 맞고 있다. 게다가 디지털 플랫폼의 성장과 소비 불평등의 확대는 위기가 더 빠르게 닥치도록 하는 요인이다. 노무현 질서의 한 축이었던 보편적 복지 확대 정치 대신 복지제도 개편과 재원 조달을 둘러싼 갈등의 정치로 전환될 가능성이 높아 보이는 이유다.

7장은 한국에서 상수가 된 것으로 보이는 포퓰리즘 정치를 다룬다. 보수는 무기력한 모습을 보이고 있지만, 다른 한편에서는 이준석 전 국민의힘 대표 등이 공정을 앞세운 포퓰리즘 정치 문법을 가다듬고 있다. 민주당 쪽에서는 문재인 정부에서부터 포퓰리즘 정치가 본격적으로 이루어졌다. 이재명 대표의 경우에는 그 양상이 좀 더 강도 높고 전면화되었을 뿐이다. 그 점에서 이 대표는 민주당식 포퓰리즘이 막다른 골목에 접어들었음을 보여준다. 정당을 가리지 않고 만개한 포퓰리즘 정치 속에서 한국 사회는 의사 결정을 끌어낼 수 없는 국면을 맞이했다.

결론은 '어떻게 정치를 되살릴 것인가'에 대한 내용이다. 현재 한국 정치의 위기는 '중산층'이라는 사회계약의 붕괴에 기인한다. 따라서 한국 정치의 복원은 새로운 사회계약을 만드는 세력에게만 가능할 것이다. 그러기 위해서는 다른 세력과도 공존과 타협을 이끌어낼 수 있는 새로운 규칙이 도입되어야 한다. 정당의 혁신도 필수적이다. 정치제도 개편은 그것만으로는 아무것도 할 수 없지만, 다른 개혁과 함께 추진될 경우 효과적인 '충격'이 될 것으로 보인다. 지금의 한국 사회에는 국민 누구나 자신의 삶을 주체적으로 개척해 나갈 수 있는 '진짜 자유'를 줄 수 있는 정치가 필요하다. 이 책에서 시도한 '체제 분석의 정치경제학'이 사실 '체제 개혁의 정치경제학'인 이유다.

이 책은 〈한겨레21〉에 2022년 1월부터 1년간 연재한 '조귀동의 경제유표' 원고를 기반으로 한다. 또 계간지 《철학과 현실》 2022년 봄 호에 기고한 〈MZ, '초격차'와 '공정을 위한 투쟁'의 세대〉, 2021년 진보당 기관지 《너머》에 쓴 〈익숙한 것들과 결별을 준비할 때가 아닐까요〉도 재구성의 재료로 활용했다. 귀중한 지면을 주신 각 매체 편집자분들께 감사드린다. 특히 황예랑 당시 〈한겨레21〉 편집장은 상당한 리스크를 감수하고 귀중한 지면을 헐어 연재 제안을 주셨다. 원고를 담당했던 이경미 기자, 방준호 기자도 수고를 아끼지 않았던 데 고마움을 표한다. 아울러 연재 기간 자문과 조언, 자료 제공, 취재원 섭외 등에서 바쁜 시간을 쪼개 도와주신 분들이 많이 계셨다. 일일이 호명할 수 없지만, 대가를 바라지 않은 조력 없이 원고가 쓰일 수 없었을 것이다. 도와주신 모든 분께 이 자리를 빌려 심심한 사의를 표시하고자 한다.

1

미국도 독일도
스웨덴도 아닌
이탈리아로의 길

지난 몇 년간 한국 사회가 별다른 논쟁과 이견 없이 도달한, 너무
나 드문 합의가 있다면 '드디어 선진국이 되었다'는 자기 인식이
다. "머지않아 고도 산업사회를 실현하고 당당히 선진국 대열에
참여하게 될 내일의 조국의 모습"[1]을 그렸던 박정희 전 대통령의
구상은 "대한민국은 이제 선진국이며, 선도국가가 되었"[2]다는 문
재인 전 대통령의 선언으로 완성됐다.

　한 가지 흥미로운 점은 민주당을 비롯한 범진보 진영에서
선진국 담론을 주도하고 있다는 것이다. 문 전 대통령은 퇴임사
에서 '선진' 또는 '선도국가'라는 단어를 일곱 차례나 사용[3]했
다. 2021년 베스트셀러였던 《눈 떠보니 선진국》을 쓴 박태웅 한
빛미디어 의장은 문재인, 이재명 대선 캠프에서 각각 활동[4]했다.
2022년 대선 당시 이재명 후보는 추천 도서로 박 의장의 책을 거

론하면서 "진정한 선진국이 되기 위해 필요한 것이 무엇인지를 제시"했다고 이유를 밝혔다. 2020년 신종 코로나바이러스 감염증(코로나19) 방역이 상대적으로 성공을 거두면서 '서구 사회보다 뛰어난 국가 역량'에 대한 자신감을 민주당 또는 진보 진영이 적극적으로 활용한 결과다.

불과 몇 해 전까지만 해도 선진국 담론은 보수 진영이 주도해왔다. 박정희 전 대통령이 국민소득 3,000달러를, 이명박 전 대통령이 3만 달러를 각각 목표로 제시한 게 대표적이다. 또 경제뿐만 아니라 정치, 사회, 문화, 체육 등 거의 모든 분야에서 '선진국'은 한국이 당시 가진 문제를 드러내기 위해 사용됐다. "선진국 지하철 안전운행 뒤엔 성숙한 시민의식 있다"[5]는 1997년 〈동아일보〉 기사가 대표적이다.

하지만 이를 '진보의 변심'으로 보기는 어렵다. 월트 로스토의 《경제 발전의 단계: 반공산주의 선언》을 1960년 국내에 번역해 소개한 곳은 장준하가 이끌던 〈사상계〉[6]였다. 〈사상계〉는 독재에 반대하던 지식인들의 구심점이자 당대 한국 사회 담론을 주도했던 잡지다. 로스토는 미국 백악관 국가안보보좌관을 지낸 거물로, 후진국도 미국이나 유럽 같은 발달된 자본주의 국가로 성장할 수 있다며 경제 발전 과정을 도식화했다. 또 그는 후진국이 도약에 성공하기 위해서는 강력한 국가 권력이 필요하다고 주장했다. 선진국을 목표로 국가가 경제 발전을 이끈다는 세계관의 시작점인 셈이다.

실제로 "선진국 담론의 기본 개념 및 가정과 관련해 이른바 보수 신문인 〈조선일보〉, 〈동아일보〉와 진보 신문인 〈한겨레〉 사이에서 차이가 두드러지지 않는다."[7] 〈조선일보〉나 〈동아일보〉가 영국이나 미국을, 〈한겨레〉가 북유럽 등 사민주의 색채가 강한 나라를 좀 더 빈번하게 지향점으로 제시하는 정도가 차이였다. 범진보 진영의 선진국 담론은 오히려 진보가 담론 투쟁에서 주도권을 쥐게 되었고, 그들이 스스로 '새로운 주류'로 여기게 됐음을 드러내는 사건으로 보아야 할 것이다. 한국 사회를 보는 진보 진영의 시각이 '헬조선'에서 '선진국'으로 급격히 변화한 데에는 '주류 교체'에 성공했다는 자신감과 국가와 사회를 재조직하겠다는 의지가 있다. 1인당 GDP가 3만 달러를 돌파한 시점은 2017년(3만 1,605달러)이었다. 이후 2021년(3만 4,984달러)까지 연평균 2.6%가 늘어났다. 그 전까지 1인당 GDP 증가율은 9.1%(2009~2013년)에서 3.8%(2013~2017년)로 급격히 낮아지는 추세였다.

박태웅 의장의 책은 이를 잘 보여준다. 그는 "선진국이 되기까지 지독하게 달려왔다"라며 이제 "해결해야 할 '문화 지체'들이 언덕을 이루고 있다"[8]고 주장했다. 빠른 성장 과정에서 발생한 문제를 하나씩 해결해 진짜 선진국이 되어야 한다는 논리다. 이 문화 지체와 함께하는 낡은 세력을 역사의 저편으로 보내야 한다는 메시지도 담겨 있다. "K-민주주의는 기실 유리그릇보다 위태롭다"[9]라며 박근혜 전 대통령 집권기를 민주주의가 위협받았던 시기로 규정하기도 한다. 이런 관점에서 진짜 선진국이 되는 것은 반독재 민주화 운동의 완성이기도 할 것이다.

문재인 정부 시기 선진국 담론의 확산은 디지털 미디어 환경 덕을 많이 봤다. 유튜브 등에 기반한 상업주의는 '국뽕'('국가'와 마약의 일종인 '히로뽕'을 합성해 민족적 자부심에 도취된 상황을 표현한 속어로,

인터넷 커뮤니티 '디시인사이드'에서 발원)[10]의 대중화에 핵심적인 역할을 했다. 한 조사에 따르면, '국뽕 채널' 20곳의 업로드 영상과 조회 수가 폭발적으로 늘어났다(2019년 5월 업로드 26건, 조회 수 540만 회→2020년 2월 244건, 8,960만 회→4월 359건, 2억 회).[11] 국뽕 유튜브 채널을 참여 관찰한 한 논문은 "국뽕 콘텐츠를 생산하는 유튜버들의 생산 동기 또한 대부분 높은 수익성에 있었다"[12]고 설명한다. "국뽕 콘텐츠가 적은 시간과 자원을 들여 광범위한 시청자에게 도달하여 많은 조회 수를 얻을 수 있다는 사실은 유튜브 크리에이터 커뮤니티에서도 빈번하게 논의되고 있었"다는 것이다. "국뽕은 뉴스나 시사 채널이 아니라 40~60대 시청자의 입맛에 맞춘 오락, 예능"이며 "판타지"[13]라는 한 유튜브 크리에이터 커뮤니티의 자조적인 게시물은 이를 여과 없이 드러낸다.

2020년 이후 선진국 담론의 자리매김은 단순히 초창기 코로나19 방역에 성공했거나 한국산 문화상품이 글로벌 시장을 휩쓴 결과가 아니다. 정치를 비롯해 한국 사회에서 주도권을 쥐게 된 진보 진영의 세계관 변화와 디지털 미디어 상업주의가 큰 역할을 했다고 보는 게 적합하다.

어떤 선진국인가: 최저 출산율이란 지표

2023년의 시점에서 더 중요한 건 '한국이 선진국에 진입했느냐 아니냐'보다 '어떤 유형의 선진국으로 나아가고 있느냐'는 것일 테다. 그리고 이를 압축적으로 보여주는 지표가 바로 출산율이다.

한 여성이 아이를 낳기 위해서는 실로 많은 것을 고려해야한다. 결혼하고 자녀를 양육하는 것은 소득과 커리어를 포함한 인생 전반에 영향을 미치기 때문이다. 여성은 남성과 만나 교제를 하고 결혼을 하는 행위에서부터 이를 감안하지 않을 수 없다. 단순히 자녀를 낳고 기르는 데 적잖은 지출이 따르는 것만 문제가 아니다. 자녀를 낳아 양육하는 데 대단히 많은 시간이 쓰인다는 게 더 큰 문제다. 게다가 시간 투입도 십수 년간 계속되어야 한다. 여성에게 결혼과 출산이란 극단적인 형태의 시간집약적 재화time-intensive goods인 셈이다.

경제학에서는 가계를 꾸리는 데 필요한 여러 활동은 시간을 투입해 재화나 서비스를 생산하는 과정이며, 따라서 노동시장 참여나 여가 소비와 경쟁하는 관계[14]에 있다고 본다. 자녀 양육 때문에 전업주부 또는 소위 '경단녀(경력 단절 여성)'가 되는 여성이 대표적인 사례. 결혼이나 양육에 필요한 돈이나 시간이 늘어남에 따라 독신이나 딩크족DINK('Double Income No Kids'의 약어로, 의도적으로 자녀를 갖지 않는 맞벌이 가정)을 희망하는 사람들이 증가할 수밖에 없다. 양육에 어느 정도 돈과 시간을 투입할 것인가, 어느 정도의 생활수준을 유지하면서 살아갈 것인가에 대한 가치관도 가족 구성에 큰 영향을 미친다.

이러한 의사 결정은 인생 전반에 영향을 미친다. 아주 장기적인 전망에 입각해 결혼을 하고 자녀를 갖게 된다. 미국 경제학자 리처드 이스털린이 미국의 출산율 하락에 미친 영향을 연구한 결과[15]에 따르면 삶에 대한 기대수준이 형성되는 시기는 유년기 또는 청소년기였다. 따라서 출산율에는 한 나라의 경제·사회 구조와 상황이 복합적으로 반영된다.

경제협력개발기구OECD 회원국 중 한국의 합계출산율(한 여성이 가임기에 낳을 것으로 기대되는 평균 출생아 수)이 0.81명(2021년)으로 압도적 꼴찌인 것은, 사람들이 가족을 만들고 자녀를 양육하는 걸 포기하거나 자녀 수를 최소화하면서 보유한 모든 자원을 그들에게 쏟아부어야 하는 상황을 그대로 반영한다. 이철희 서울대 교수에 따르면 2000년대 중반까지의 출산율 감소는 결혼을 안 하거나 늦춘 사람들이 늘어났기 때문이었다.[16] 20~49세 여성 중 배우자가 있는 사람의 비율은 2000년(70.4%)에서 2016년(51.0%) 사이에 낮아졌지만, 이때만 해도 결혼을 하면 아이를 낳는 비율은 오히려 올라갔다. 30대 초반 배우자가 있는 여성의 출산율이 2002년(0.100명)에서 2012년(0.203명) 사이 두 배 뛴 게 대표적[17]이다. 그런데 2015년 이후에는 결혼을 한 가정에서도 출산율이 급락했다. 2017년 30대 초반 유배우 여성의 출산율은 0.175명이었다. 이 교수는 "2015~2017년 출생아 수 감소 가운데 5분의 3은 남편이 있는 여성의 출산율이 줄었기 때문"이라고 설명한다. 배우자가 있는 여성 비율의 감소는 5분의 1 정도를 설명하는 데 그쳤다.

OECD 회원국 중 한국과 어깨를 나란히 하는 초저출산 국가는 남유럽에 집중적으로 몰려 있다. 한국 다음으로 출산율이 낮은 나라는 이탈리아(2020년 기준 1.24명)다. 그다음에는 그리스(1.28명), 일본(1.33명), 스페인(1.36명) 등이 있다. 스웨덴(1.66명), 덴마크(1.67명) 등 북유럽 국가뿐만 아니라 미국(1.64명)의 출산율은 선진국 중 상위권이다. 유럽 국가 중에서는 프랑스(1.79명)가 가장 높다. 독일(1.53명), 영국(1.56명) 등은 OECD 평균(1.59명)에 약

〈그림 1-1〉주요국 출산율 추이

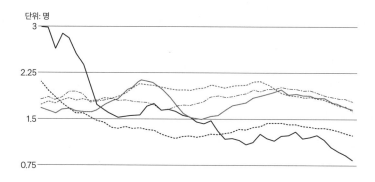

단위: 명

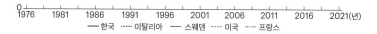

── 한국　…… 이탈리아　── 스웨덴　···· 미국　──· 프랑스

자료: OECD

간 못 미친다.

　인구학자들은 출산율이 1.5명 이하면 저출산, 1.3명 이하면 초저출산 사회로 규정한다. 특히 초저출산 사회의 경우 다시 출산율을 끌어올리기 힘든 악순환에 빠져 있을 가능성이 높다고 본다. 볼프강 루츠(비엔나 대학교)는 초저출산 사회를 급격한 인구 고령화, 가족 구성 '모델'의 변화, 청년층의 실제 소득과 소비 수준의 격차 등 여러 요인이 맞물린 결과로 설명하면서, 이를 '저출산의 덫'이라 표현했다.[18] OECD 국가 중 초저출산 국가는 한국, 이탈리아, 그리스 세 곳이다.

　미국의 지정학 전략가 피터 자이한은 인구 고령화라는 쓰나미가 미국을 제외한 전 세계를 덮칠 것이라면서, 이탈리아 사례를 도표로 제시했다.[19] 2020년 남녀 연령대별 인구 분포를 도시한

표에서 자이한은 "인구 구조가 이 정도까지 고령화되면 절대로 회복하지 못한다"[20]라면서 이탈리아와 비슷한 나라로 한국을 지목했다.

당연한 이야기지만 이탈리아 등 남유럽 국가의 젊은이들도 결혼을 기피한다. 이탈리아의 조혼인율(인구 1,000명당 연 혼인 건수)은 2020년 1.6명으로 OECD에서 가장 낮았다. 그다음으로 혼인율이 낮은 나라는 포르투갈(1.8명), 스페인(1.9명) 등이었다. 코로나19 이전인 2019년에도 이탈리아는 3.1명으로 꼴찌였다. 그다음은 칠레와 포르투갈(각 3.2명)이었다. OECD 32개국 평균은 2019년 4.6명, 2020년 3.7명이었다. 한국은 5.0명(2018년), 4.7명(2019년), 4.2명(2020년), 3.8명(2021년)으로 급격히 하락하고 있다. 몇 년 뒤면 혼인율에서도 이탈리아와 함께 OECD 꼴찌를 다툴 가능성이 높은 셈이다.

고착화된 이중 구조와 낡은 가부장제

경제사회적 여건의 최종 결과물이라 할 만한 출산율에서 한국과 이탈리아가 최하위권인 이유는 두 나라 모두 노동시장의 이중 구조, 대기업 정규직 위주의 복지 혜택, 여성의 낮은 경제활동 참가율과 남성의 양육 불참 등의 문제를 안고 있기 때문이다. 비슷한 경제·사회 구조가 초저출산 국가를 만든 것이다.

사회복지학계는 선진국의 복지 체제를 크게 네 개로 나눈다.[21] 미국·영국의 시장 중심 자유주의, 프랑스·독일 등 사회보험 중심 보수주의, 스웨덴을 비롯한 북유럽 사민주의, 남유럽형 가족주의다. 요스타 에스핑-안데르센(스페인 폼페우파브라 대학교)이 제안한 앞 세 유형에, 마우리치오 페레라(밀라노 대학교)가 제안한 남유럽형[22]을 더한 것이다.

한국의 복지제도는 이 네 유형 중 남유럽형, 즉 이탈리아에 가장 가깝다. 한국과 이탈리아 모두 노동시장과 복지제도 양쪽에서 강한 이중 구조가 형성되어 있다. 또 가족이 사회복지제도의 구멍을 메우는 역할을 오랫동안 해왔고, 전통적인 성 역할과 가부장제가 강하게 남아 있다는 점도 비슷하다. 서구권에서 상대적으로 경제 발전 정도가 낮았던 곳이 제2차 세계대전 이후 빠르게 경제가 발전하면서 복지제도가 확충됐다는 점도 한국과 비슷한 측면[23]이다. 한국에서는 지난 몇 년간 사회보험 중심의 현금 복지가 급격히 늘었는데, 이탈리아도 고령자 대상 연금 등 소득보장 위주 제도가 중심이다.

노동시장과 복지제도는 서로 연관되어 있다. 대기업 및 공공부문 정규직의 '1차 노동시장'과 중소기업·비정규직의 '2차 노동시장'으로 확연하게 갈린 노동시장 구조에서는 다수의 2차 노동시장 종사자를 겨냥한 복지제도 확충을 밀어붙이기 어렵다. 그 재원을 마련할 1차 노동시장 종사자들의 거센 반발 때문이다. 1차 노동시장 종사자들에게 세금이나 복지 재원을 부과하기 어려운 상황에서, 복지제도는 얇고 넓게 혜택을 주거나 아니면 그들 또한 상당한 혜택을 입는 방식으로 발전하게 된다. 거꾸로 사회안전망이 취약한 환경에서 1차 노동시장 종사자들의 임금 인상 요구는 기업 입장에서 다수의 현물성 급여를 지원할 유인을

제공한다. 금현섭 서울대 교수가 "한국 사회의 이중 구조 현상은
(…) 한국적 자본주의가 지닌 경제 관리 방식, 생산 체계, 노사 관
계, 고용, 재분배 기제 등의 구조와 경제적 충격의 상호작용에 의
해 발생하고 지속하는 것으로 보아야 한다"[24]고 지적한 이유다.

파올로 바르비에리(이탈리아 트렌토 대학교)는 노동시장의 이
중 구조가 이탈리아가 초저출산 국가가 된 주된 이유라고 지적
한다.[25] 그는 1997~2005년 이탈리아, 스페인, 독일, 미국 가임기
여성의 고용 상태와 혼인 및 출산의 관계를 분석했다. 이탈리아
와 스페인 여성들은 일자리가 불안정할수록 혼인율이나 출산율
이 모두 낮았다. 독일과 미국에서 찾아볼 수 없는 현상이었다. 만
30세 이하 여성 가운데 '영구적인 일자리'(즉 정규직)를 가진 여성
이 남성 파트너를 만나거나 자녀를 가지는 비율은 55%였는데, 일
자리가 불안정한 경우 그 비율이 40%로 뚝 떨어졌다. 남성 파트너
의 노동시장 지위도 출산율에 비슷한 방식으로 큰 영향을 미쳤다.

바르비에리는 "노동시장뿐만 아니라 복지제도의 이중 구조
가 출산율 하락에 큰 영향을 미쳤을 것"이라고 분석했다. 또 이탈
리아에서 노동시장 불안정성은 확대되는 반면 '일부만 보호하는
복지제도sub-protective welfare system'가 고착화되면서 출산율을 계속해
서 끌어내리고 있다고 비판했다. 그는 "이탈리아에는 젊은이, 특
히 젊은 여성을 위한 나라가 없다no country for young men/women"[26]고 말
한다.

남성이 육아를 포함한 가사에 참여하지 않고 여성이 '독박'
을 쓰는 구조도 이탈리아가 초저출산 국가가 된 이유다. 아이를
낳을 경우 발생하는 경력 단절과 소득 감소 위험이 높기 때문이

다. 하비에르 가르시아-망글라노(스페인 나바라 대학교)는 "출산율이 계속 급락하는 이탈리아, 스페인 등은 남성의 가사 참여가 저조할 뿐만 아니라 남성 위주의 경제활동 구조를 갖고 있다"고 설명한다. 망글라노 등은 2000~2004년 출산율과 성별 가사노동 시간 간의 관계를 분석했다.[27] 그 결과 미국, 노르웨이, 덴마크, 핀란드 등 출산율이 높은 나라는 남성의 가사노동 시간이 여성 대비 절반 이상이었다. 또 남성의 노동 시간도 50~85% 정도 더 많은 수준이었다. 반면 이탈리아, 스페인, 일본, 독일 등 저출산 국가의 경우 남성이 가사노동에 쓰는 시간은 여성의 절반을 밑돌았다. 특히 이탈리아의 경우, 남성은 여성 대비 양육에 41%, 그 외 가사노동에는 21%의 시간만 썼다. 노동 시간은 267% 더 많았다(20~59세로, 18세 미만 자녀를 가진 가족 대상).

이후에도 상황은 달라지지 않았다. 프란체스카 파리고치(볼로냐 대학교) 등이 이탈리아의 성별 가사노동 시간을 분석한 연구[28]에 따르면 2014년 기준으로 부부가 모두 정규직full-time work인 남녀의 노동 시간 차이는 27%로, 과거보다 격차가 계속 줄고 있다. 그런데 남성이 양육 외 가사에 투입하는 시간은 여성의 38% 수준에 머물러 있다. 기본적인 양육에 쓰는 시간은 여성 대비 55%다. 다만 교육·놀이·체육 활동에는 8%의 시간을 더 쓴다. 남성은 일하는 데 주당 평균 31.3시간, 가사에 17.4시간(총 48.7시간)을 사용하는 반면 여성은 24.8시간과 35시간(총 59.8시간)을 사용하는 것으로 집계됐다. "남성의 가사노동 시간이 늘어나고 특히 주말에 자녀와 함께 있는 시간이 증가했지만, 여성이 양육에 들이는 시간도 마찬가지로 늘어났다"고 파리고치는 설명했다. "이탈리아에서 가사 노동의 젠더 격차는 여전히 크다"는 것이다.

결국 정치의 실패가 원인

선진국들은 거의 예외 없이 1965년 이후 출산율이 급격히 하락하는 경험을 했다. 원인은 복합적인데, 하나로 축약하자면 '우리가 아는 현대 사회'가 등장했기 때문이다. 고등교육이 확대되고 여성의 노동시장 참여가 늘어나면서 결혼 연령은 늦춰지고 자녀 수도 이전보다 줄었다. 가톨릭 또는 기독교 기반의 전통적인 윤리관이 퇴조하고 성性적인 자유 또는 자율성이 이전보다 대폭 늘어났다. 또 대량소비 사회가 등장하면서 생활수준에 대한 기대치를 끌어올렸다.

이러한 상황에서 스웨덴, 프랑스, 미국 등은 출산율 '방어'에 어느 정도 성공했다. 가족을 꾸리고 자녀를 낳아 기르기에 적합한 방식으로 사회제도를 개조할 수 있었기 때문이다. 특히 여성도 출산이나 양육에 방해받지 않고 노동시장 지위를 유지할 수 있도록 했다.

스웨덴의 경우 출산율이 추락(1964년 2.47명→1978년 1.61명)하자 시행착오를 거쳐 '이중 소득-이중 커리어dual earner·dual career 가족 모델'을 도입했다. 남편뿐만 아니라 아내도 경제활동을 하고, 직업 경력을 유지하는 데 적합하게 노동 관행, 복지제도, 세제 등 경제 정책을 바꾸었다. 한스 로슬링은 "1970년대 초까지만 해도 스웨덴도 임신한 여성 근로자를 해고하는 게 합법이었다"라며 "(정부가) 양성평등 정책을 강력히 추진하면서 사회가 변화했다"[29]고 설명한다.

핵심은 아버지도 가사와 육아에 동참하도록 제도를 설계했다는 것이다. 2002년에는 아예 480일의 육아휴직 기간 중 부모가 각각 90일을 의무적으로 쓰도록 했다. 아니타 뉘베리(스톡홀름 대학교)는 "단순히 보육시설을 만들고 재정 지원만 했을 때는 (육아에 따른 비용이 낮아지면서) 어머니 쪽의 육아 부담이 늘고 가부장적인 가족 구조는 오히려 유지됐다"고 말한다. "아버지 쪽의 육아 참여를 제도적으로 의무화한 것이 양성평등 강화와 일-가정 양립 안착에 도움이 됐다"는 것이다.

스웨덴이 노동시장 작동 방식을 완전히 뜯어고칠 수 있었던 것은 특유의 정치 여건[30] 덕분이었다. 먼저 사민당(사회민주당)이 다른 정당에 비해 압도적인 힘을 갖고 오랫동안 정권을 유지했다. 또 사민당은 산업별로 묶인 노동조합과 긴밀히 협조하면서 중앙 집중적인 협상을 통해 노동시장을 개혁할 수 있었다. 1960~1970년대 심각한 노동력 부족 현상을 겪으면서 여성의 경제활동 참여가 화두가 되었던 것도 또 다른 이유다. 종교의 영향력이 약한 세속주의 사회라는 것도 장점이었다.

미국은 북유럽 국가의 반대편에 서 있으면서, 나름의 방법으로 출산율을 끌어올렸다. 1970년대 노동 시간 등 고용 관행을 유연화하고, 여성 경제활동에 세제 혜택을 주는 정책을 잇달아 도입했다. "직무 중심적인 임금 체계와 이직이 잦은 노동시장 때문에 기업들도 여성 근로자 채용을 마다하지 않았고 근무 시간 및 가족 친화적 지원을 확대했"으며 "미국 노동 관행의 특징이 일-

가정 양립을 가능하게 했다".[31] 풍부한 이주 노동력을 중산층이 저임금 가사 도우미로 고용한 것도 미국의 특징이다.

프랑스의 경우 19세기 후반부터 적극적으로 국가가 양육을 책임지는 기조였다.[32] 독일 등 인접 강대국과의 경쟁에서 이기기 위해서는 인구를 늘려야 한다는 판단에서였다. 자녀를 둔 가정의 소득을 보전해줄 뿐만 아니라 영유아를 무상으로 위탁 보육하는 등의 정책은 사회(양육)에 대한 국가 책임을 강조하는 드골주의 보수 세력에게도 중요했다. 테크노크라트가 상당한 주도권을 갖는 세속주의적 가족 정책은 동거, 한 부모, 입양 등 다양한 형태의 '가족'도 지원하도록 했다. 2020년 결혼하지 않은 여성의 출산율(62.2%)은 유럽에서 아이슬란드(69.4%) 다음으로 높다.

요컨대 이탈리아가 초저출산 사회가 된 것은 국가의 역할과 경제·사회 제도를 바꾸지 못했기 때문이다. 즉 정치의 실패가 궁극적인 원인이다. 이탈리아는 1994년까지 기민당이 제1여당으로 주도적으로 연정을 꾸려왔다. 공산당은 만년 제2당이자 야당이었다. 기민당은 이탈리아의 빠른 경제 발전을 이끌면서 지금의 이탈리아식 복지제도의 기틀을 만들었다. 정치권력의 구도가 고착화된 상황에서 기민당을 비롯한 정당들은 각종 직능단체·노동조합·사회 계층과 일종의 후견 관계를 맺었다. 이해관계자 집단이 표와 정치자금을 제공하고, 정당은 반대급부로 이들의 정치적인 목소리를 대변하는 방식이었다. 가톨릭에 기반한 기민당이 이끄는 우파와 공산당, 사회당 등 좌파는 가족 문제와 여성 권익을 둘러싸고 입장이 확연히 갈렸고, 제대로 된 합의를 이끌어내지 못했다. 기민당은 단독으로 정부를 구성할 수 없었기 때문에

1963년부터 사회당까지 포함한 연정을 구성했다.

이러한 정치 구조에서 가톨릭적 가치관에 입각한 사회제도는 유지될 수밖에 없었다. 공산당, 사회당 등 세속주의적 색채가 강한 정당도 가부장제에 기반한 제도를 바꾸자는 목소리를 내지 못했다. "세속주의를 대표한 공산당은 전통적인 가톨릭교회 유권자들의 표를 얻어야 했고, 결국 가톨릭과 배치되는 가족 문제에 대한 견해를 지지하기를 꺼렸다."[33] 여성의 교육 기회가 확대되고 노동시장 참가가 늘어나면서 가족지원 정책이 논의됐지만, 전통적인 성별 분업을 옹호하는 목소리에 눌려 제대로 입법은 되지 않았다. 치아라 사라세노(토리노 대학교)는 "이탈리아에서 가족사회 정책은 무엇보다 정책 부재의 결과였기 때문에, 뭔가를 마지못해 하는 모습이었고 진퇴가 불분명한 것이 되었다"[34]고 말했다.

경제 구조 변화는 어떻게 이탈리아 정치를 무너뜨렸나

이탈리아의 전통적인 정치 구조는 1994년 총선을 기점으로 와해됐다. 기민당과 공산당은 각각 가톨릭교회와 노동조합을 기반으로 지역 사회에 깊숙이 뿌리내린 바 있다. 그런데 경제 발전에 따른 급속한 산업 구조 고도화와 1960~1970년대 서유럽을 강타한 사회 혁명의 여파로 두 정당의 지지 기반이 무너지기 시작했다.

이탈리아는 제2차 세계대전 이후 경제가 빠르게 발전하다가 1970년대 임금 급등, 오일쇼크 등으로 적잖은 어려움을 겪었다.

하지만 1980년대에 다시 활력을 찾는다. '제3이탈리아'(전통적인 공업 지역인 북서부 및 낙후된 농업지대와 다른 지역이라는 의미에서 붙여진 말)라 불리기도 하는 중부와 북동부 지역에서 고부가가치 제품을 생산하는 중소기업이 대거 등장한 게 원동력이었다. 이탈리아의 1인당 GDP는 1974년 영국, 1980년 프랑스를 각각 제쳤다. 규모로도 1982년 세계 5위 경제 대국의 자리를 차지했다.[35] 전문직·화이트칼라 비중이 높아지고, 내구재나 서비스를 중심으로 한 대량소비사회가 열렸으며, 개인주의적 성향이 강해졌다. 이처럼 거대한 사회경제적 변화가 이루어지는 가운데, 정치적·제도적 영역에서의 개편transformation은 거의 없는 상황[36]이 계속되었다.

1992년 마니 풀리테라 불리는 검찰의 대규모 정치권 수사가 기존 이탈리아 정치 질서를 완전히 무너뜨리는 결과를 낳은 이유는 여기에 있다. 즉 낡은 정치 구조가 수십 년간 지속된 경제적·사회적 구조 변화에 적응하지 못하고 취약한 상태로 남아 있던 것이 검찰 수사 이후 두 당이 몰락한 근본적인 원인이었다.[37]

마니 풀리테는 밀라노의 청소 대행 회사가 사회당에 정치자금을 바치다 더는 못 견디고 검찰에 고발하면서 시작됐다. 사회당은 만년 3당이었지만, 기민당 지지율이 1983년 32.9%까지 하락하면서 10%대 지지율로 베티노 크락시Bettino Craxi 당 서기가 총리를 4년간 맡기도 했다. 이탈리아는 당시 완전 비례대표제로 국회의원을 뽑았는데, 투표 결과에 따라 비례대표 순번이 바뀔 수 있는 개방형 방식이었다. 더 높은 순번을 받기 위한 경쟁 속에서 후견 관계와 부패가 만연했다. 또 기민당 주도 연정이 장기 집권하면서 정치권과 공공부문의 유착도 심각해졌다. 무솔리니 시절의 유산인 산업재건공사IRI, 탄화수소공사ENI 등 거대 국영기업은 부패의 온상이 됐다. 다른 한편에서는 1980년대부터 마피아 조직범죄와 정치권과의 유착이 사회적 문제가 되어왔던 것[38]도 검찰이 사실상 정치권 전체를 수사 대상에 놓을 수 있었던, 그리고 그 결과 기성 정치권이 무너진 또 다른 원인이었다. 줄리오 안드레오티Giulio Andreotti 당시 총리는 부패 혐의로 기소되었고, 크락시 전 총리는 튀니지로 망명했다. 유력 정치인이 줄줄이 수사 대상이 되면서 기민당과 사회당 모두 해체 수순을 밟았다. 만년 야당인 공산당은 소련이 해체되면서 좌파민주당으로 이름을 바꾸고 노선도 전환해야 했다. 공산당의 득표율도 기민당과 마찬가지로 급락했다(1976년 34.4%→1987년 26.6%). 전통적인 공산주의 노선의 폐기와 당 해산에 반발한 3분의 1가량의 당원들은 공산주의재건당을 따로 만들었다.

이렇게 무너진 정치 질서의 공백을 메운 게 실비오 베를루스코니 전 총리가 이끄는 '전진이탈리아'를 비롯한 '북부동맹LN'(2018년 '동맹'으로 개칭), '이탈리아사회운동MSI'(1995년 '국민동맹'으로 개칭) 등 우파 또는 극우 포퓰리즘 정당이다. 이들은 지역구 출마 후보를 함께 조율하는 선거연합을 결성해 집권에 성공했다. 특히 베를루스코니는 중도우파연합을 이끌면서 세 차례(1994~1995년, 2001~2006년, 2008~2011년) 총리를 역임했다.

베를루스코니는 1960년대 부동산 붐에 올라타 밀라노 등에서 대규모 아파트를 건설하면서 큰돈을 벌었고, 1973년부터 민영 텔레비전 방송 사업을 시작했다. 국영 방송인 라이RAI가 독점하다시피 했던 TV 방송 산업에서 카날레5, 이탈리아1, 레테4 등 세

개 채널을 가진 유일한 민영 방송 사업자가 됐다. 크락시 등 유력 정치인들과 유착 관계를 맺은 것이 정부 규제가 아주 중요한 방송 산업에서 성장할 수 있었던 비결이었다. 이 밖에도 이탈리아 대형 잡지사인 파노라마Panorama, 대형 출판사 몬다도리Mondadori, 신문사 일 조르날레Il Giornale, 최대 광고사 푸블리탈리아Publitalia는 물론, 가장 인기 있는 프로축구단 AC밀란(2017년 매각)을 소유했다. 그는 자신을 겨냥한 수사망이 조여오자 1994년 아예 정당 전진이탈리아를 만들고 정치 일선에 나섰다.

베를루스코니는 단지 그가 소유한 미디어의 힘으로 집권에 성공한 것이 아니었다. 그는 자신의 회사에서 차출한 인력으로 마케팅 회사를 세우고, 기업의 상품 개발 및 마케팅과 유사하게 이념적인 기조·슬로건·정책 등을 만들고 홍보했다. 1994년 2월 결성된 6,840개의 지지자 조직 '전진이탈리아 클럽'은 딱딱하기만 했던 이전 정당 조직과 달리 AC밀란 팬클럽에 기반을 두고, 축구 팬클럽과 비슷하게 운영됐다. 선거 캠페인에서도 실업이나 정부 부채 등 먹고사는 문제를 주로 언급하고, 정치를 축구 경기에 빗대는 등 기존 정치인과 다른 언어를 사용했다. 자신을 수사하는 검사들을 공산주의자라고 공격하는 등 반공주의적 수사를 적극적으로 사용하곤 했지만 말이다. 베를루스코니라는 상품을 잘 포장해 판매하는 회사나 마찬가지였던 전진이탈리아는 1994년 총선에서 '새 정치' 바람을 일으키며 111석(득표율 21%)을 얻으면서 성공을 거둔다.

한편 북서부 공업지대의 권익과 중앙정부 권한 축소(분리 독립·연방제 개헌 등 그 수위는 시기에 따라 변화가 있음)를 주장한 북부동맹은 롬바르디아의 지역주의 정당에서 출발했다. 창립자인 움베르토 보시Umberto Bossi는 의대를 중퇴하고 한때 공산당원이 되어 벽돌공, 수학교사, 병원 노동자 등으로 일했다. 보시는 1987년 총선에서 롬바르디아주에서만 후보를 내 2.7%를 득표하는 데 그쳤다. 이후 1991년 북부의 지역주의 정당들과 합당해 북부동맹으로 개칭하고, 1992년 55석(득표율 8.5%), 1994년 118석(8.4%)을 얻으면서 급성장했다. 득표율에 비해 확보한 의석수가 대폭 늘어난 것은 1994년 총선에서 소선거구제가 채택되면서 선거연합으로 출마했기 때문이다.

북부동맹은 이탈리아가 하나의 국가 또는 민족이라는 정체성은 약한 반면, 발전한 북부와 낙후된 남부의 격차가 큰 상황에서 북부 노동계급과 중하층의 불만[39]을 파고드는 데 성공했다. 1992년 이탈리아의 주 가운데 롬바르디아(중심 도시는 밀라노), 피에몬테(토리노), 베네토(베네치아), 라치오(로마)만 세금과 사회보장료를 지출보다 더 거뒀다. 다른 지역은 중앙정부, 좀 더 정확히 말해 네 개 주의 세수에 의존해야만 했다.[40] 기민당 주요 정치인과 핵심 계파는 남부에 기반을 두고 있었고 공무원 중 63%도 남부 출신이었는데, 북부에서 지지 기반을 잃어가면서 기민당의 남부화는 한층 심화됐다. 북부동맹은 남부 출신 이주민이 북부의 정체성과 문화를 망가뜨린다는 인종적 민족주의와 실업·연금 등에서 경제적 약자의 이익을 옹호한다는 정책을 혼합해 일종의 '개혁 정당'으로 자리매김하는 데 성공했다. 이들은 외관상 무해해 보이는 수사와 이데올로기를 조합[41]해 꾸준히 지지 기반을 넓혀나갔다. 가령 이탈리아에서 급증했던 외국인 이민자 문제에 대해

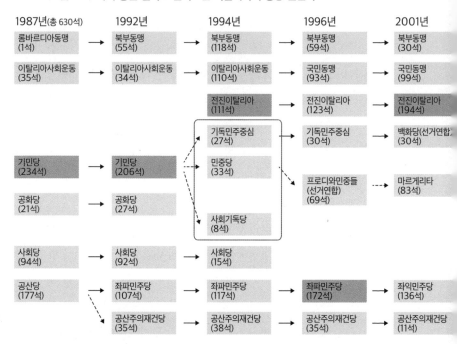

〈그림 1-2〉역대 총선 결과로 알아보는 이탈리아의 정당 변천사

주: 1. 하원 의석수를 기준으로 하였다. 2018년까지는 총 630석, 2022년은 총 400석이다.
   2. 의석수가 일정 규모 이상이거나, 이후 주요 정당으로 성장했는지를 기준으로 선별했다. 또한 선거연합은
   별도 표시했으나 1994년 전진이탈리아와 1996년 좌파민주당은 표시하지 않았고, 연정 내에서도 주도 정
   당만 표시했다.
   3. 실선은 조직적인 연속성이 있는 경우를, 점선은 일부 소속 인사들이 새 정당을 만들었거나 선거연합에
   참여하지만 주도권이 없는 경우를 나타낸다.

2000년대 초에는 '우리의 땅은 (외국인에게) 파는 것이 아니다'라는
식의 단순한 수사에 머물러 있었는데, 2000년대 중후반이 되면
'인종적 다양성'을 지키고 그들을 착취하지 않기 위해 이민을 받
지 말아야 한다는 논리[42]로 바뀌었다. 각각의 민족(또는 인종)이 각
자의 생활권을 지키며 살아야 한다는 새로운 극우 담론을 수용해
좀 더 말랑말랑하게 다듬은 것이었다.

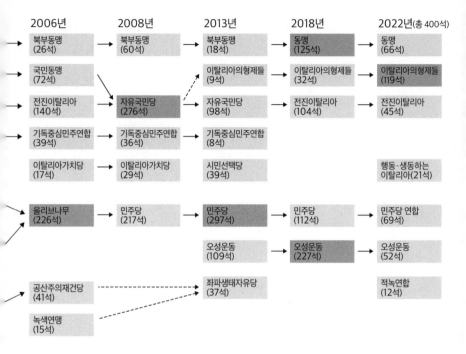

2006년	2008년	2013년	2018년	2022년(총 400석)
북부동맹 (26석)	북부동맹 (60석)	북부동맹 (18석)	동맹 (125석)	동맹 (66석)
국민동맹 (72석)		이탈리아의형제들 (9석)	이탈리아의형제들 (32석)	이탈리아의형제들 (119석)
전진이탈리아 (140석)	자유국민당 (276석)	자유국민당 (98석)	전진이탈리아 (104석)	전진이탈리아 (45석)
기독중심민주연합 (39석)	기독중심민주연합 (36석)	기독중심민주연합 (8석)		
이탈리아가치당 (17석)	이탈리아가치당 (29석)	시민선택당 (39석)		행동·생동하는 이탈리아(21석)
올리브나무 (226석)	민주당 (217석)	민주당 (297석)	민주당 (112석)	민주당 연합 (69석)
		오성운동 (109석)	오성운동 (227석)	오성운동 (52석)
공산주의재건당 (41석)		좌파생태자유당 (37석)		적녹연합 (12석)
녹색연맹 (15석)				

남부에서는 이탈리아사회운동이 약진했다. 1994년 풀리아(27.5%), 라치오(25.3%), 캄파니아(20.3%), 아브루초(20.8%) 등 로마 이남주에서 득표율 20%를 넘는 데 성공했다. 기민당의 공백을 전진이탈리아와 양분한 셈이었다. 이탈리아사회운동은 유럽 최대의 네오파시스트(제2차 세계대전 이후 등장한 파시스트 성향의 정치 세력) 정당으로, 선거에서 5~6% 정도의 득표율을 꾸준히 얻었지만 1980년대 즈음이 되어 낡아빠진 정치 세력으로 간주된 바 있다.[43] 노선 투쟁에 승리해 1991년 당권을 다시 잡은 지안프랑코 피니 Gianfranco Fini는 이탈리아사회운동을 자유민주주의를 존중하는 보

수정당으로 빠르게 개조해 나갔다. 피니는 1994년 "무솔리니는 20세기 이탈리아에서 독보적인unique 정치인"이라는 발언을 해 파문이 일자, "유럽사에서 드골, 히틀러, 스탈린과 같이 큰 족적을 남겼다는 의미"라며 적극적으로 해명하는 등 과거사 문제가 발목을 잡지 않도록 노력했다. 심지어 거주한 지 일정 기간이 지난 외국인 이민자에게 지방선거 투표권을 주는 방안에 찬성하는 등 청년단 시절부터 쭉 지도자 역할을 해왔던 피니의 카리스마에 기댄 중도화 '개혁'을 내세웠다. 요컨대 전통적 가족, 자유, 강력한 지도자, 기존 정당에 대한 반대를 강조하는 보수 포퓰리즘 정당을 만들겠다는 게 피니의 목표였다. 이탈리아사회운동은 1995년 당명을 아예 국민동맹으로 바꾸었다.

이 세 당의 약진은 "이탈리아 우파의 재발명reinvention"[44]으로 평가받는다. 사회경제적 변화에 좀 더 적합한 정당이 출현해 우파의 빈 공간을 차지한 결과라는 것이다. 특히 탈산업화의 충격과 자영업자와 청년 구직자가 늘어나는 가운데 감세와 노동시장 유연성 강화를 강조한 점에서 호응을 받았다. 하지만 세 정당은 극우에서 중도까지 넓은 우파 유권자를 독차지하려고 했기에, 치열한 암투를 벌일 수밖에 없었다. 특히 중앙정부의 역할을 놓고 북부동맹과 국민동맹의 견해 차이는 너무나 컸다. 순수한 '국민'을 위해 부도덕한 '기득권'에 맞서겠다면서 특정 개인을 중심으로 뭉친 포퓰리즘 정당 특유의 정치 행태 탓에, 이들이 다른 정당과 타협하면서 통치를 하기에는 부적합했다. 베를루스코니의 부패 스캔들까지 겹치면서 그의 첫 번째 총리 재임은 6개월 만에 끝났다.

한편 절치부심한 이탈리아 진보 진영은 1996년 총선에서 좌파민주당과 인민당(기민당 내 진보 성향 세력이 만든 정당) 등이 선거연합인 '올리브나무'를 결성해 정권 탈환에 성공했다. 총리는 기민당 출신으로 산업부장관과 산업재건공사 사장을 지낸 로마노 프로디Romano Prodi가 맡았다. 하지만 중도좌파연정은 유럽연합EU 요구사항이던 재정 건전성 강화를 제외하면 사회·노동 분야에서 제대로 된 성과[45]를 내지 못했다. 연정 내 각 정당, 나아가 캐스팅보트를 쥔 공산주의재건당 등의 동의를 얻는 개혁이 사실상 불가능했기 때문이다. 진보 진영 최대 정당인 좌파민주당은 옛 기민당과 사회당 지지자들을 끌어들이는 데 실패했다. 1992년 총선에서 사회당 지지자 중 12.1%, 기민당 지지자 중 3.9%만 기민당이 무너지고 사회당이 몰락한 뒤 치러진 1994년 총선에서 좌파민주당을 찍었다.[46] 또 좌파민주당은 당 정체성을 놓고 갈피를 잡지 못하고 있었다. 당수인 마시모 달레마Massimo D'Alema는 영국의 토니 블레어 등이 상징하는 '제3의 길' 신좌파 노선을, 로마 시장인 발테르 벨트로니Walter Veltroni는 그보다 더 화끈한 미국 민주당식 대중정당을 대안으로 내세웠다.

2001년 총선은 베를루스코니 총리를 인정하느냐 아니면 반대하느냐는 구도 속에서 치러졌고, 결국 그가 승리해 두 번째 총리 임기를 시작하는 것으로 귀결됐다. 베를루스코니는 2013년에 물러났지만, 포퓰리스트 정당과 이를 이끄는 셀러브리티(유명인)형 정치인의 군웅할거는 계속 이어지고 있다.

마리오 피안타(피사고등사범학교)는 "1994년부터 2018년까지 지속된 장기침체 속에서 노동소득 상위 10%만 이전 소득을 유지했을 뿐, 하위 계층은 심각한 소득 감소를 경험했다"라며 "중하위층의 생활수준 악화가 정치적 무당파의 증가와 포퓰리즘의 발흥을 가져왔다"고 지적했다.[47] 이탈리아의 지니계수(소득분배 상황을 0~1 사이 숫자로 나타낸 지표로, 불평등이 심할수록 값이 크다)는 0.62(1991년)에서 0.75(2021년)로 뛰었다. 프란체스코 블로이세(로마3대학)는 2020년 논문에서 불평등 정도가 강하고 비정규직 비율이 높은 선거구일수록 비전통적인 포퓰리즘 정당 지지가 늘어난다는 결과를 내놨다.[48]

이탈리아 정치 구조가 극단적으로 유동적이고, 안정적인 정당 질서가 뿌리내릴 수 없는 근본적인 이유는 경제 등 하부구조에 있다. 경제 구조 변화가 정치 구조의 취약성을 키우고, 이 정치 구조의 취약성 때문에 경제적 문제를 해결하지 못하는 악순환이 발생한다. 누구도 대규모 개혁을 도모할 수 있는 정치적 자본을 확보하지 못하기 때문이다.

불평등이 심한 국가에서 체제 변화가 쉽지 않다는 걸 보여주는 또 다른 사례는 자본주의 체제로 전환한 동유럽 국가들이다. 김병연 서울대 교수는 동유럽 14개국이 자본주의 경제로 바뀌는 과정의 경제적 성과에 영향을 미친 요인을 분석했다.[49] 분석 결과 지니계수가 높을수록 체제 이행이 실패할 가능성이 높았다. 또 국민들이 미래에 자신이 패자가 될 가능성이 크다고 응답하는 비율이 높을수록 체제 이행 성과가 저조했다. 현재의 분배 상태에서 기인한 정치적 지지가 경제 개혁의 성패에 강하게 영향을 미친다는 의미다.

체제 개혁 실패는 경제의 활력을 떨어뜨렸다. 이를 단적으로 보여주는 게 성장률에서 총요소생산성Total Factor Productivity, TFP 개선이 차지하는 비중이다. TFP는 자본과 노동 투입 증가를 제외한 나머지 부분을 뭉뚱그린 것인데, 경제 전체의 생산성을 의미한다. IMF에 따르면 이탈리아의 1970년대 연평균 성장률(3.7%) 중 2.6% 포인트가 TFP 개선에 의한 것이었다.[50] 1980년대에는 2.4%의 성장률 중 TFP가 1.1%포인트를 설명했다. 이 비율은 1990년대에는 1.6% 가운데 0.9%포인트, 2000년대에는 0.4% 가운데 -0.4%포인트로 떨어졌다. 이탈리아 경제가 활력을 잃은 가장 큰 원인은 생산성 저하에 있다는 의미다.

이탈리아의 제조업 생산성은 1995년 정점에 달했고, 독일이나 프랑스보다 훨씬 앞에 있었다. 하지만 2005년이 되면 역전당한다. 1인당 GDP가 영국에 따라잡힌 시점은 2002년이다. 이를 두고 경제학자들은 미진한 산업 구조 조정, IT 투자 부족, 노동시장 이중 구조, 다른 유럽 국가와 비교해 부족한 교육 투자, 공공부문의 낮은 경쟁력 등이 복합적으로 작용한 결과라고 설명한다.[51] 1970년대부터 쭉 누적된 문제를 풀기는커녕, 추가적인 재정 투입 등을 통해 단기적인 경기 부양에만 급급했다는 것이다. 경제성장률이 급락하는 상황에서 재정적자 축소, 사회복지제도 정비, 청년층을 위한 미래 투자 등의 정책을 입안해 실행하기란 어렵다. 그 대신 기성세대나 기득권의 입맛에 맞는 감세 등의 정책이 힘을 받는다. 로렌초 코도뇨(런던정경대)와 잠파올로 갈리(밀라노 가톨릭 대학교)는 "정치와 경제의 악순환doom loop이 이어지면서 더는 성장하지 않는 사회가 됐다"[52]고 진단했다. 경제적 문제가 정치적 불안정을 야기하고, 그것이 다시 경제적 문제 해결에 필요한 개혁을 어렵게 한다는 것이다.

아무것도 결정하지 못하는 사회의 형성

오랫동안 한국 사회의 바람직한 모델은 미국 또는 스웨덴이었다. 보수는 미국식 시장경제를 본받아야 할 모델로 삼아왔고, 진보는 북유럽 사민주의의 요소를 도입해야 한다고 주장해왔다. 그 가운데 현실적인 타협안으로서의 모델은 독일 정도에 가까웠다. 하지만 이탈리아의 길을 따라갈 가능성이 현재로서는 가장 높아 보인다.

가장 큰 문제는 한국이 체제 전환을 위한 의사 결정을 내릴 수 없는 사회가 되었다는 점이다. 박근혜 전 대통령 탄핵을 계기로 급격히 와해된 국민의힘 계열은 외부에서 공무원(검찰) 출신을 대통령 후보로 끌어와 선거를 치러야 할 정도로 인물, 이데올로기, 정책의 공백 상태가 됐다. 윤석열 정부는 집권한 지 1년도 되지 않아 지지율이 40%를 밑돌면서 정치적 동력을 상실했다. 보수 정부가 어떤 정책을, 어떤 목적에서, 어떤 수단을 가지고 펴 나갈지 아무도 모르는 상황이 취임 직후부터 계속됐다. 2023년 2~3월 국민의힘 당 대표 경선에서 드러났듯 보수 정치권 내부의 기존 정치 문법은 완전히 파괴되었다. "처음 겪어보는 대통령"[53]이라는 한탄조의 평가를 양상훈 〈조선일보〉 주필이 내렸을 정도다.

더불어민주당도 사정은 마찬가지다. 민주당은 압도적인 우위 속에서 2017년 정권 교체에 성공했지만 불과 5년 만에 전통적인 지지 연합이 와해됐다. 2022년 대통령 선거와 전국동시지방선거 패배는 그 결과다. 문재인 전 대통령이 "주류 세력 교체는 역사적 당위성"[54]이라고 말하고 이해찬 전 민주당 대표가 '20년 집권론'을 외친 것을 감안하면 초라한 결말이다. 전통적 지지 연합의 와해는 단순히 지지자들이 이탈했다는 것을 넘어서, 민주당 또는 범진보 진영이 가지고 있던 상징과 이데올로기가 실효성을 잃었다는 것을 의미한다. 그 자리를 메우는 건 윤석열 대통령 등 상대 진영에 대한 조롱이나 별 정치적 폭발력 없는 추문을 만들어 퍼뜨리는 정도다.

앞서 살펴본 저출산 문제에 성공적으로 대처한 선진국은 크게 세 가지 방법을 채택했다. 스웨덴같이 노사정이 대타협을 해 노동시장 제도를 뜯어고치거나, 미국같이 자유시장에 맡기면서 정부가 이를 보조하는 다양한 제도를 도입하거나, 아니면 프랑스같이 국가가 전면에 나서서 재정을 투입하는 한편 동거·한 부모·재혼 등 비전통적인 가족 구성을 실용적으로 인정하는 것이었다. 한국에서의 문제 해결이 요원해 보이는 근본적인 이유는 체제 변화를 꾀하기 어려운 정치·경제 구조 때문이다. 특정 정책을 선택하지 못한다거나, 예산을 적게 투입하는 등의 문제가 아닌 것이다.

한국의 정치·경제 상황이 "경제에 관한 '정치적 의사 결정'의 위기"(2018년 김동연 당시 경제부총리 겸 기획재정부 장관·현 경기도지사)에 가깝게 된 근본적 원인은 경제 구조와 정치 질서가 서로 맞물려 작동하지 않게 됐다는 데 있다. 경제 구조가 '선진국형'으로 바뀌었고, 그 결과 전통적인 정치 질서가 더는 기능하지 못하게 됐기 때문이다. 산업 구조 고도화 속에서 노동시장 균열과 자산 격차는 심화됐다. 삼성전자, 현대자동차 등 글로벌 대기업은 생산 시설을 자동화하거나 해외로 옮겨, 국내 고용은 연구개발R&D 인력 또는 공장을 짓는 데 필요한 건설 인력이 주다. 산업 구조 고도화와 중숙련 화이트칼라·블루칼라 인력의 고용 감소 속에서 번듯한 일자리는 줄어만 간다. 중소 자영업 고용 비중이 축소되고 비수도권 지역은 경제적 활력을 잃어가고 있다. 이러한 상황에서 기존 정당의 지지 기반은 심각하게 침식당하고, 취약한 상태에 놓였다.

이로 인한 전통적 정치 질서의 와해는 경제 문제에 대한 의사 결정을 내리지 못하게 한다. 대통령실과 여의도는 재정, 사회복지, 노동시장, 이민 등 굵직한 과제를 해결할 역량도 의지도 없다. 대신 팟캐스트, 유튜브 등 인터넷 미디어에 기반한 포퓰리즘형 정치는 급격히 기반을 다져나가고 있다.

결국 경제의 문제가 정치적 의사 결정 장애를 낳고, 그것이 경제 문제의 해결을 가로막고 있다는 것이 오늘날 한국 사회가 당면한 근본적인 과제다. 제대로 먹고사는 문제를 해결해낼 수 없는 '교착 상태'가 형성된 셈이다. 이 문제가 쉽게 해결될 가능성은 낮아 보인다. 다음 장에서는 '이탈리아형 선진국'으로 가는 악순환이 어디에서 어떻게 발생했는지 살펴볼 것이다.

2

노무현 질서의
등장과 모순

오늘날 한국 정치의 기본 구조를 만든 건 노무현 전 대통령과 민주당계 정당이다. 지난 20년간의 보수 정치를 거칠게 축약하면 민주당계 정당이 주도한 새로운 정치 질서에 적응하고 대응하는 것이었다 할 수 있다. "2000년대는 긍정적 의미에서든 부정적 의미에서든 '노무현 시대'라 불릴 만하다"[1]는 평가는 오히려 노무현 대통령의 유산을 과소평가하는 측면이 있다. 2002년 노무현 대통령 당선을 계기로 한국의 정치 질서는 새롭게 재구성되었으며, 당시 형성된 '게임의 규칙'은 오늘날에도 그대로 유지되고 있다. '노무현 질서'라고 이름 붙이는 게 어색하지 않은 이유다.

한국 정치가 위기에 봉착한 근본적인 원인은 기존 정치 질서가 제대로 작동하지 못하게 된 데 있다. 특히 경제 구조가 바뀌면서 정당, 이데올로기, 정책, 지지 기반, 갈등 양상 등 정치 질서의 구성 요소가 점차 제 기능을 하지 못하게 됐다. 또 정치 질서 내부의 모순도 심화되면서 더는 봉합할 수 없는 지경에 이르렀다. 한국의 주요 정당들이 2021~2022년 선거 이후 갈피를 잡지 못하고 헤매고 있는 이유다. 따라서 현재의 위기를 이해하기 위해서는 노무현 대통령 시기 정치와 경제 영역에서 어떤 변화가 있었는지 살펴볼 필요가 있다.

경쟁적 민주주의의 탄생

선거를 통한 정권 교체가 '상식'으로 받아들여진 건 노무현 대통령 당선부터다. 2003년 전영기 당시 〈중앙일보〉 기자(현 〈시사저널〉 편집인·편집국장)가 노무현 후보의 당선으로 "DJ 세력은 이념·노선이나 지역·학력, 지지계층의 속성상 태생적 소수파이며 따라서 5년의 집권은 예외적인 '우연한 집권'일 뿐이라고 믿어왔던 구주류 측의 자기 암시와 신화는 완전히 파산했다"[2]고 쓴 것이 이를 잘 보여준다. 1990년 3당 합당과 민주자유당의 탄생 이후 야당은 호남과 그 이주민을 기반으로 한 새정치국민회의 등 소수에 불과했다. 김대중 전 대통령 시절까지만 해도 정당 간 경쟁 구도에서 보수의 세력이 압도적이었다. 보수정당은 국가 기관은 물론, 관변단체를 통해 읍면동 수준으로 시민사회에 침투했다. 신문과 지상파 방송 위주의 언론 환경이나 군 또는 관료 위주의 엘리트 충원 기반도 보수정당에 유리했다.

김대중에 이은 노무현의 대통령 당선은 IMF 외환위기 같은 비상사태가 아니라도 민주당계 정당이 집권할 수 있음을 보였다. 그리고 중앙정부 및 수도권의 지방정부가 더는 보수정당의 전유물이 아니게 되면서 보수의 지지 기반에서 한 귀퉁이가 떨어져 나가게 됐다. 전 기자는 김 전 대통령 집권이 "한국 사회에 '영원한 주류도 영원한 비주류도 없다'는 관념을 확산"시켰으며, 또 "정치적으로 약한 고리들을 끈질기게 설득해 사상적 문제를 극복"³함으로써 당시 한국 사회에 만연한 레드 콤플렉스(좌파에 대한 과민 반응)를 극복했다고 설명했다. 또 "이념·사상의 스펙트럼이 넓어지자 과거의 잣대에선 왼쪽 끝부분에 있던 집단들이 서서히 자동적으로 중간 위치"가 되면서 정치적인 '주류'에 진입할 수 있게 됐다. 노무현 정부는 김대중 정부 당시 토대를 마련한 정치적·이념적 지형 변화가 본격화된 시기였다. '주류 교체', '권력 이동' 등의 표현이 언론과 정치권에서 언급되기 시작된 이유다.⁴

흔히 '87년체제'를 이야기하는 이들은 대통령 직선제를 중심으로 해서 작동하는 서구식 민주주의가 1987년 시작된 걸 중요하게 본다. "권위주의 체제의 종식과 형식적 민주주의의 제도화"와 "이런 수준의 민주화로부터 정치적 후퇴를 허용하지 않는다는 (…) 사회적 합의"⁵가 중요하다는 인식이다. 하지만 민주주의의 핵심이 정권 교체 또는 정권 교체의 가능성에 있다는 것을 따져보면 일당 우위 체제에서 진정한 양당제 정치 구조로의 전환이 있었다는 게 실질적으로는 더 중요하다. 새뮤얼 헌팅턴은 민주주의가 정착되는 '공고화the consolidation of democracy'의 지표로 두 번의 정권 교체를 꼽았다.⁶ 민주주의 제도가 도입되고 본격적으로 운영되기 시작한 선거에서 승리한 집권당이 이후 선거에서 패배해 야당으로 정권을 이양한 다음, 다시 선거를 통해 이전의 집권당으로 정권이 넘어가야 한다는 것이다. 1987년 대선에서 승리한 보수정당이 '정권 교체'를 수긍한 시점 그리고 정권 탈환을 위한 대중정치를 본격적으로 모색한 시점이 언제인가 따져보면 김대중 정부보다 노무현 정부에 가깝다.

정치 질서

정당 간 경쟁의 '규칙'이 만들어진 것도 노무현 정부 시기다. 여기서 '규칙'은 명시적인 법규만 의미하지 않는다. 정치인이나 정당의 지지 기반과 이데올로기, 주요 정책 및 정책 기조도 규칙에 포함된다. 또 정치권 주변의 각종 조직과 제도들도 포함한다. 정당 내부뿐만 아니라 정당 간 관계와 상호 작용의 양상도 '규칙'의 중요한 부분이다. 사회적·경제적 구조와 그에 따른 이해관계의 갈등 양상도 중요하다. 한마디로 정치하는 방식과 정치가 발딛고 서 있는 하부구조까지 이 '규칙'을 구성한다고 할 수 있다.

이를 잘 설명하는 개념이 있다면 앞서 언급해온 '정치 질서political order'다. 정치 질서는 이데올로기, 정책, 유무형의 제도, 정당간 또는 정당과 시민사회의 관계 등이 복합적으로 구성된 것을 의미한다. 게리 거슬(케임브리지 대학교)은 "정치 질서는 정치 지형을 만들어내는 일군의 이데올로기, 정책, 지지층을 모두 함축하는 개념"이라며 "2~6번의 선거 사이클을 넘어서서 오랫동안 지속된다"[7]고 설명했다. 데이비드 플롯케는 정치 질서라는 개념이

'체제'라고 번역되는 '레짐'이란 개념이 놓치는 부분을 잘 설명한다고 말한다.[8] 레짐이 명시적인 제도와 이해관계의 결합을 중심으로 정치 구조를 바라본다면, 정치 질서는 권력이 어떻게 행사되고 사회 구성원들의 동의를 획득하는지에도 관심을 기울인다는 것이다. 일종의 제도적인 강제력을 갖는 정치적 사조思潮를 의미하는 셈이다.

거슬은 현대 미국을 '뉴딜 질서'와 '신자유주의 질서'가 각각 지배했던 시기로 나눈다. 프랭클린 루즈벨트 전 대통령과 민주당이 주도하던 1932~1980년과 레이건 전 대통령과 공화당이 주도하던 1981년 이후다. 뉴딜 질서의 경우 "루즈벨트 대통령이 당선되기 이전부터 이데올로기, 민주당을 비롯한 다양한 정치적 결사체, 활동가·지식인·정치인·정치자금 기부자들이 서로 엮인 관계들이 존재하고"[9] 있었다. 신자유주의 질서가 만들어지고, 지배력을 갖는 과정도 비슷했다.

거슬은 "정치 질서의 핵심적인 특징은 이데올로기적으로 우위에 있는 정당이 반대 정당을 본인의 뜻대로 움직일 수 있는 능력"이라며 "이 때문에 여야를 가리지 않고 폭넓은 영향력을 갖는다"고 주장했다. 실제로 뉴딜 질서 아래에서 공화당이, 신자유주의 질서 아래에서 민주당이 해당 질서를 강화하는 역할을 맡기도 했다. 신자유주의 질서는 1980년대 레이건의 공화당 정부에서 시작되었지만, 이를 미국에 안착시킨 것은 민주당과 클린턴 정부였다. 거슬은 "클린턴 시기 정치의 중심에는 미국의 정보·통신·금융 시스템을 근본적으로 바꾸기 위한 일련의 법률들이 있었다"라며 "이는 클린턴 정부가 21세기 미국의 정치 경제에 결정적인 영향을 미친 이유이기도 하다"고 설명했다.[10] 대통령이나 국회의원 선거 경쟁은 한 정당에서 발원한 특정 질서가 다른 정당을 움직이도록 하는 제도적 장치다.

정치 질서가 단일하고 일관된 메시지를 가질 필요는 없다. "오히려 신자유주의 질서의 변화무쌍한 성격이야말로 호소력을 높이고, 지지자들이 새로운 것과 낡은 것 그리고 우파와 좌파 사이에서 움직일 수 있는 공간을 넓혔다"[11]는 게 그의 주장이다. 서로 다른 이념이나 정치적 분파가 한데 모여 있기 때문에 모순과 균열은 필연적이다. 중요한 것은 특정 질서가 가지고 있는 핵심적인 세계관이 대중에게 호소력이 있느냐다. 가령 과잉 규제되어 왔던 기성 미국 사회에 대한 염증은 신新우파뿐만 아니라 신좌파 또한 광범위하게 갖고 있었다. 또 자유시장은 하늘에서 뚝 떨어진 게 아니라 인간이 늘 닦고, 조이고, 기름 쳐야만 제대로 작동된다는 믿음도 주효했다. 특히 완전고용과 준수한 소득, 번영하는 경제라는 약속을 뉴딜 질서가 지킬 수 없다고 다수의 미국인이 생각하면서 신자유주의 질서의 시대가 왔다.

정당에 의존하지 않는 대중정치의 본격화

노무현 질서의 특징 중 하나는 정당에 의존하지 않는 대중정치의 본격화다. 정당 내에서 성공하기 위해서는 정당에 의존하지 않고 대규모로 유권자를 동원할 수 있어야 한다는 공식이 노무현 대통령 때부터 쓰이기 시작했다. 정당은 해당 정치인이 대통령 후보로 지명을 받거나 주요 당직을 받기 위한 무대로 여겨졌다. 정당이 아니라 후보자에 반응하는 정치 행태가 점차 일반화됐다.

사실 노무현 대통령 팬클럽으로 2000년 결성된 '노사모'(노무현을 사랑하는 모임)야말로 진보·보수를 막론하고 정치인이라면 모두 도달하고 싶어 하는 목표나 다름없다. 노사모는 민주당이 2001년 12월 당원 아닌 일반 시민도 참여가 가능한 '국민참여경선제'를 도입하자 정치적 결사체로 변모했다. 노사모는 자신들이 2002년 대선 후보 경선 기간 선거인단에 지원한 190만 명 가운데 21%에 해당하는 40만 명을 동원했다고 밝혔다.[12] 회원 수도 2년 사이 2배 이상 늘어났다(2002년 5월 4.5만 명→2003년 1월 7.3만 명→2004년 4월 10만 명).[13] 회원들은 단순히 정치 참여만이 아니라 다양한 분야(축구, 등산, 인라인스케이트, 마라톤 등)에서 여러 형태의 소모임을 운영한다. 유럽 정당이 전통적으로 이런저런 풀뿌리 조직을 운영해 조직 기반으로 삼던 양태와 흡사하다. 1999년 서비스를 시작한 ADSL(비대칭디지털가입자회선) 등 초고속 인터넷의 보급은 기술적 토대를 제공했다.

당시 한국 정당이 안고 있던 과제 중 하나는 '3김'이라 불리는 김대중·김영삼·김종필 등 카리스마적 정치인의 정치 도구로서의 성격이 강했던 기존 조직을 어떻게 '현대화'할지였다. 3김이 강한 권력을 가질 수 있었던 이유는 정당 정치가 제대로 시민사회에 뿌리내리지 못하고, 사회경제적인 문제를 두고 경쟁을 벌이지도 않았기 때문이다. 또 국가와 암묵적인 공모 관계를 맺고, 그 일부처럼 기능하는 이른바 '카르텔 정당'[14]의 면모가 강했다. 최장집 고려대 교수는 당시 민주화 운동 세력은 대안적 이념과 비전을 발전시키지 못했고 야당도 "조직의 질적인 수준 관점에서 한국 사회에서 가장 낙후된 조직"[15]이었다고 지적한다. 보수정당도 마찬가지의 문제를 안고 있었다. 1987년 민주주의가 시작됐지만, 그 내용물을 따져보면 박정희·전두환 시절의 연장선에 있었다.

따라서 2002년 대선을 준비하는 정치 세력은 대중정치의 기반 강화라는 과제를 안고 있었다. 지지율 하락으로 곤경에 처한 새천년민주당은 특히나 절박했다. 민주당이 2001년 10월 재보선에서 일방적으로 패배하자, 당내 개혁에 대한 목소리가 높아질 수밖에 없었다. 김대중 대통령이 당 총재직을 사퇴한 뒤 구성된 '당 발전과 쇄신을 위한 특별대책위원회'는 2002년 대선 후보 경선에서 대의원 비중을 20%로 줄이고, 일반 당원 30%와 국민 누구나 참여할 수 있는 공모 선거인단 50%로 선거인단을 구성키로 했다. 당시 민주당 정세분석국장은 "대의원만으로 대통령 후보를 뽑는 구조가 민심을 전혀 반영하지 못하고 있고, 이대로 가다가는 대선에서 이길 수 없다는 판단"[16]의 결과라고 설명했다. 호남·중장년·남성 위주인 대의원 투표에서 벗어나기 위해 지역별·성별·연령별 유권자 비율에 맞춰 공모 선거인단을 구성하고, 일반 당원 선거인단도 여성과 청년 비율을 높였다. 민주당이 당 개혁의 모델로 삼았던 1969~1972년 미국 민주당 내 맥거번-프레이저 위원회와 달리 다분하게 선거 전략적인 고려가 작용한 것[17]이었다.

경선 전 지지율 2%에서 시작한 노무현 후보가 경선에서 승리하고 본선에서도 이회창 한나라당 후보를 꺾으면서, 국민참여경선제는 당내 개혁의 주요 수단이 됐다. 특히 이른바 '개혁파'들

2장   노무현 질서의 등장과 모순

이 동교동계 등 당내 기득권에 대항하기 위한 수단으로 각광받았다. 노 전 대통령 직계와 '천신정'(천정배·신기남·정동영) 등 소장파 의원들이 분당해 만든 열린우리당이 2004년 총선에서부터 미국식 오픈프라이머리(당원 몫 없이 일반 국민의 참여로 후보를 뽑는 제도)에 가까운 개방형 국민경선제를 도입한 것이 대표적이다. 이후 민주당계 정당은 국민경선제를 각종 선거 후보자 선출의 기본적인 제도로 삼고 있다.

개방형 국민경선제의 도입은 선출직 공직자를 목표로 하는 정치인들, 특히 '큰 꿈'을 꾸는 이들에게 정당 기구에 의존하지 않는 대중정치를 하도록 유도했다. 경선에서 이기기 위해서는 잘 조직되고, 적극적으로 경선에 참여하는 열성적인 지지자 집단이 필요하기 때문이었다. 2004년 노 전 대통령이 탄핵되며 고건 전 총리가 권한 대행을 맡았을 때는 '고사모 우민회'나 'GK피플' 같은 주요 팬클럽이 사실상 정당의 기능을 대신했다.[18] 이들 덕분에 고건 전 총리는 거대 양당에 속하지 않았지만 계속해서 유력 대선 주자로 거론될 수 있었다.

정동영 전 의원의 경우 2009년 재보궐 선거에서 전주 덕진구에 출마하려다 공천을 못 받자, 무소속으로 출마해 김근식 민주당 후보를 상대로 승리한 뒤 2010년 복당했다. 2007년 대통합민주신당 대선 후보였던 그가 소속 정당의 지시를 거부하고 출마할 수 있었던 가장 큰 원동력은 지역 기반과 2007년 출범한 팬클럽 '정동영과 통하는 사람들'(정통들)의 조직력이었다. 정동영 팬클럽은 노사모 국민경선위원회 위원장 출신인 이상호 씨(필명 미키루크)와 이 씨가 영입한 이재명 당시 성남시장 낙선자[19]가 이끌었다. 이재명 당시 정통들 공동대표[20]는 "노사모가 비조직적이었지만, 자발적 헌신성은 높았다. 정통들은 조직력이라는 강력한 요소가 있다"라며 정통들을 "분기탱천한 농민군"(노사모)과는 다른 "정예 기병 부대"라고 표현했다. 정통들은 노사모에서 분화한 '참정연'(참여정치실천연대, 유시민 전 의원이 조직)이나 노사모의 두뇌 역할을 했던 '참평포럼'(참여정부평가포럼), '의정연'(의정연구센터·노무현 전 대통령 직계) 등과 대립 관계였다. 이들은 정통들을 '배노'(노무현을 배신했다는 뜻)라고 불렀고, 정통들은 이들에 대해 '노무현을 사랑하는 척하면서 실제로는 노무현을 활용했다'는 뜻에서 '활노'라는 멸칭[21]을 썼다.

한나라당 등 보수계 정당에서도 팬클럽 정치가 활성화되기 시작했다. 2004년 4월 만들어진 '박사모'(박근혜를 사랑하는 사람들의 모임)가 대표적이다. 박근혜 당시 한나라당 대표는 같은 해 2월 싸이월드 미니홈피를 개설[22]했고, 5월에는 박사모 오프라인 모임에 참석해 힘을 실었다. 2005년이 되면 박사모는 원희룡, 남경필, 고진화 등 당시 박근혜 대표에게 비판적이던 한나라당 소장파 의원들을 인터넷 공간에서 집단적으로 공격하며 탈당을 요구했다. "박사모가 당내의 개혁 성향 의원과 건전한 비판 의원들에 대해 원색적이고 무차별적 인신공격, 언어 테러를 하고 있다"[23]고 의원들(정병국·원희룡·남경필)이 공식 성명을 낼 정도였다. 한나라당에선 "박사모에게 찍히면 죽는다"[24]는 말까지 나왔다.

당시 박 대표는 "지난 재·보선 때 당원들은 발이 부르트도록 뛰는데, 인터넷 게임이나 하고 당에 악영향 미칠 인터뷰를 하는 사람들도 문제가 있었다"[25]라며 대놓고 박사모의 편을 들었다.

인터넷 기반의 팬클럽이 당내 정치의 중요한 '플레이어'가 되었음을 단적으로 보여주는 사건이었다. 또 박 대표는 박사모를 비롯해 30여 개에 달하는 인터넷 팬클럽을 외곽 정치 조직으로 활용했다. 2005년 10월 대여 강경 투쟁에 나서며 "이제 저와 국민 여러분들이 앞장서서 나라를 구하는 일에 힘을 합해주기 바란다"[26]는 내용의 이메일을 배포한 게 대표적이다. 박사모는 2007년 대선 경선에서 박 전 대표가 패배하자, 이명박 한나라당 후보가 아니라 이회창 무소속 후보를 공식적으로 지지했다.

박근혜의 '정당 밖 정치'를 보여주는 또 다른 사례는 2008년 총선에 등장한 정당 '친박연대'다. 친이명박계가 한나라당 당권을 장악한 상황에서 공천에서 탈락한 친박계 다선의원이나 당협 위원장들이 이름 없는 군소정당 중 하나였던 참주인연대(2008년 3월 미래한국당으로 개칭)에 집단으로 입당했다. 이들은 당명을 친박연대로 바꾸고 선거에 나서서 비례 8석을 포함해 14석을 획득하는 데 성공했다. 이들이 보수 본류로 돌아온 건 2012년 대선 후보 경선에서 박근혜 전 대표가 승리하고, 당명을 새누리당으로 바꾸면서다.

정치 개혁이라는 의제는 기존 정당 조직이 약화되는 방향으로 발전했다. "2003~2004년 기성 정치에 대한 유권자들의 불만이 고비용 정치 구조로 집약되고, 고비용 정치 구조의 타파라는 담론이 정치 개혁 의제를 지배하게 된 결과"였다.[27] 대표적인 것이 2004년 지구당 제도 폐지다. 지구당은 선거구별로 정당이 설치할 수 있는 상설 조직이었다. 지구당을 유지하는 데 막대한 자금과 인력이 든다는 게 지구당 폐지의 근거였다. 하지만 2005년

8월이 되면 선거구별로 당원들끼리 모여서 정치 현안을 논의할 수 있는 당원협의회 제도가 도입됐다. 당에 속하지 않은 시민들이 후보자 선출에 참여하는 국민참여경선도 경쟁적으로 도입됐다. 특히 민주당계 정당은 2007년 대선 등에서 전면적인 오픈프라이머리까지 도입했다. 열린우리당 분당 등 이합집산을 거듭하던 상황에서 해당 경선제를 유리하게 생각하는 분파(수도권·부산 등에 근거를 둔 정치 세력)의 주장이 최대한 관철된 결과였다. "선거 위기와 정당 조직 해체의 산물로서 완전 개방이 이루어졌다고 보는 것이 보다 현실에 부합"[28]한 셈이다. 1990년대 말부터 2000년대 초까지 국민 참여 확대를 중심으로 한 정치 개혁 어젠다를 분석한 한 논문은 한국의 정당들이 20세기 서유럽처럼 계급에 따른 이해관계에 기반해 정당 간 동원 경쟁이 벌어지지 않았기 때문에, 먹고사는 문제를 둘러싼 정치적 갈등이 축소됐고 대신 당내 분파 갈등이나 기성 정치권과 신진 세력 간의 갈등이 과도하게 활성화됐다고 설명했다.[29]

2000년대 중후반을 거치면서 정당은 "이름만 남은 '출마자 관리기구'일 뿐 권위 있는 차기 정부인 곳은 아무 곳도 없다"[30]는 지적을 받을 정도가 됐다. 기간당원제 또는 책임당원제 등 당비를 일정 기간 납부하면 당내 경선 투표권을 주는 제도를 도입했지만, 정당 내 정치에서 주도권이 없는 정당 조직이 되살아날 수는 없었다. 열린우리당의 경우 2005년 4월 전당대회와 재보선을 앞두고 늘어났던 기간당원 수는 급감했다(2004년 10월 3.7만 명→2005년 2월 23.5만 명→5월 14.8만 명). 열린우리당 내에서 그해 재보선 패배를 계기로 기간당원제 때문에 외부인사 영입이 되지 않는다는 의견이 대두되면서 이를 둘러싼 당내 분파 간 갈등이 심각하게 불거졌다. 결국 2006년 기간당원제가 폐지됐고, 열린우리당과 열린우리당 밖의 민주당계 정치 세력은 다시 이합집산해 대통합민주신당을 만들게 됐다.

글로벌 일류 기업이 된 재벌들

노무현 질서의 한 축은 수출 지향 경제의 질적 고도화다. 이때까지 '재벌'이라 불리는 수출 대기업은 낮은 금리로 은행 대출을 받아 공격적으로 설비 투자와 신사업 진출에 나섰고, 정부는 이들에 자금을 할당해주는 방식으로 기업을 통제·관리했다. IMF 외환위기의 주요 원인 중 하나는 그에 따른 무분별한 차입이었다. 2000년대 들어 수출 대기업은 은행 대출을 대폭 줄이고, 이전보다 설비 투자도 줄이는 대신 내부 유보금이나 회사채 등 직접 금융시장에 의존했다. 또 고부가가치 제품 개발이나 경영 혁신을 적극적으로 추진했다. 이와 같은 노력과 중국을 비롯한 글로벌 수요 증가에 힘입어 IMF 외환위기에 살아남은 재벌들은 글로벌 일류 기업으로 도약했다.

수출 대기업의 질적 성장에 힘입어 대졸 화이트칼라 또는 전문직으로 상위 중산층에 속하는 이들은 경제적·사회적 지위가 개선되고 더 많은 자원을 갖게 됐다. 대기업의 성공은 기업에서 일하는 사람들의 성공이었을 뿐만 아니라, 기업과 연관된 일을 하는 다양한 사람들의 성공이기도 했다. 명문대 80년대 학번으로 대기업에 입사해 40대를 맞이한 60년대생들의 전성시대가 열린 셈이다. 2000년대에 '아파트 공화국'이라는 말이 나오고 대치동 학원가가 팽창한 것은 이들의 풍족한 경제력 덕분에 가능했다.

반면 성장으로 인한 빈부 격차가 확대되면서 뒤처진 사람들의 불만이 커져갔다. 또 각종 사회적 서비스에 대한 수요가 증가하자 사회복지를 확충할 필요가 커졌다. 빠르게 출세해 정치권력을 쥐게 된 80년대 학번-60년대생들은 이른바 '재벌'의 주도권을 인정하면서 적당한 범위에서 복지를 늘리는 형태의 나라를 구상했다. 당연히 지지층에 부담이 되는 급격한 증세는 시도되지 않았다. 노무현 정부는 분명하고 일관된 이데올로기나 정책 프로그램을 가진 건 아니었지만, 정부의 핵심 의사 결정권자나 이른바 '86'들의 세계관에서는 꽤 일관성이 있었다. 노무현 정부는 '좌회전 깜빡이를 켜고 우회전'을 하지 않았다. 마냥 수동적으로 '신자유주의'라는 흐름을 따라간 것도 아니었다.

'삼성 공화국'이라는 단어는 경제 영역에서 노무현 질서가 갖는 특징을 압축적으로 보여준다. 원래 이 표현은 삼성이 노무현 정부의 막후에서 상당한 영향력을 발휘한다는 데서 나왔다. 여러 언론에 따르면 삼성은 2003년 2월 대통령직 인수위원회에 〈국정과제와 국가운영에 대한 어젠다〉라는 400여 쪽 분량의 보고서를 제출했는데, 노무현 정부의 운영에 적잖은 영향을 미쳤다. 〈한겨레21〉은 "노 대통령이 취임 6개월 만인 2003년 8·15 광복 경축사에서 제기한 '2만 달러론'이나 참여정부 산업 정책의 주요 줄기로 제시된 산업 클러스터(집적단지) 조성 방안 역시 삼성그룹에서 선도적으로 제기한 구호"[31]라고 설명했다. 진대제 전 정보통신부 장관, 이근면 인사혁신처장, 이언오 국가정보원 국가정보관 등 삼성 안팎의 인사들이 정부 요직에 발탁되는 일도 여러 차례 있었다. 2004~2005년에는 국무총리실, 재정경제부, 기획예산처, 외교통상부, 공정거래위원회, 금융감독위원회 간부와 직원들이 삼성인력개발원에서 연수[32]를 받기도 했다.

삼성이 정부나 정치권에 이렇게 영향력을 발휘하게 된 건 2000년대 글로벌 대기업으로 성장하면서 다방면에 걸쳐 국가를 뛰어넘는 능력을 갖추게 됐기 때문이다. 대표적인 사례가 삼성경제연구소SERI다. 삼성경제연구소는 2013년 하반기께 그룹 내 컨설팅에 집중하기 전까지 한국을 대표하는 싱크탱크였다. "연구의 전문성과 수준을 떠나, 삼성경제연구소처럼 시의성 높은 어떤 사안을 읽고 분석하고 대안을 제시해주며 탁월한 언론 교감 능력과 어젠다 세팅 능력을 갖춘 연구소는 이제까지 없었다."[33] 대기업 연구소는 1990년대 국내 싱크탱크와 전문가가 부족한 상황에서 기업들이 경제, 산업, 기술 분야 보고서를 받기 위해 만들어졌었다. 그런데 대기업들이 폭발적으로 성장하면서 산하 싱크탱크의 위상도 덩달아 높아졌다. "관료·정치인·교수·언론인 등 각계의 영향력 있는 인사들을 영입하거나 배출하는 우리 사회의 권력 정거장"[34]이 됐다고 〈시사IN〉은 표현했다.

글로벌 시장에서 성공이 없었다면 삼성이 이렇게 큰 영향력을 가질 수 없었을 것이다. 이를 잘 보여주는 게 휴대폰 사업이다. 휴대폰 사업 매출은 2000년 5.2조 원에서 2005년 10.6조 원, 2008년 23.5조 원으로 급격히 늘어났다.

'애니콜' 또는 '갤럭시' 휴대폰이 처음부터 일류였던 건 아니다. 1994년 '애니콜' 브랜드를 선보이고 몇몇 히트 제품을 내놓았지만 국내용에 그쳤다. 1997년 유럽 규격으로 처음 만든 모델을 팔기 위해 이기태 당시 무선사업부 이사와 신종균 개발팀 리더(두 사람 모두 추후 사장 겸 무선사업부 사업부장이 되었다)가 현지 이동통신사를 방문했을 때, 건물 초입 골방 같은 접견실에서 과장 직급의 젊은 담당자로부터 "먼저 우리 회사의 품질 테스트부터 통과한 뒤 다시 찾아오라"[35]는 대접을 받았을 정도였다.

이런 상황에서 정부가 주도해 도입한 코드분할다중접속 CDMA 방식의 이동통신 기술은 삼성전자가 휴대폰 판매의 '열쇠'를 쥐고 있는 해외 이동통신사와 긴밀한 관계를 맺는 데 큰 도움이 됐다. CDMA 기반 서비스를 하는 이동통신사들도 경쟁력 있는 단말기를 공급하는 제조사가 필요했기 때문이다(노키아 등 당시 휴대폰 시장 선두업체들은 주류 기술이던 GSM에 치중했기 때문에 필드에서 검증된 CDMA 휴대폰을 갖고 있지 않았다). 크기가 커 국내 시장에서 별 인기가 없던 폴더형 휴대폰(SCH-3500)이 미국 이동통신사 스프린트를 통해 600만 대 이상 팔려나간 게[36] 대표적인 예다.

삼성전자 무선사업부의 성공에는 고기능 핵심 부품을 공급하는 계열사들의 역할도 상당했다. 처음으로 1,000만대 이상 판매를 기록한 'SGH-T100'(2002년 출시)은 휴대폰 가운데 처음으로 고화질 TFT LCD(액정표시장치)를 탑재했는데, 당시 삼성전자는 LCD 글로벌 시장에서도 주요 업체 중 한 곳이었다. 삼성전자 휴대폰 사업의 기본 전략 중 하나는 디스플레이 등 소비자들이 바로 체감할 수 있는 영역에서 차별화된 기능을 넣는다는 것이다. 지금도 반도체, 디스플레이, 배터리, 회로기판 등 삼성제 스마트폰의 주요 부품을 계열사들이 생산하는 이유다.

삼성전자는 다각도의 경영 혁신을 통해 성공을 위한 조건을 만들었다. 윤종용 전 삼성전자 부회장은 "디지털 시대엔 (아날로그 시대와 달리) 경쟁력의 요소가 달라진다"라며 "삼성전자 경영진은 디지털 시대에는 두뇌와 스피드가 경쟁력이 될 것이라는 결론을 내렸다"[37]고 말했다. 그는 "삼성의 최대 강점은 임파워먼트empowerment(권한 이양)와 아주 빠른 의사 결정"이라고도 말했다. ERP(전사적자원관리) 등 공급망 효율 제고, 6시그마로 대표되는 품질 관리, 디자인 혁신 등 선진적 기업 경영도 2000년대 초중반 본격화됐다.

다른 대기업들도 삼성전자와 유사하게 질적 고도화를 통해 글로벌 경쟁력을 갖춘 기업으로 거듭났다. 현대차는 1998년만 해도 미국 내 판매량이 9.1만 대에 불과했다. 자동차 품질 평가회사 JD파워가 집계한 신차 100대당 결함 건수가 2000년 전체 평균(154건)의 1.32배, 일본 토요타(118건)의 1.72배에 달할 정도(203건)로 제품 경쟁력이 낮은 게 문제였다.[38] 현대차는 '상품기획→설계→시작차proto car→연구소 선행 생산→양산 선행→양산'으로 이어지는 단계마다 품질 목표를 충족하도록 신차 개발 과정을 바꾸었다.[39] 연구소, 공장, 정비센터 등에서 발생하는 제품 결함 관련 정보를 한데 묶어 관리하는 '글로벌 품질 경영 시스템'도 2000년 도입했다. 또 고도로 중앙 집중적인 조직을 통해 세세한 개선 활동이 이뤄졌다. 〈한국경제신문〉은 2012년 "현대·기아차가 GM이나 토요타와 다른 점은 사업별 또는 지역별 조직 중심이 아니라 강력한 기능별 조직으로 움직인다는 점"[40]이라 소개한다.

가령 체코 공장의 품질에 문제가 생기면 즉각 서울 양재동 본사의 종합상황실로 보고된다는 것이다.

화학, 조선, 철강 등 소재나 자본재 산업도 급격히 성장했다. 호남석유화학(현 롯데케미칼)은 1979년 롯데가 억지로 떠맡게 된 회사였는데, 2000년대 현대석유화학, KP케미칼을 인수하고 공격적인 투자에 나서면서 급성장해 유통과 어깨를 나란히 하는 주력 사업이 됐다.[41] 1990년 호남석유화학 상무로 입사한 신동빈 회장은 화학 분야 사업 성과를 인정받아 빠르게 롯데그룹 내에서 입지를 다졌다.

조선산업은 2003~2008년 대호황을 구가했다. 1980~1990년대 일본 업체들과 벌인 치열한 경쟁에서 기술 및 공정 혁신을 앞세워 승리한 시점에 해운 수요가 폭발하면서 그 수혜를 고스란히 보게 됐기 때문이다. 중국이 2001년 세계무역기구wto에 가입하는 등 신흥국 경제가 글로벌 무역질서에 긴밀하게 편입되고, 수출을 기반으로 경제가 성장한 것도 소재·자본재 산업이 발달한 주요 배경이었다.

IT와 금융도 2000년대에 오늘날의 모습을 갖추게 됐다. 수출 대기업의 성장과 주식시장 활황으로 뮤추얼펀드(자유롭게 중도 해지 및 환매가 가능한 상품) 붐이 일자 미래에셋자산운용을 필두로 한 금융투자회사들이 생겼다. MBK파트너스, IMM 등 사모펀드도 이때 등장했다. 사모펀드 가운데 처음으로 2020년 공정거래위원회로부터 준대기업집단(자산 총액 5~10조 원)으로 지정된 IMM은 회계법인 아서앤더슨에서 일했던 송인준 IMM프라이빗에쿼티 사장, 지성배 IMM인베스트먼트 사장[42]이 2000년 창업한 회사(타임앤컴

퍼니)가 2004년 송 사장의 동서인 장동우 IMM인베스트먼트 사장이 만든 회사(IMM창업투자)와 합병하면서 시작됐다. 국내 대표 벤처캐피털인 스톤브릿지캐피탈을 2008년 설립한 김지훈 사장이 IMM인베스트먼트 파트너 출신[43]이기도 하다.

　　노무현 정부의 정책은 대기업 친화적이었다. 노무현 대통령이 진보 진영의 극심한 반발에도 한미FTA를 밀어붙여 2006년 타결한 것이 대표적이다. 그는 "오늘 우리가 처한 글로벌 시장에서 1등 아니면 설 수가 없으며, FTA는 세계 최고와 한번 겨뤄보자는 의미"[44]라며 국정 최우선 과제로 삼았다. 또 "금융, 법률, 세무 컨설팅, 디자인, 교육, 의료 등을 개방해서 경쟁시키지 않으면 성장하지 않는다"[45]라며 서비스 산업에 대한 '충격 요법'이 필요하다고 봤다. 금융 규제 완화(동북아 금융 허브), 외국인 영리법인 병원 허용(의료 선진화) 등도 밀어붙였다. 대기업 규제의 경우 지주회사 제도를 도입하여, 오늘날 여러 재벌 '오너' 일가가 안정적으로 많은 지분을 갖는 투자회사를 세워 계열사를 지배할 수 있도록 하는 제도적 기반을 만들었다. 상호출자제한 규제 대상이었던 LG그룹은 이를 통해 지주사 ㈜LG 지분(42.8%)을 추가 자금 투입 없이 손[46]에 넣을 수 있었다. 다른 재벌들은 LG가 닦은 길을 그대로 따라갔고, 정부는 2019년까지 관련한 세제 혜택을 그대로 유지했다. 그리고 당시 법무팀장(부사장)으로 지주사 전환을 이끈 김상헌 우아한형제들 부회장은 2009년 NHN[47](네이버) 대표이사(사장)로 자리를 옮겼다.

중산층 행동주의의 등장

수출 대기업의 질적 고도화는 상위 중산층(또는 상위 중간계급)의 시대를 열어젖혔다. 한국에서 이른바 '최상위 1%'와 '상위 10%의 상위 중산층 또는 상위 중간계급'의 부의 원천은 수출 대기업으로 동일하기 때문이다.

소득 비중 변화 양상은 이를 잘 보여준다. 상위 10%의 소득 비중은 크게 늘어났다(1999년 32.1%→2006년 46.0%).[48] 최상위 1%의 소득 비중(8.3%→12.0%)만이 아니라 상위 2~10%의 비중(23.8%→34.1%)도 폭증했다. 수출 대기업의 성공은 이재용 삼성전자 회장, 정의선 현대자동차 회장 등 이른바 '오너'나 임원, 주주 등 상위 1%의 성공에 그치지 않았다. 'PS'라 불리는 종업원이익분배제도(2000년 도입) 등으로 수혜를 입은 대기업 화이트칼라, 현대자동차 등에서 일하는 정규직 블루칼라 그리고 이들을 대상으로 다양한 서비스를 제공하는 산업의 전문직들이 골고루 수혜를 입었다.

이렇게 늘어난 경제력을 바탕으로 상위 중산층은 자신만의 생활양식을 추구하기 시작했다. "중산층 내에 경제적·사회적·문화적으로 특권적 기회를 누리는 소수의 상류 부유층이 형성"[49]된 것이다. 이를 잘 보여주는 게 주요 생활가전 중 하나인 냉장고다. 삼성전자, LG전자는 2000년대 이전까지만 해도 일부 고소득 가구만 사던 양문형 냉장고 시장을 중산층까지 확대한다. 두 회사는 모두 고급 가구같이 맵시 있는 디자인을 강조하며, 자녀 교육과 자산 증식이라는 목표를 중심으로 적극적으로 가정을 경영하는 새로운 주부상을 겨냥해 브랜드와 디자인 전략을 세웠다.[50] 주부가 집 안을 감제할 수 있도록 신축 아파트의 공간 구조가 바뀌고, 대형 마트가 생활의 일부가 되면서 식자재를 저장할 공간이 더 필요해진 것도 또 다른 배경이었다.

자녀에게 더 많은 시간을 쏟고, 세세하게 관리하는 양육 방식도 이 시기에 나타났다. 부모의 학력에 따른 자녀 양육 시간의 차이를 분석한 연구가 이를 잘 보여준다.[51] 1999년까지만 해도 자녀 양육 시간에 부모의 학력에 따른 차이가 없었는데, 2004년부터 차이가 나기 시작해 2009년까지 차이가 벌어지고, 이후에는 큰 변화가 없다. 결과적으로 2019년 기준 대졸 여성은 일 평균 19분, 대졸 남성은 일 평균 7분을 고졸 이하 부모보다 자녀를 돌보는 데 더 썼다. 양육 시간 격차가 벌어지는 건 특히 만 10세 미만 자녀가 있을 때였다. 1980~1990년생 자녀를 둔 미국, 유럽 등 선진국의 상위 중산층들에게서 나타났던 '집약적 양육intensive parenting'[52]이 한국에서도 나타난 것이다.

상위 중산층의 생활세계는 서울 강남 일대의 아파트에서 완성됐다. 2007년 삼성물산의 아파트 브랜드 '래미안'의 TV CF '남자친구 초대 편'은 당시 굉장한 화제를 모았다. 이 CF는 처음으로 남자친구를 집에 데려가는 27세 여성이 "저기야, 저 집이야"라며 래미안이라는 세 글자가 선명하게 쓰여 있는 아파트를 가리키고 서로 뿌듯한 표정으로 웃는 내용이었다. 그리고 마지막에는 "수정 씨 집은 래미안입니다"라는 카피가 흘러나왔다. 아파트가 사회적 신분의 상징이 되었음을 상징적으로 보여주는 일화였다.

강남 아파트는 비슷한 사람들끼리 모여 사는 공간이면서, 대치동 학원가의 최첨단 사교육 서비스를 이용하기 위해 진입해야만 하는 곳이었다. 박배균 서울대 교수는 "대치동은 다른 곳에서 제공하지 못하는 매우 전문적이며 특화된 사교육 서비스를 학생들의 다양한 필요에 맞추어 매우 유연하게 제공하고 있다"[53]라며 미국 실리콘밸리와 비슷한 산업 구조를 가지고 있다고 지적했다. 중산층으로서 경제적 지위를 확보하는 데 부동산 소유와 자산 가치 상승이 중요한 상황에서, 강남 아파트는 확실한 '사용가치'에 기반한 투자 수익을 보장해주기도 했다. 서울 강남구·서초구·송파구·양천구 목동과 경기도 분당·평촌·용인을 묶은 '버블 세븐' 등의 부동산 신조어가 지역과 함께 등장한 이유다.

정치나 사회 영역에서도 상위 중산층은 적극적으로 행동에 나섰다. 장석준 산현재 기획위원은 "한국 사회의 여론 형성과 정치 판세 결정에서 키를 쥐고 있는 특정 계층의 대중운동"으로 "중산층 행동주의"[54]를 지목한다. 그가 이야기하는 중산층은 대기업 정규직 또는 전문직으로, 대체로 대도시의 단지형 아파트 1채 이상을 갖고 자녀의 서울 4년제 대학 입학에 사활을 건다. 즉 상위 중산층이다. 장 위원은 이들이 중산층 지위를 결정하는 소득, 자산, 교육의 세 축에서 강력한 조직화 및 여론 형성 자원을 갖고 있다고 지적한다. 그래서 다른 어느 계층보다 활발하게 집단행동에 나서고 여론을 만들고, 세력화할 수 있다는 것이다.

대단지 아파트 주민들의 매매·임대 가격 담합이 본격화된 것은 2002년경부터다. "서울 강남권(…)에서는 반상회나 부녀회를 통해 가격을 담합한 뒤에 부동산중개업소에 매물을 내놓는다는 게 공공연한 비밀"이었고 "가격 담합 행위는 다른 지역으로 빠

르게 전염되고 있"었다.[55] 강남구에서 시작된 가격 담합 행위가
송파구, 강동구, 양천구 목동 등으로 번지고 있다는 것이었다.

계층 지위가 재생산되는 핵심 기제인 교육에서 상위 중산층
의 이해관계가 타 계층과 다르다는 게 분명해졌다. 〈경향신문〉은
2006년 5월 전국교직원노동조합(전교조)이 서울 양천구의 한 중
학교에서 서울시가 추진하던 국제중학교 설립 반대 투쟁을 놓고
벌인 논쟁을 소개했다. 당시 전교조 서울지부장은 단식투쟁 중이
었는데, 격론 끝에 결국 그들은 단 한 명도 격려 방문을 하지 않았
다. "교육 양극화 심화 우려라는 단식 명분에도 불구하고 이제 학
부모의 입장에 선 그들이 농성장을 찾는 일은 쉽지 않은 선택"[56]
이었기 때문이다. 열린우리당이 2006년 수강료 등 학원 정보 공
개를 골자로 한 학원법을 개정하려고 했을 때, 열린우리당 소속
의원 보좌관에게 전화를 건 어느 대형 학원 체인 기업가(이자 전직
운동권)는 법안의 미세한 부분들을 건드리면 "문제가 생길 수 있
다"라며, 세련되게 압력을 가했다.

범민주당 진영 내에서 인터넷이나 국민참여경선 참가 등
을 통해 정치적 의견을 내거나 2004년과 2008년 촛불집회 등 직
접 민주주의에 기여한 '시민'들도 중산층이 주였다. 2008년 미국
산 쇠고기 수입 허용을 계기로 불붙은 대규모 촛불집회 현장에서
이루어진 설문조사(1,500명 대상) 결과, 대학 재학 이상 비율(76.9%)
이 당시 전체 국민 중 비율(33.7%)의 두 배 이상이었다.[57] 또 소
득이 월 400만 원 이상인 사람의 비율(37.7%)도 전체 국민 중 비
율(31.5%)보다 높았는데, 집회 참가자 중 소득이 상대적으로 낮은
20대(38.0%)와 30대(28.9%)의 비중이 컸다는 점까지 고려해야 할

것이다. 또 집회 참가자 중 인터넷을 통해 정보를 습득하는 사람의 비율(67.1%)은 전체 국민 중 비율(16.0%)보다 압도적으로 높았는데, 거꾸로 TV나 라디오에서 정보를 얻는 비율(17.5%)은 낮았다. 2011년 실시한 다른 설문조사 결과[58]에 따르면 학력이 높을수록 투표 등의 일반적인 정치 참여를 더 많이 하는 것으로 나타났다. 집회나 시위 등 직접 행동에 나서는 이들은 학력이 높을 뿐만 아니라 연령이 낮고, 여성 비중이 높다는 특징이 있었다.

국민참여경선 참가자의 인구사회학적 특성에 대한 자료는 없다. 하지만 미국 민주당이 오픈프라이머리를 대거 도입한 이후 여성이나 흑인의 참가는 늘었지만, 동시에 고소득자와 대졸 이상 고학력자의 비중도 극히 높게 유지되어 왔다. 1996년 미국 대선 후보 경선 당시 선거인단 가운데 대졸자는 27%, 대학원졸은 45%[59]에 달했다. 같은 해 25세 이상 미국인 중 대졸은 23%, 대학원졸은 8%[60]였다.

지지 연합의 불안정성이라는 근본 문제

노무현 질서의 약점은 정당에 있었다. 사회경제적 변화 속에서 안정적인 지지 연합을 유지할 수 없었기 때문이다. 보수정당과 민주당계 정당 모두 대립되는 이해관계를 가진 인구집단으로 지지 연합이 구성됐다. 보수는 전통적인 엘리트나 기업인 및 자산가를 중심으로 영세 자영업자와 고령자들이 모였다면, 민주당계는 상위 중산층을 중심으로 호남 출신 저소득층이 핵심 표밭이었다.

양당제 아래에서 지지층이 각양각색의 이질적인 집단으로 구성되는 건 일반적인 일이지만, 한국의 경우 사회경제적 약자 집단이 따로 조직돼 독자적인 목소리를 내지 못하고 연령이나 출신 지역에 따라 갈라져 두 당의 지지 기반에 포획되어 있었다. 1990년대까지 경제·사회 정책에서 뚜렷한 차이가 없었던 데다, 2000년대 대중정당으로 발전하는 과정에서 두 당 모두 경제적 '승자'들이 주도권을 쥐었기 때문이다. 노무현 정부 시기 정당 간 균열은 먹고사는 문제와 거리가 먼 정치 개혁, 검찰 등 권력 기구 장악, 언론 등을 놓고 벌어졌다. 자신의 사회경제적 이해관계를 대변하는 정당이 없는 '뒤처진 사람들'은 몇 년에 한 번씩 이른바 두 당을 오가는 일종의 '구조적 스윙보터'처럼 행동하기 시작했다.

서유럽과 다른 "노동 없는 민주주의"(노동조합 등이 조직적으로 진보정당을 지지하면서 형성된 의회 민주주의)[61]는 주요 정당이 보수 일색이라거나 사회민주주의가 도입되지 않았다는 것만을 의미하지 않았다. 집권 정당이 안정적인 지지 기반을 빠르게 잃고, 불만을 가진 유권자들에 둘러싸일 수밖에 없었던 원인이었다. 야당은 분노와 불만을 추동해 '심판론'으로 재미를 보았지만, 그들도 정작 정권 교체에 성공하면 과거의 여당과 똑같은 상황에 봉착했다.

민주당계 정당은 원래 호남과 호남 출신 이주민을 기반으로 한 정당에서 대기업 정규직 중산층 중심의 정당으로 변모해갔다. 기실 민주당계 정당이 내세운 '지역주의 타파'라는 구호는 실질적으로 수도권 중산층 정당으로 당 정체성을 바꾸자는 의미였다.

부산·울산·경남 일대의 지지 기반과 조직을 어떻게 건설할 것인지에 대한 명확한 계획이나 전략은 없었던 반면, 정치적으로 진보적 성향인 수도권 중산층의 참여를 늘리는 방향으로 '정치 개혁'이 이뤄졌던 것이 이를 잘 보여준다. 호남 출신 이주민으로 서울 관악구·영등포구·구로구·금천구 등에 사는 중하층 노동자나 영세 자영업자가 강남 진입을 노리면서 재테크와 자녀 교육에 관심이 많은 명문대 출신 대기업 화이트칼라와 함께 민주당을 지지하는 형국이 된 것이다.

보수정당도 마찬가지였다. 보수정당이 내세우는 반공과 산업화라는 상징은 IMF 외환위기 이후 진행된 사회경제적 변화 속에서 '좋았던 옛 시절'을 지향하는 것이었고, 변화에 적응하지 못하고 '뒤처진 사람들'에게 더 소구력을 가질 수밖에 없었다. 자산가나 기업의 편이면서 동시에 가난한 자영업자와 노동자에게서도 상당한 지지를 얻게 된 이유다. 장덕진 서울대 교수는 2008년 "주관적 계층의식이 낮고, 경제력 부족이나 실업 등으로 인한 사회적 위험에 많이 노출되어 있고, 고연령층이며, 인터넷 사용 시간이 짧"은 사람들이 보수 쪽이 될 가능성이 높다고 지적했다.[62]

정치학자들은 1987년 대선을 기점으로 각 정당이 지역을 나눠 할거하게 된 배경 중 하나로 이념적 차이가 적었다는 점을 꼽는다. 2000년대에도 정당의 강한 지역색은 이들이 계속 '모든 이를 위한 정당(캐치올 정당catchall party)'이 될 수밖에 없게 했다. 호남과 영남, 또는 해당 지역 출신 이주민이 각각 민주계 정당과 보수정당을 지지하고 충청(과 그 이주민) 표를 얻기 위해 경쟁하는 선거 구도가 유지됐다. 각 지역 명문고 출신의 재경在京 엘리트들이 중앙권력을 쥐는 것이 지역에 안겨다 주는 낙수효과는 잠김효과 lock-in가 지속되도록 하는 요인이었다. 또 집권 정당이었던 열린 우리당 등은 경제 영역에서 상대 당과 큰 차이가 없었다. 오히려 보수정당보다 더 '주류'에 가까운 행보를 보였다. 가령 2004년 "이 광재, 서갑원, 이화영, 백원우 의원 등 노 대통령의 핵심 참모 출신과 윤호중, 조정식 등 청와대와 정부에서 근무한 경험이 있는 인사 12명으로 구성된 의정연구센터는 최근 재벌개혁의 상징으로 여겨져 온 '출자총액제한제'를 완화·폐지하는 일에 총대를 메고"[63] 나서는 등 "상당수 386 의원들이 '실용주의'와 '경제 활성화를 위한 대안 찾기'라는 명분 아래 주요 경제 정책 및 입법 방향과 관련해 친재벌적 경향성"을 드러낸 게 대표적이다.

이러한 이유로 거대 양당과 그 지지자들 간의 균열cleavage(서로 다른 정치적 이해관계를 갖도록 하는 경제적·사회적·문화적 차이)이 이념과 세대를 중심으로 표출되기 시작했다. 여기서 세대에 따른 균열은 단순히 연령 집단이 달라서가 아니라 급격한 경제 발전 속에서 연령대별로 학력, 직업, 경제적 지위가 달라졌기 때문에 발생한 현상이었다. 특히 대학을 졸업하고 대기업 등에서 전문·기술직이나 사무직으로 일하는 이들은 80년대 학번-60년대생을 필두로 반보수정당 성향을 공공연히 드러냈다. 문우진 아주대 교수는 지난 2003년 국내외 정치학자들을 대상으로 1967년(7대)부터 2004년(17대)까지 주요 정당의 이념적 위치에 관한 설문조사를 실시했다. 그 결과[64]에 따르면 민주자유당·신한국당·한나라당 등 보수정당과 민주당·새정치국민회의·새천년민주당·열린우리당 등 민주당계 정당의 이념적 차이는 1992년(14대) 2점,

1996년(15대) 1.67점, 2000년(16대) 2.17점, 2004년(17대) 3.33점으로 확대됐다. 경제 이외의 영역에서 정당 간 대립이 격화된 것을 보여주는 결과다.

경제 정책의 급격한 변화를 도모할 수 없는 상황에서 '정치적 전선戰線'으로 선택되는 갈등은 주로 권력 기관 통제, 언론, 과거사, 문화 등의 영역이었다. 노무현 정부의 주요 어젠다 27개는 언론법 개정, 국가보안법 폐지, 사학법 개정, 대연정, 개헌 등 정치(또는 권력과 관계된 기관) 분야에서 격렬한 갈등을 유발하는 사안이 대부분이었는데, 무당파층을 지지자로 끌어들일 수 없고 반대층과 갈등 요인이 늘어나지만 지지층을 규합할 수 있기 때문에 선택한 것으로 분석되었다.[65] 이명박 정부 역시 주로 경제 영역에서 어젠다를 제기한 것 같지만 실제 내용은 'ABRAnything But Rho'(노무현 정부와는 무조건 반대로)이라는 신조어가 생겼을 정도로 '적폐 청산'에 몰두했다.

다른 한편으로 경제 및 복지 정책에서는 일종의 '컨센서스'라고 할 만한 정책적 수렴 현상이 일어났다. 대기업 위주의 성장 속에서 정부가 나서서 사회 안전망을 강화하는 정책을 편다는 기조가 유지된 것이다. 지지자 구성상 2000년대 들어 급격히 늘어난 경제적·사회적 격차에 대응하지 않을 수 없었기 때문이다. GDP 대비 사회복지지출(공공지출과 법정민간지출 합산) 비율은 지속적으로 증가하고 있다(2002년 5.1%→2007년 7.3%→2012년 9.0%→2017년 10.9%).[66] 보건업 및 사회복지서비스업 종사자 수도 크게 늘었다(2002년 55.4만 명으로 취업자의 2.5%→2007년 74.8만 명, 3.2%→2012년 141.5만 명, 5.7%→2017년 192.1만 명, 7.2%). 하지만 두 당 모두 사회복지 재정 확대를 위한 대규모 증세, 특히 소득 상위 2~10%에 해당하는 대기업 재직자를 상대로 한 세금 인상을 여전히 꺼린다. 따라서 국가 기능 확대에는 뚜렷한 '천장'이 존재한다고 할 수 있다.

또 2000년대 경제 구조의 고도화, 특히 수출 대기업의 성장은 두 정당에 모두 상당한 난점을 안겨다 주었다. 국가 경제의 성공에 따른 불평등 심화 과정의 승자와 패자가 함께 정당의 지지자 집단(지지 연합)에 속해 있었기 때문이다. 특히 80년대 학번-60년대생으로 대표되는 대도시 상위 중산층과 수도권 등으로 이주한 호남 출신 중하층 노동자 및 영세 자영업자의 두 축으로 유지되던 민주당계 정당은 이른바 '서민' 유권자들이 대거 이탈하는 결과를 맞이했다. 호남 출신 이주민과 그 자녀들이 많이 사는 지역 중 하나인 경기도 성남시 중원구는 민주당의 오랜 아성이었다. 노무현 대통령 탄핵 직후 벌어진 2004년 총선(이하 비례대표 기준)에서 열린우리당은 43.3%를 득표[67]했고, 새천년민주당은 8.7%를 얻었다. 그런데 2008년이 되면 민주통합당의 득표율은 31.4%로 급락하고, 거꾸로 새누리당은 38.2%를 얻었다. 2012년에도 더불어민주당은 70표 차로 새누리당에 뒤졌다. 2007년 대선에서 정동영 대통합민주신당 후보를 찍겠다고 답한 호남 출신 이주민은 51.0%[68]에 불과했다.

민주당이 상위 중산층의 정당이 될수록, 중하층의 이탈은 두드러졌다. 2013년 민주통합당 대선 평가 보고서는 역대 선거에서 소득집단별(고·중간·저소득으로 분류) 후보 지지율을 조사[69]했다. 1997년 김대중은 저소득층 집단에서 이회창 대비 10.3%포인트 더 많은 득표를 받았다. 2002년 노무현도 이회창보다 16.6%포인

트 앞섰다. 그런데 2012년 문재인은 박근혜 대비 16.7%포인트 뒤
졌다.

이 같은 결과는 2000년대 초중반 심각해진 불평등을 빼놓고
설명할 수 없다. 날로 따뜻해지는 대기업 정규직들의 '성城안'과
달리 중소기업·비정규직·영세 자영업자의 '성 밖' 세계에서는 온
기가 잘 돌지 않았다. 2011년 현재 자동차 및 관련 부품 회사 4만
곳을 분석한 결과[70]에 따르면 현대차와 기아차의 종업원 1인당
노동보수는 8,600만 원이었다. 그런데 그 하청업체인 중소기업은
3,560만 원으로 현대·기아차의 41%에 불과했다. 1987~2017년
외부감사대상 기업(금융업 제외)을 분석한 결과를 보면, 상위 25%
기업과 하위 25% 기업의 노동소득분배율(영업이익과 인건비를 합친
부가가치 가운데 인건비 비중) 격차가 계속 확대되고 있었다.[71] 2000년
대 들어 이전까지 안정적으로 유지되던 격차가 확대됐다. 종사자
수 100인 이상 기업은 노동소득분배율이 상승했지만, 100인 미만
기업은 크게 하락했다.

또 소득 및 자산 격차는 학력·네트워크·문화적 소양 등이
결합돼 불평등의 질적 차이를 키웠다. 울산의 현대차와 현대중공
업 노동자들을 오랫동안 연구한 유형근 부산대 교수는 "정규직과
사내하청 비정규직 간의 분절과 차별의 구조는 작업장 내에만 머
무는 게" 아니라 "울산 지역 사회의 노동자 생활세계에서도 연장
된다"고 지적했다. "소비 수준, 여가생활, 자녀 교육, 사회적 교류
등에서 그러한 단층선은 반복적으로 확인된다"는 것이다. 이중
경제를 근간으로 하는 다차원적 불평등이 격차 심화에 대한 반발
심을 높이는 요인으로 작용함은 물론이다. 세대 내 불평등(소득 및

자산의 이동성)뿐만 아니라 세대 간 불평등(부모와 자녀 간의 계층 이동
성)도 악화됐다.

노무현 정부가 몰락하게 된 근본적인 원인은 경제라는 하부
구조에 있었다. 보수정당도 정도의 차이가 있을 뿐, 마찬가지로
지지 연합의 경제적 이해관계가 대립할 수밖에 없는 상황에 봉착
해 있었다. '먹고사는 문제'와 큰 관련이 없는 정치적 전선은 상대
정당과의 극단적인 대립 구도를 만들기 쉬워 강성 지지자를 동
원하기 용이하지만, 동시에 경제적 문제 해결을 원하는 중하층의
뜨뜻미지근한 지지자들의 불만을 야기하고 이탈을 불러일으켰
다. '뒤처진 사람들'의 불만이 정권 교체 등 대규모 정치 구조 변화
를 야기한다는 건 '노무현 질서'가 갖는 불안정성의 근원이자 주
된 특징이라 할 수 있다.

보수의 대중정치 대응: 뉴라이트의 등장과 이명박 정부의 좌초

노무현 대통령 당선을 계기로 보수 진영도 현대적 민주주의
에 걸맞은 이념, 조직, 인물을 가져야 한다는 게 명확해졌다. 국가
와 보수정당 그리고 보수 엘리트가 일체화된 시절이 끝났기 때문
이다. 보수 재집권을 위해서는 대중정치를 위한 기반을 창출해야
만 했다. 보수 시민단체가 결성되고, 뉴라이트(신우파) 운동이 시
작됐다. 지금은 일상적인 광경이 됐지만, 보수 단체들이 광화문
광장에서 대규모 집회를 하기 시작한 건 2003년[72]부터다.

2004년 11월 뉴라이트를 표방한 첫 번째 시민단체인 자유주

의연대가 결성됐다. 인천지역민주노동자연맹(인민노련) 등에서 활동한 신지호(18대 국회의원), 자주평화통일민족회의 사무국장을 지낸 홍진표, 고려대 총학생회 출신인 최홍재(박근혜 정부 당시 청와대 선임행정관) 등이 창설 멤버였다. 2005년에는 초·중·고 근현대사 교과서가 좌파적 성향을 가지고 있어서 이를 바로잡아야 한다는 교과서포럼, 교육의 국가 독점과 반시장주의에 맞서겠다고 나선 자유주의교육연합, 뉴라이트 지식인 단체를 표방한 뉴라이트싱 크넷 등이 연달아 출범했다. 이들은 2004년 전후 결성된 우파 시민단체와 함께 뉴라이트네트워크[73]를 만들었다. 한편 뉴라이트 전국연합은 김진홍 신광두레교회 원로목사 등 개신교 인사들과 전통적인 보수 세력이 대거 참여했는데, 이들 인사의 네트워크를 활용[74]해 일거에 전국 단위 조직을 구축했다. 이들 새로운 우파는 시민단체 방식으로 조직을 운영하고 인터넷을 적극적으로 이용해 "여론을 조성하고, 보수적인 대중을 오프라인으로 동원"[75]했다.

　뉴라이트 운동이 분출한 계기는 크게 세 가지였다. 첫째, 김대중 정부의 햇볕정책 등으로 전통적인 반공주의 세계관이 흔들리기 시작했다는 것이다. 뉴라이트 대표 이론가였던 김일영 성균관대 교수는 "(북한과의) 전쟁과 반공을 통해 형성된 국민 정체성"[76]이 흔들리면서 나타난 대응으로 풀이한다. 한국인의 정체성이 형성된 것은 토지개혁을 통한 농지 분배와 3년에 걸친 한국전쟁 그리고 전쟁 중 강화된 반공을 통해서였기 때문에 탈냉전 속에서 이뤄진 남북 간 긴장 완화는 한국 사회 내부의 정체성 갈등을 야기할 수밖에 없었다는 것이다. 정부가 나서서 시대가 바뀌었다고 주장하게 된 상황에서, 반공·반북·친미를 외치는 시민사회 운동의 출현은 필연적이었다.

둘째, 노무현 대통령과 열린우리당이 추진한 국가보안법, 사립학교법, 과거사진상규명법, 언론관계법 등 소위 4대 개혁 입법에 따른 일종의 대응 동원이다. 국가보안법은 국민 정체성이 위협받는다는 인식을 강화했다. 사립학교법은 일부 개신교계의 적극적인 대응을 불러일으켰다. "사학법이 통과되자 기독교계는 학생 배정 거부 등 법률 불복종 운동 선언, 헌법소원의 제기, 사학수호국민운동본부의 발족, 22개 교단 협의회 주체의 비상기도회 및 임원단 삭발 등 총력투쟁을 전개"[77]했다. 이처럼 사학법은 기독교 단체·한나라당·보수 언론 등이 강력한 정치 연합을 구축하는 계기가 됐다.

셋째, 정권 교체를 계기로 보수의 이념적 기반이 취약하고 대중적인 소구력이 없다는 게 드러났다는 점이다. 박성민 정치컨설팅 민 대표는 2012년 "지식인, 언론, 기독교, 문화, 기업, 권력 기관, 정당" 등 "보수를 지탱하던 일곱 개의 기둥"이 모두 "뿌리째 흔들"[78]리고 있다고 진단했다. 박 대표는 첫 번째 '기둥'으로 지식인을 꼽았다. 예전에는 "철학의 박종홍, 경제학의 남덕우, 사회학의 김경동 등이 보수 권력의 이념을 만들"었고, 그들의 제자들이 학계·관계·정계에 골고루 퍼져 영향력을 행사하면서 보수가 헤게모니를 쥘 수 있었는데 이제 "주목을 받는 담론은 대개가 다 진보 쪽에서" 나오는 상황이 됐다는 것이다. 김동리, 서정주, 이문열 등 보수 성향의 인물들이 문화계를 주름잡던 시대도 옛말이 됐다. 뉴라이트 운동에 교수들이 대거 참여하고, 교과서 문제를 핵심 '전선'으로 삼는 등 80년대 운동권 스타일의 '사투'(사상투쟁)를 벌였던 행태는 상당 부분 '이념적 진공 상태'에 대한 보수의 위기감이 표출되었다고 보아야 할 것이다.

박세일 서울대 교수가 이끄는 한반도선진화재단이 내놓은 선진화 담론의 경우 당시 큰 반향을 일으키지는 못했지만 계속해서 보수 이념의 한 축에 남아 있다. 보수 진영의 '대항 이데올로기'로 더 나은 게 사실상 없기 때문이다. 〈경향신문〉은 2006년 박 교수가 출간한 《대한민국 선진화 전략》에 대해 "신보수 담론의 교과서"[79]가 됐다며 박근혜, 남경필, 박재완, 나경원 등 주요 정치인들이 그 영향을 받은 발언을 내놓고 있다고 전했다. 박 교수는 "산업화 시대의 권위주의적 국가 능력을 대체할 만한, 민주화 시대에 걸맞은 민주적 국가 능력을 키우지 못"[80]한 게 문제라면서 정치·경제·사회·문화 등의 선진화를 대안으로 내세웠다. "선진화를 위한 올바른 이념적 좌표"[81]로 자유주의, 정확히 말해 공동체자유주의가 필요하다고 주장했다. 박 교수는 이듬해 선진화국민회의를 결성하고 주요 정책 과제를 발표하는데 "지난 5년간, 아니 10년간 '대한민국의 역사와 헌법에 대한 반역'이 있었다. 이것이 오늘날 우리 사회 모든 혼란의 근본 원인"[82]이라며 민주당 정부를 직접적으로 비판하기도 했다. 민주화 담론에 대응하는 이데올로기로서 선진화와 자유에 대한 강조는 이명박 정부의 기본적인 교의가 됐다.

보수 단체들은 '자유'나 '시장'을 강조하는 정도에서 꽤 차이가 있었지만, 낡은 반공 이데올로기는 공유했다. 2000~2006년 보수 단체들이 성명서 888개에서 사용한 단어를 분석한 결과[83]에 따르면, 뉴라이트(뉴라이트전국연합, 선진화국민회의 등)는 '시장 보수'

의 지향점을 분명하게 드러낸 반면 "반공주의·가치보수주의·발전주의·시장자유주의의 독특한 앙상블"로서 보수 이데올로기는 올드라이트(재향군인회, 한국기독교총연합회 등)와 뉴라이트 모두가 공유하고 있었다. "대부분의 뉴라이트 단체는 낡은 반공 이데올로기와 결코 단절하지 못"했다. 보수 진영의 대응 동원은 여러 가지 시도에도 불구하고 반공주의와 산업화라는 전통적인 보수 세력의 이데올로기와 다른 면이 적고, 그 연장선에서 존재하는 일종의 '변종'에 가까운 셈이다.

이명박 전 서울시장은 보수가 내세울 수 있는 몇 안 되는 '대중성 있는' 상징적 인물이었다. 그는 노 전 대통령 못지않게 "밑바닥에서 일어난 '코리언 드림'"[84]이었다. 강준만 교수는 노 전 대통령에 대해 "'아웃사이더'의 화신이자 지존"이라며 "대부분이 아웃사이더인 우리는 노무현에게서 우리 자신을 본다"고 평가했는데, 이는 이 전 대통령에게도 고스란히 적용되는 것이었다. 그는 경북 포항 출신 실패한 사업가의 3남으로 태어나 샐러리맨 신화를 쓴 인물이었다. 경기고·경북고와 서울대·육사, 법률가·관료가 주류였던 보수 엘리트 집단 내에서 동지상고와 고려대 상대를 나온 전문경영인은 분명 이질적인 존재였다. 김영삼과 김대중이 1960대부터 정치 활동을 하며 사실상 산업화·민주화를 만들어낸 주역이라면, 노무현과 이명박은 산업화·민주화가 바꿔놓은 한국인의 삶을 대변했다.

이 전 대통령은 '고도성장에 올라타 자수성가한 흙수저'라는 이미지를 적극적으로 창출하고 활용했다. 1984년 〈조선일보〉 경제부가 펴낸《재계의 인재들》이라는 책에서 "정(주영) 회장의 복사판인 현대그룹의 스타"[85]라며 맨 처음 소개됐을 정도로 오래전부터 샐러리맨 신화로 유명했다. 1990년 KBS 2TV에서 방영된 주말 연속극 〈야망의 세월〉은 현대그룹의 성장사를 기반으로 했는데, 유인촌(이명박 정부에서 문화체육관광부 장관 역임) 씨가 맡은 주인공 '박형섭'은 누가 봐도 이 전 대통령을 모델로 했다.[86] 이 드라마에서 주인공은 혼자서 대한그룹을 일으키다시피 한 것으로 그려졌다. 드라마 방영은 정주영 현대그룹 창업주와 사이가 멀어진 이유 중 하나인데, 이 전 대통령의 국회의원 시절 비서관을 지낸 김유찬 씨는 드라마 작가가 "이명박 씨가 불러 두둑이 챙겨주고 해서 확실하게 밀은"[87] 것이라고 주장하기도 했다(이 전 대통령은 드라마 작가와 어떠한 교감도 없었다는 입장이다). 1995년 서울시장 출마를 염두에 두고 발간한 자서전 《신화는 없다》는 이듬해 총선에서 노 전 대통령과 맞붙었을 때 유용한 무기가 됐다. 이 전 대통령 측은 이 책을 종로구 전 지역에 "거의 무차별로 살포"했는데, "읽고 나면 누구든 (…) 팬이 돼버리곤 했다"[88]는 것이다.

대중매체 등에 기반한 '이미지 정치'야말로 이명박 정치의 본질에 가까웠다. 〈신동아〉 기자로 오랫동안 정치권을 취재해온 허만섭 강릉원주대 교수는 이 전 대통령이 재산 형성 및 증식을 둘러싼 네거티브 공세 속에서 브랜드 이미지를 적극적으로 관리해 살아남았다고 분석했다. "이명박의 위기 탈출과 설득의 기술은 언론과 대중을 설득하여 자신의 브랜드 이미지를 고양하는 전략"이었으며 "탈이성·탈이념·탈윤리의 이미지 중심 문화, 스토리텔링 구조와 상당히 일치하는 부분이 있다"[89]는 것이다. 서울시장 재직 시 대표적인 업적인 청계천은 여러 문제가 뒤따랐지만,

성공적으로 '실천하는 지도자'라는 이미지를 만들어냈다는 게 허 교수의 평가다.

중도 실용주의와 '민생경제 747'(10년 내 경제성장률 7%·국민소득 4만 달러·세계 7위 경제)을 앞세워 이명박 전 대통령은 500만 표 넘게 차이 나는 압도적인 승리를 거뒀다. 그는 취임사에서 "2008년은 선진화의 원년"[90]이 될 것이라고 선언했다. 두 달 후 치러진 총선 에서도 한나라당은 압승을 거뒀다. 하지만 그 직후 발표된 미국 산 쇠고기 수입 문제를 둘러싸고 반대 집회가 거대한 규모로 불 붙으면서 대통령 지지율은 21%(한국갤럽 대통령 국정수행 지지율 기준) 까지 주저앉았다.

예민한 먹거리 문제가 정부의 일방적 밀어붙이기로 처리 됐다지만, 몇 달에 걸친 대규모 대중 집회로 발전한 데에는 구조 적인 원인이 있었다. 먼저 수도권의 상위 중산층이 주도하는 정 치적 캠페인의 폭발력이다. "새롭게 윤곽을 드러내고 있는 '수도 권 진보층'의 존재가 드러난 사례"[91]라거나, "'자유주의 좌파'로서 의 강남 좌파의 역할"[92]이라는 언급들은 이를 가리킨다. 다음으 로 2000년대 진행된 사회경제적 변화에 대한 광범위한 불만이다. 농민, 자영업자, 블루칼라 집단에서 대통령 지지율이 급락[93]한 게 이를 잘 보여준다.

이명박 정부는 정부, 공기업, 교육 등을 선진화 대상으로 삼 았다. 규제 완화, 감세, 법질서 확립, 공공개혁 등을 통해 기업하 기 좋은 나라를 만들겠다는 방안도 다각도로 내놓았다. 후진적인 공공부문을 시장 질서에 맞게 바꾸면 된다는 것이 이 '선진화'의 기본 방침이었다. '비즈니스 프렌들리'라는 슬로건에 대해 김종인 전 국민의힘 비상대책위원장은 "시장의 합리적 중재자가 되어야 할 정부가 스스로 특정 경제 세력의 편을 들어주겠다고 공식 선언한 셈"이라며 "인식 자체가 잘못되어 있으니 이명박 정부의 몰락은 이미 거기서 예고돼 있었다"[94]고 비판했다. 총론은 거창하지만 각론은 앙상한 상황에서 박 교수 등이 주장한 '공동체 자유주의'는 낮은 수준의 '자유주의'가 됐다. '어린지orange'처럼 정확한 발음으로 영어를 배워야 한다며 파문을 일으킨 영어 몰입교육 추진 방안, '강부자'(강남 부동산 부자) · '고소영'(고대-소망교회-영남 출신) 위주의 인사 논란은 '가진 자의, 가진 자를 위한 정부'라는 인식을 강화시켰다.

뉴라이트 운동을 하던 이들은 대거 이명박 정부에서 주요 직책에 선임되거나, 정치권에 입문했다. 관련 단체들은 2008년 대거 해체 수순을 밟았다. 관직을 받은 사람들은 새로운 우파의 길을 모색하지 않았고, 우파의 대중 기반을 만드는 지난한 일을 맡겠다고 나서거나 대중운동 조직을 만들고 이를 기반으로 정치권에 진입하겠다고 나선 이도 없었다. 김일영 교수는 2009년 "제대로 준비되지 않은 '무개념' 보수가 집권했고, 이것이 오늘의 위기를 가져왔다"라며 "정치적 상상력과 포용력이 부족"[95]한 실정이라고 직격탄을 날렸다. "경제 못지않게 중요하고 시급한 사회 통합을 달성하기 위한 프로그램 같은 것은 더욱 없었"[96]고 낡은 가치를 다시 내놓는 데 그쳤다는 진단이다.

청와대의 모습도 크게 다르지 않았다. 2009년 당시 한 청와대 출입기자는 "MB정권(이명박 정부)은 한마디로 취업센터라는 인식이 강하다"라며 "MB의 신념이나 가치관을 보고 모인 사람들이 아니라, MB가 자기 인생에 도움이 될 것 같으니까 필요에 의해 모여든 사람들"[97]이라고 평가했다. 중심을 잡을 수 있는 이념, 경험, 네트워크를 공유하는 조직이 없다 보니 대통령 1인을 중심으로 운영될 수밖에 없었다. 따라서 인력 풀이 협소할 수밖에 없을 뿐만 아니라 중장기적인 국정 어젠다를 설정하고 세심하게 정부 안팎의 이해관계를 조율할 능력도 부족했다. 노무현 정부 당시 시도됐던 보수 버전의 대중정치 시도는 이렇게 이명박 대선 캠프와 청와대로 모두 빨려 들어간 뒤, 별다른 성과를 남기지 못하고 끝을 보게 됐다.

'산업화 아이돌'과 '응답하라 2004'라는 선택지

첫 몇 달을 제외하면 이명박 정부 5년은 보수 정치 입장에서는 패배의 연속이었다. '선진화'와 '자유'라는 이념적 지향이 별다른 내용물이 없다는 게 드러난 데다, 2008년 대선에서 보수를 지지했던 사회경제적 약자 집단의 불만이 끓어올랐기 때문이다. 2011년 8월 무상급식 조례 시행을 놓고 보수 시민단체가 발의한 무상급식 반대 주민투표가 저조한 투표율(25.7%)로 무산되고, 주민투표 가결에 시장직을 걸었던 오세훈 당시 서울시장이 사퇴한 것은 상징적인 사건이었다. 불평등 확대로 복지 확충에 대한 요구가 늘어나던 흐름을 오 시장과 보수 진영이 정면으로 거스르면서 벌어진 정치적 참사였다. 그리고 같은 해 10월 치러진 서울시장 재보궐 선거에서 박원순 당시 희망제작소 상임이사가 당선된 것을 계기로 민주당계 정당과 진보적 시민단체는 '빅텐트'를 구성하면서 한데 모이게 됐다. 문재인 당시 노무현재단 이사장이 정치 일선에 돌아온 것도 이때 즈음이다.

2012년 2월 아산정책연구원의 여론조사[98]에서 '일자리 창출을 잘할 정당'을 묻는 질문에 민주당을 꼽은 응답자(32%)가 새누리당을 꼽은 응답자(28%)보다 많았다. 1년 전 조사 결과(민주당 18%, 한나라당 42%)가 뒤집힌 셈이다. '소득 재분배를 잘할 정당'(민주당 39%, 새누리당 20%)은 1년 전 조사 결과(민주당 27%, 한나라당 24%)보다 확연히 격차가 벌어졌다. '무능한 보수'의 이미지가 본격적으로 등장하기 시작한 것이다.

이런 상황에서 한나라당이 박근혜 의원을 위원장으로 하는 비상대책위원회를 구성하고, 1997년부터 쭉 써오던 당명을 새누리당으로 바꾼 건 보수가 그나마 기댈 곳이 산업화라는 상징이었기 때문이다. 강우진 경북대 교수는 "박정희 노스탤지어(향수)의 정치적 영향을 가장 잘 확인할 수 있었던 역사적 계기는 (2012년) 18대 대통령 선거"[99]라고 분석했다. 박근혜 당시 후보의 국정 운영 능력과 경제 문제 해결 역량을 유권자들이 다른 후보보다 더 높게 평가한 기저에 박정희 전 대통령이 있다는 것이다. 여론조사(2011년 6월)[100]에서는 박근혜 후보를 보면서 박정희 전 대통령을 떠올린다는 유권자(64.1%)가 육영수 씨를 떠올린다는 유권자(25.1%)보다 2.6배가량 더 많았다.

산업화는 단순히 경제 개발을 통한 낙수효과만 의미하지 않는다. 경제 발전은 삶의 조건을 개선하고, 과거보다 나은 경제적·사회적 지위를 획득할 기회를 제공했다. 박정희 전 대통령 서거 30주년 추도식(2009년 10월 26일)에서 박근혜 전 대통령은 "아버지의 궁극적인 꿈은 '복지국가' 건설"[101]이라고 말했다. 박정희 전 대통령이 1962년 시정연설에서 '복지국가 건설'을 목표로 제시하는 등 '골고루 잘사는 사회'를 염두에 두었다는 걸 강조한 것이다. 그리고 2012년 김종인 전 비대위원장을 영입하여 '경제민주화'라는 의제를 재빠르게 선점했다. 별다른 사회 안전망이 없는 고령자들이 많다는 것을 겨냥해 65세 이상 고령자 중 소득 하위 70%에 월 10만 원을 지급하던 기초노령연금을 소득 조건 없이 모든 고령자에게 월 20만 원씩 지급하겠다는 공약도 내놓았다. 김부겸 전 총리가 "복지라는 좁고 긴 전선"[102]이라 표현한 영역에서 중도 유권자를 선점하기 위한 행보들이었다.

하지만 집권 이후 박근혜 전 대통령은 과감하게 체제 개혁에 나설 의향이 없었다. '산업화 아이돌'로서의 입지를 유지하는 데 필요한 만큼의 공약을 내놓고 필요한 만큼의 정책을 폈을 뿐이다. 2016년 4월 총선 패배는 박근혜 전 대통령의 존재가 보수의 위기를 몇 년 늦췄던 것에 불과했음을 보여준다. 2012년 총선에서 새누리당 후보를 찍었던 유권자 가운데 무려 40.3%가 2016년 총선에서 이탈했다.[103] 15.7%는 더불어민주당 후보를 찍었고, 6.5%는 국민의당 후보를 선택했다. 나머지는 다른 정당 후보에 투표(6.1%)하거나 아예 불참(12.1%)했다. 특히 더불어민주당이 부산에서 5석, 부산의 교외 도시인 김해와 양산에서 3석을 얻으면서 부산·경남 지역의 보수 이탈이 발생했다. 1980~1990년대 중화학산업이 성장하면서 이 일대에서 만들어진 두터운 중산층은 1992년 민주자유당 출범을 계기로 보수 지지 연합에 합류했다.

그런데 고도성장을 담보로 한 성장-분배 연합이 무너지면서 대규모 이반이 발생한 것이다.

최순실 국정 농단 사건이 박근혜 전 대통령 탄핵으로 끝나게 된 정치적인 배경에는 이 총선 결과가 있었다 할 것이다. 10년간 지속된 보수 집권 연합이 더는 유지될 수 없고, 뚜렷한 대통령감(즉 미래 권력)이 없는 상황에서 대형 정치 스캔들을 수습하기란 난망했다. 2017년 대선에서 보수 지지 연합은 대구·경북을 중심으로 한 콘크리트 지지층만 남긴 채 산산조각이 났다.

뒤이어 등장한 민주당 정권도 새로운 대안이 없기는 마찬가지였다. 2012년 대선에 이어 2017년 대선에서도 민주당은 노무현 전 대통령과 연관된 상징들을 전면에 내세웠다. 김한길계 등 별다른 대안을 제시하지 못한 비주류가 2016년을 전후해 몰락하면서 문재인 후보는 거의 유일한 유력 후보였다. 그나마 경쟁자인 안희정 전 충남지사는 좀 더 세련되고 합리적인, 그래서 좀 더 '우파 같은' 친노親盧의 차세대 주자로 꼽혔다.

민주당은 박근혜 퇴진을 요구했던 대규모 촛불집회를 '촛불시민혁명'이라 불렀는데, 이는 반민주 세력(즉 독재 세력이 뿌리인 보수정당)을 몰아냈다는 의미였다. 전국대학생대표자협의회(전대협) 초대 의장을 맡았던 이인영 의원이 2017년 6월 한 토론회에서 "이제 6월 항쟁을 졸업하고 촛불혁명으로 진학할 수 있게 됐다"고 한 말이 이를 압축적으로 보여준다. 독재 세력 또는 적폐 세력이 다시 복귀하지 않는 세상을 만들어야 한다는 의미이기도 했다. 이날 토론회를 취재한 성한용 〈한겨레〉 선임기자가 "반통일 기득권 세력은 힘을 길러 돌아올 것"이라며 "민주주의와 통일을 추구하는 86세대 새로운 정치 리더들은 좀 더 큰 전쟁을 준비해야 합니다"라고 말했듯이 말이다.

2004년 노무현 전 대통령 탄핵을 계기로 촛불집회가 불붙고 직후 총선에서 열린우리당이 압승했을 때 이들은 "100년 정당을 만들어보자"[104](노무현 대통령의 열린우리당 창당 1주년 축하 메시지)는 비전을 갖고 있었다. 그때와는 여러 가지가 다르다는 게 민주당 안팎의 시각이었지만, 2016~2017년 선거 결과 이후 문재인 정부의 정치 행태는 '응답하라 2004'에 가까웠다.

열린우리당이 2004년 이후 급격히 무너졌듯, 문재인 정부도 영원할 것처럼 보였던 압도적인 우위가 2021~2022년 사이 사라져버렸다. 민주당의 패배는 노무현 정부 당시 열린우리당이 몰락했던 것과 비슷하게 경제 발전에 따른 불평등 확대가 근본적인 원인이었다. 2007~2008년보다 더 상황이 나쁜 것은 '노무현 질서'가 더는 유지될 수 없게 되면서 민주당의 기반이 밑바닥에서부터 허물어졌다는 점이다. 조국 전 법무부 장관 사태 이후 민주당을 이탈하기 시작한 이들의 면모는 이를 잘 보여준다.

정치 질서가 무너지기 시작하면서 보수정당도 취약해진 것은 마찬가지였다. 두 정당은 2022년부터 본격적으로 누가 덜 망가지는지 '바닥을 향한 경쟁race to the bottom'을 펼치게 됐다.

3
L

3

촛불연합의 붕괴와
상위 중산층의 정당 민주당

"지금의 더불어민주당을 더는 김대중 전 대통령 시절의 민
주당으로 볼 수 없다고 생각해요."

경기도 안양에서 태어나고 자란 37살 여성 김 아무개 씨는
2022년 6월 1일 치러진 제8회 전국동시지방선거에서 처음으로
국민의힘에 표를 던졌다. 김 씨는 호남 출신 이주민 가정의 2세대
로 이전에는 '우리 민주당'이라 부를 정도로 더불어민주당에 강한
정당 일체감이 있었다. 불과 3개월 전인 대통령 선거에선 이재명
후보를 찍었다. 김 씨는 "민주당이 이전처럼 미래에 필요한 가치
를 생산하는 정당이라는 생각이 들지 않는다"고 말했다. 씁쓸한
어조로 "내 정체성과 이해관계를 대변하던 민주당의 존재는 이제
사라진 것 같다"고 덧붙였다.

2022년 6월 지방선거는 2021년 4월 재보궐선거를 기점으로 빠르게 진행된 정치 구조 변동의 결과다. 핵심은 2016~2017년 형성된 강력한 민주당 지지 연합의 붕괴다. 2017년 대선부터 2020년 총선까지 민주당이 내리 압승하면서 정치 지형이 근본적으로 바뀌었다는 주장이 유행했다. 2018년 조국 당시 청와대 민정수석이 개헌안을 발표하면서 "우리는 촛불혁명을 통해 새로운 대한민국을 열었다"[1]고 말한 것은 민주당과 범진보 진영의 인식을 그대로 보여준다. 2022년 두 차례 선거(대선과 지선) 결과에 대해 〈한겨레〉는 "진보·리버럴·중도를 아우르는 '반기득권 포퓰리스트 연합'(촛불동맹)의 붕괴"[2]라고 평가했다.

경기도는 민주당 지지 연합이 어떻게, 왜 와해됐는지 잘 보여주는 지역이다. 경기도 시·군·구 기초의회의 민주당 의석 점유율은 꾸준히 늘었다(2006년 28.3%→2010년 45.5%→2014년 48.4%→2018년 64.6%).[3] 하지만 2022년 8회 지방선거에서는 51.2%로 줄었다. 이유는 크게 세 가지다. 먼저 경기도에 거주하는 전라도·충청도 이주민과 그 자녀의 이탈이다. 그리고 민주당 득표율 상승을 이끌었던 신도시 거주민들 가운데 상당수가 지지를 철회했다. 마지막으로 영세 자영업자나 블루칼라 등 경제적 중하층이 지지 연합에서 빠져나갔다.

민주당 지지 연합의 등뼈 같은 역할을 했던 호남 출신 이주민과 서울에 거주할 정도의 경제력을 갖추지 못한 화이트칼라의 이탈은 상당히 구조적인 정치 변동이 발생했음을 시사한다. 또 경제적 중하층이 2006~2008년에 이어 또다시 이탈한 것은 2016~2017년 선거에서 정당과 지지자들의 짝맞춤이 바뀐 재정

렬realignment이 일어나지 않았다는 것을 의미한다. 오히려 경제적 중하층은 지지 정당을 몇 년에 한 번씩 바꾸는 구조적 스윙보터로 보는 게 적절할 것이다. 그리고 민주당 지지 연합의 주요 구성원이 한꺼번에 빠져나간 데는 사회경제적인 요인이 크게 작용했다.

　　나아가 경기도의 선거 결과는 노무현 정부 시기 형성된 정치 질서가 더는 제대로 작동하지 않게 됐다는 점을 시사한다. 자산과 노동시장에서 확대된 불평등은 일시적인 현상이 아니라 한국 경제의 구조 변화, 즉 선진국 진입에 따른 결과다. 민주당의 핵심인 상위 중산층이 이전과 달리 다른 사회계층의 지지를 얻기 힘들어진 것은, 두 집단의 이해관계가 다르다는 게 분명해졌기 때문이다. 글로벌 경제의 주축을 담당하는 서울의 바깥, 즉 경기도 주민들의 민주당 이탈 메커니즘은 이를 잘 보여준다.

호남·충청 이주민과 서울로 통근하는 그 자녀의 변심

　　서울도 그렇지만 경기도에도 산업화의 물결을 따라 이주한 사람들이 산재해 있다. 한국갤럽에 따르면 2022년 대선 당시 인천·경기 유권자를 원적지로 분류하면 광주·전라(19.9%)가 가장 많고, 그다음은 인천·경기(18.4%)와 대전·충청(18.3%)이며, 대구·경북(10.5%), 서울(9.7%), 부산·울산·경남(8.5%)이 뒤를 잇는다.[4] 경기도, 넓게는 인천까지 포괄한 수도권 일대로 대규모 이주가 발생한 건 서울의 팽창과 산업화 때문이었다.

　　대표적인 지역이 1967년 서울시가 무허가 주택을 철거하고 거주민을 내쫓으면서 만들어진 도시인 성남시다. 1960년대 무허가 주택에서 살던 이주민들은 성남시로 다시 옮겨졌고, 이들은 1970~1980년대 일자리를 찾아 올라온 동향 사람들과 함께 몰려 살게 됐다. 성남시 중원구의 재래시장인 성호시장이 '성남'과 '호남'의 앞글자를 딴 것이 이를 잘 보여준다.

한편 경제가 발전하고 서울 인구가 늘면서 1970년대 이후 경기도에 공장이 대거 들어서게 됐고, 공장 노동자 다수는 이주민들로 채워졌다. 1978년 조성을 시작해 서울의 중소 도금·피혁·섬유·염색공장이 옮겨간 안산시 반월국가산업단지가 대표적이다. 중하층 블루칼라 또는 영세 자영업자라는 경제적 지위는 이들을 강고한 민주당 지지자로 만들었다.

경기도로의 이주사를 밀도 있게 보여주는 곳이 바로 인천이다. 우선 당진·서산·태안 출신들이 1960~1970년대 바닷길을 이용해 동구·남구 일대에 정착했다. 내륙이고 인구가 많은 공주·논산·대전·천안 출신은 근처에 공장이 있고 서울과 가까운 계양구·부평구에 정착했다. 호남 출신은 좀 늦은 1980~1990년대 인천으로 밀려 들어왔다. 이들은 부평국가산업단지, 남동국가산업단지 인근의 주택가(부평구·계양구)에 몰려 살았다.[5]

이주민들은 대개 중하층 블루칼라 또는 이들을 상대로 소규모 자영업을 하는 영세 자영업자들이었다. 또 동향 사람들끼리 모여 사는 경향이 뚜렷했다. 이들, 특히 호남 출신이 강고한 민주당 지지자가 된 것은 당연했다. 갤럽의 자료에 따르면 수도권 유권자 중 광주·전라 출신은 71%, 대전·충청 출신은 47%가 2022년 3월 20대 대선에서 이재명 후보를 지지했다. 인천·경기 출신 중이 후보 지지자는 40%에 불과했다.

그런데 약 세 달 후 치러진 지방선거에서 이들은 투표장에 나타나지 않은 것으로 보인다. 이를 간접적으로 보여주는 게 광주광역시 투표율(37.7%)이 전국 평균 대비 13.2%포인트 낮은 압도적 꼴찌였다는 사실이다. 지역 내 선거 경쟁이 없어 썰렁한 분위기였다는 게 일차적 원인이지만, 민주당에 실망한 여론이 적잖이 반영된 결과다. 광주 투표율은 2008년 총선에서도 전국 최저(42.4%)를 기록한 바 있었다. 이 당시에도 경기도 내 호남 이주민이 투표장에 나타나지 않았을 것으로 봄이 타당하다.

아예 국민의힘 지지로 돌아선 이주민이나 그 자녀들도 상당하다. 경기 오산시에서 광역의원으로 출마했다 낙선(99표/0.29%포인트 차이)한 김지혜 국민의힘 후보는 "(과거 선거에서) 충청도 이주민은 민주당과 저희 당 지지가 절반씩 갈렸는데, 이번에는 저희 당으로 70% 정도가 넘어오셨다"고 말했다. 호남계 이주민이 많은 경기 남양주시의 경우 주광덕 국민의힘 후보(53.4%)가 최민희 민주당 후보(46.6%)를 상대로 압승했다. 주광덕 후보 캠프에는 호남향우회 고위 간부나 민주당계 조직책이 상당수 참여한 것으로 알려졌다.

민주당 텃밭이라던 수도권 아파트, 불만을 폭발시키다

경기도에서 민주당이 승승장구할 수 있었던 배경 중 하나는 대규모 아파트 단지다. 2014년을 전후해 민주당은 늘어난 신도시 거주민의 지지로 경기도에서 우세할 수 있었다. 이를 잘 보여주는 곳이 남양주시다. 이곳은 원래 도농 복합지역이었는데, 서울 통근자들이 사는 아파트 단지가 대거 들어서면서 인구가 늘었다(2005년 34만 명→2015년 65.3만 명→2021년 73만 명). 그 결과 2020년 총선에서 보수세가 강했던 남양주의 병 선거구까지 민주당이 휩쓸었다.

통계청 〈인구주택총조사〉에 따르면 2021년 현재 경기도 아파트(325.5만 호)는 2010년(209.1만 호)과 비교해 55.7%가 늘어났다. 증가율도 세종시를 제외한 전국 시도 중 가장 높다. 같은 시기 경기도에서 늘어난 주택(154.5만 호) 중 4분의 3이 아파트다. 2000년과 비교하면 더 극적인데, 아파트가 2.8배(전체 주택은 2.3배) 늘어났다. 판교, 화성, 평택 등에 일자리가 많이 생겨났고, 김포, 하남, 시흥 등에서 서울과 경기도로 통근하는 사람들이 거주할 아파트 단지가 계속 건설됐기 때문이다. 대개 '○○ 신도시'라 불리는 곳에 사는 이들은 대졸 화이트칼라이고, 30~40대[6]이며, 서울의 주택을 살 수 있을 정도의 자산은 갖고 있지 않을 가능성이 높다. 전형적인 민주당 지지자의 프로파일이다.

그런데 수도권 신도시 거주민들의 정치적 불만이 2022년 폭발했다. 대표적인 지역이 김포시다. 2020년 총선까지만 해도 이곳에서 더불어민주당은 압승(갑 선거구 득표율 52.9%, 을 선거구 53.8%)했다. 2010년대 들어선 김포한강신도시 등 아파트 단지에서 몰표를 받은 덕분이었다. 하지만 대선(2022년 3월)에서는 차이가 좁혀졌고(이재명 후보 51.1%, 윤석열 후보 45.6%), 경기지사 선거(같은 해 6월)에서는 역전됐다(김동연 후보 47.7%, 김은혜 후보 50.5%). 2010년 이후 처음으로 보수정당 후보가 시장으로 당선되기도 했다. 2018년 경기도 31곳 시·군 가운데 29곳에서 시장·군수를 당선시켰던 민주당은 4년 뒤 9곳의 당선자를 내는 데 그쳤다.

경기도의 대규모 아파트 단지 정치 지형이 확 바뀐 데는 부동산 문제가 있다고 봐야 할 것이다. 경제적으로 안정된 이들이고, 대기업 위주의 경기 호황으로 소득과 일자리 측면에서는 손해를 보지 않았기 때문이다. 하지만 매매가는 물론이고 전세가도 뛰면서 현재 주거비용(전세가)과 함께 미래 주거 환경 변화에 대한 전망(매매가)도 동시에 악화됐다. 그리고 그 정도는 심대했다.

KB국민은행 아파트 매매 지수(2019년 1월을 100으로 놓고 해당 지역 매매가격을 지수화한 것)를 보면 문재인 정부 전반부는 변동폭이 작았다(2017년 5월 95.1→2020년 1월 100.5). 그런데 2년 후인 2022년 1월에는 146.7로 뛰었다. 수원 영통구(매매 지수 증가율 68.3%), 고양 덕양구(61.4%), 의왕(60.1%), 수원 권선구(59.3%), 남양주(56.9%), 수원 장안구(56.0%), 부천(53.6%) 등은 해당 기간(2020년 1월~2022년 1월) 전국에서 아파트 가격이 가장 급등한 지역이다(〈그림 3-1〉 참조). 같은 기간 서울은 35.8%, 광역시는 29.7% 올랐다. 서울에서 시작된 부동산 광풍이 경기도로 확산된 것이 2020년 이후 상황이었던 셈이다. 서울 강남 3구를 포함한 '버블 세븐' 일대에 국한된 노무현 정부 시절과 달리 경기도와 광역시도 모두 자산 격차 확대의 영향권에 놓였다.

문재인 정부 시기 부동산의 문제는 전세 가격까지 가파르게 올랐다는 것이다. 같은 기간 경기도의 아파트 전세가 지수는 26.5% 뛰었다. 남양주(36.3%), 시흥(35.4%), 오산(33.7%), 고양 덕

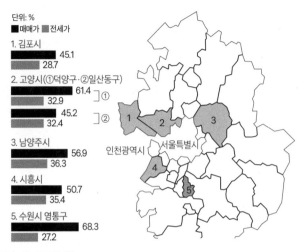

〈그림 3-1〉 경기도 주요 지역 아파트 매매가 · 전세가 상승률

단위: %
■ 매매가 ■ 전세가

1. 김포시
45.1
28.7

2. 고양시(①덕양구·②일산동구)
61.4 ①
32.9
45.2 ②
32.4

3. 남양주시
56.9
36.3

4. 시흥시
50.7
35.4

5. 수원시 영통구
68.3
27.2

주: 2020년 1월~2022년 1월
자료: KB국민은행

양구(32.9%), 고양 일산동구(32.4%), 평택(30.0%) 등은 전국에서 손꼽히는 전세가 급등 지역이다. 다만 전세가는 서울(25.5%), 인천(25.9%), 대전(24.8%) 등 대도시를 가리지 않고 뛰었다는 차이가 있을 뿐이다. 전세 가격 상승은 주거에 대한 실수요 가치가 올랐음을 의미한다. 서울 등 주요 지역의 공급 부족, 유동성 확대, 수출 대기업 실적 개선에 따른 상위 중산층의 소득 증가 등 주택 가격 상승을 이끈 요인이 고스란히 전세가에도 적용되기 때문이다.

주택 가격 급등이 정치적 불만에 불을 지피는 이유는 다주택자를 제외하면 대부분이 손해를 보는 거나 마찬가지이기 때문이다. 무주택자는 물론이고, 생애주기에 따라 좀 더 면적이 넓거나 교육 등 주거 환경이 뛰어난 곳으로 이동하려고 하는 1주택자도 소득 대비 자산 가격이 올라가면 곤란을 겪는다. 지난 5년간 가격 상승으로 시세보다 낮은 가격에 아파트를 분양받고, 기회를 보아 '상급지'로 이동하는 전통적인 중산층 자산 증식 과정은 붕괴됐다. 그 대신 자산의 상속이나 증여가 주택 마련에 결정적 영향을 미치게 됐다. 노동소득으로 따라잡을 수 없는 자산 격차를 경험한 유권자가 정권심판론에 기우는 건 당연해 보이기까지 한다.

2021년 4월 서울시장 보궐선거 결과는 주택 문제가 선거에 어떤 영향을 미치는지 잘 보여준다. 〈그림 3-2〉는 동별 아파트 제곱미터당 매매가(2020년 3월~2021년 3월 자료)와 총선과 재보선 득표율(총선은 거대 양당과 위성정당, 진보정당 비례대표 득표 합산)의 변화를 살폈다. 분석 결과 주택 가격이 높을수록 국민의힘·미래통합당·미래한국당 등 보수정당의 득표율은 더 많이 올랐고, 더불어민주당·열린민주당·정의당 등 민주·진보정당의 득표율은 떨어졌다. 전체 지지율 변화 효과를 쪼개면 보수정당 득표 증가가 85%, 민주·진보정당 득표 감소가 15% 정도였다. 게다가 과거 1년간 전세가 상승률이 유의미하게 영향을 주었다. 전세가 100% 오르면 보수정당 쪽 득표율은 2.7%포인트 높아지고 민주·진보정당 쪽 득표율은 0.6%포인트 하락했다.

부동산 가격이 완만하게 상승하면 주택 보유자의 행복도는 올라가고 세입자의 행복도는 주택 보유자보다 더 큰 폭으로 떨어진다는 연구도 있다.[7] "주택 가격과 임대료가 연관성이 크기 때문에, 임대료 부담이 늘어나는 것이 영향을 주었을 것"이라고 한다. 또 이 연구는 부동산 가격 상승이 주관적 삶의 질subjective Well-being에 미치는 영향도 분석했는데, 부동산 가격이 확 뛰는 기간에

〈그림 3-2〉 서울 동별 아파트 가격에 따른 보수정당 득표율 변화

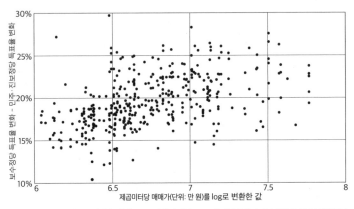

주: 1. 법정동 기준 전체 유권자 수 대비. 2020년 총선 대비 2021년 재보궐 선거. 보수정당은 국민의힘(위성정
당), 민주·진보정당은 더불어민주당(위성정당)과 정의당
2. 투표 불참자를 고려해 전체 유권자 수 대비 정당별 득표율을 산출한 뒤 계산
3. 제곱미터당 매매가는 log값이 6이면 403만 원, 7이면 1,097만 원, 8이면 2,981만 원
자료: KB국민은행

는 도리어 집주인의 행복도가 하락하는 것으로 나타났다.[8] 이유
는 크게 두 가지가 거론됐다. 먼저 다른 사람의 집, 특히 좀 더 학
군·교통·입지·시설 등 품질이 좋고 가격도 높은 집의 가격이 오
르기에 자기 집의 상대적인 가치가 떨어지기 때문이다. 또한 주
택 보유에 따르는 세금이 대폭 늘어나기 때문이라는 것이었다.

경기도 신도시 주민들의 탈민주당 현상은 '주택 가격 상승→
유권자 보수화'라는 손쉬운 등식으로 부동산 문제를 해석하지 말
아야 한다는 것을 시사한다. 다른 자료들을 살피면, 주거 불안정
과 정책 실패에 대한 불만이 상당히 높아졌다. 국토교통부 주거
실태조사 내 임차인의 불안 요인을 묻는 문항을 따로 분석해봤
다. 분석 대상이 되는 지역을 경기도로 좁혔다. 임차료 인상 가능
성을 불안해하는 비율은 7.4%포인트(2017년 30.4%→2020년 37.8%) 증

가했다. 갑작스러운 계약 해지(8.2%포인트)나 재계약 거부(6.9%포인트)가 불안하다는 비율도 증가했다. 이른바 '임대차 3법'이 제대로 효과를 보지 못한다는 점을 여실히 드러내는 결과라 할 수 있다.

부동산 세제를 가격 안정화 수단으로 사용했던 것도 불만을 키운다. 세율 인상은 보유자 몫이던 가격 상승에 따른 이득을 세금 형태로 국가가 가져가는 효과가 있을 뿐, 무주택자 처지에서 미래 주택 보유에 따른 부담을 줄이지 못하기 때문이다. 은행 이자 대신 보유세를 더 내야 할 뿐이다. "모두가 기분 나쁜 부동산의 시대"[9]라는 규정은 수도권까지 확대된 매매가·전세가 급등을 마주한 유권자의 심정을 보여준다.

노동시장 지위가 불안정할수록 문재인 정권을 반대한다

2022년 대선과 지선의 핵심 키워드는 문재인 정부 심판론이었다. 2020년 총선까지 민주당을 지지했다가 윤석열 후보를 찍거나 아예 투표에 불참한 이들을 분석한 결과에 따르면 정권심판론에 대한 동조 여부가 핵심 요인이었다고 한다.[10] 정권심판론은 이미 2021년 서울시장 재보궐 선거에서부터 거세게 불고 있었다. 더불어민주당 서울시당은 대선을 50일가량 남기고 발간한 보고서에서 지난 총선에서 민주당을 찍었던 유권자 가운데 52%만 이재명 후보를 지지하고 있다고 지적[11]했다.

보고서에 따르면 서울시민은 '부동산/주거안정'(31%), '경제성장 방안'(19%), '일자리 창출·고용'(10%) 등을 대선 1순위 과제[12]

로 꼽았다. 그런데 세 의제를 꼽은 유권자 중 정권심판론을 지지하는 비율이 각각 64%, 67%, 58%에 달했다. 경제 문제에 대한 불만이 팽배해지고, 그 원인이 문재인 정부에 있다는 인식이 확산된 것이 정권심판론이 대두된 배경이라 보아야 할 것이다.

특히 노동시장 지위가 불안정할수록 문재인 정부에 대한 불만이 높았다. 연령별로 대통령 부정평가 비율과 임시·일용직 취업 및 실업, 비경제활동인구 비율(불안정 고용과 미취업을 함께 고려한 지표)을 함께 그려보면 〈그림 3-3〉과 같이 비슷한 형태의 U자형 그래프가 나온다. 대통령 부정평가 비율은 만 39~48살(2022년에 40대)에서 가장 낮은데(43%), 공교롭게도 이 연령대에서 불완전고용 및 미취업률(평균 34.4%)이 최저다. 하지만 불안정고용 및 미취업 비율이 높아지는 37세(35.6%) 이하와 52세(36.5%) 이상부터 부정평가 비율이 절반을 넘어서기 시작한다.

통상 한국 노동시장의 취업자는 젊었을 때는 좀 더 좋은 여건의 일자리로 옮겨가는 '직업 사다리Job Ladder'를 올라타지만, 50대부터 주된 일자리에서 퇴직하고 아예 은퇴를 하거나 다른 일자리를 찾는다. 한 연구에 따르면 중·고령자가 재취업했을 때 갖는 일자리는 임시·일용직이나 자영업 비중이 높은데, 이전에 어떤 일을 했느냐에 따라서 차이가 났다. 이전 일자리가 상용직이었을 경우 다시 상용직 일자리를 얻는 비율(38.2%)에 비해 임시직이나 일용직이었을 경우 상용직 일자리를 얻는 비율은 매우 낮고(임시직은 25%, 일용직은 18.8%) 각각 56.3%와 43.8%가 이전과 같은 근로 형태의 일자리를 얻었다.[13]

문재인 정부 들어 민간의 일자리 창출 능력은 급격히 악화

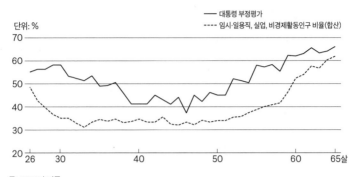

주: 2021년 기준
자료: 한국갤럽 데일리오피니언

했다. 미국의 대표 고용지표인 '비농업 민간 일자리'와 비슷하게
공공행정·국방 및 농림어업(산업 대분류)을 제외한 나머지 산업의
연도별 고용지표를 살폈다. 분석 대상 연령도 만 20~64살로 좁
혔다. 취업자는 27만 명 줄었고(2017년 2,270만 명→2021년 2,243만 명),
전체 인구를 분모로 삼아 계산한 일종의 '비농업 민간 고용률'은
1.3%포인트 감소했다(66.9%→65.6%). 보건업·사회복지업까지 제
외할 경우 고용률은 더 크게 하락했다(61.8%→59.6%). 이처럼 한창
일할 나이인 사람들이 제대로 일할 기회를 찾지 못하는 상황이
대규모 실업자 등으로 표면화되지 않은 것은 아예 일하지 않는
비경제활동인구로 취업 시장에서 후퇴했기 때문이다. 하지만 일
자리 사정이 악화한 데 따른 불만은 그대로 쌓일 수밖에 없다.

　　노동시장에서 일자리를 가장 많이 만들어내는 것은 소상공
인 창업이다. 2006~2011년 사이 증가한 일자리(전국사업체조사 기준
69만 개) 가운데 67.6%(46.7만 개)가 고용인원 10명 미만 소기업에서

나왔는데,[14] 소기업의 창업으로 일자리가 늘고(+64.6만 개) 1~10년 업력인 곳의 일자리는 줄고(-19.3만 개) 업력 10년을 넘긴 곳에서는 늘어났다(+1.36만 개). 반면 250명 이상 대기업의 순고용은 3,000명 증가에 그쳤다. 소기업 창업은 연령대로 보면 50살 이상 장년층의 취업에 도움이 되는 경우가 많았다. 50살 이상 장년층은 고용 인원 50명 이상 기업에서 나와 10명 미만 소기업에서 일자리를 찾는 경우가 대부분이었고, 30살 미만 청년은 대기업에 신입으로 들어가거나 경력으로 이직하는 경우가 상대적으로 많았다.[15]

2018~2019년 최저임금 인상(29.1%)과 2020년 코로나19 대유행이 소상공인 창업과 고용에 미친 영향이 어떠했을지 짐작하기란 어렵지 않다. 기존 기업의 고용 감소와 폐업 증가라는 직접적인 영향 이외에 신규 창업이 위축되며 창업 기업이 인력을 더 적게 썼을 것으로 봐야 한다. 실제 2018년 최저임금 인상은 30명 미만 사업체의 고용을 2% 이상 줄였을 것으로 추정(강창희 중앙대 교수)되는데,[16] 이에 따르면 청년층(18~29세)의 일자리는 1.7~2%, 장노년층(55~70세)의 일자리는 2.5~2.6% 줄었다. '코로나19가 소상공인에 미친 영향'을 분석한 국회의 한 보고서[17]를 보면, 규모가 영세한 업종일수록 매출 감소로 어려움을 겪는 사업체가 더 많았다. 또 외식업뿐만 아니라 여행·레저·체육·공연 등 대면 서비스 업종이 큰 타격을 입었다.

2017년 이후 급격히 줄어든 민간 일자리는 대기업·공공부문 정규직의 '번듯한 일자리'가 아니다. 소상공인이나 중소기업에서 임금이 낮고, 고용이 불안정하며, 기술을 요구하지 않는 이른바 '2차 노동시장' 일자리다. 연구에 따라 조금씩 다르지만 2차 노동시장의 취업자 규모는 전체의 80% 안팎이다. 문재인 정부에 대한 심판론이 갑자기 끓어오르는 것처럼 보인 데는, 여론시장에서 목소리는 작지만 투표수는 압도적인 '2차 노동시장'에 속한 이들의 불만이 표출된 것으로 봐야 할 것이다.

지니계수가 가린 불평등의 구조 변화

중하층 노동자 및 영세 자영업자의 이탈, 서울에 진입하지 못한 1주택 이하 가구의 변심, 호남 출신 이주민과 그 자녀의 민주당에 대한 실망 등은 기본적으로 약자에게 불리한 방향으로 경제 구조가 변화했기 때문이다. 이 같은 구조 변화는 문재인 정부가 야기한 것은 아니다. 하지만 최근 들어서 변화 속도가 빨라졌다. 또 이른바 '소득주도성장'을 내세운 경제 정책이 별반 효과를 보지 못했다는 평가도 충분히 가능해 보인다.

핵심은 노동시장의 작동 방식이 청년, 고령자, 비정규직이나 미숙련 노동자, 지방에 사는 사람들에게 불리하게 바뀌었다는 것이다. 여기에 고령화, 미혼 가구 증가 등 인구와 관련된 요인이 추가됐다. 이러한 변화는 지니계수 등 양적 지표 한두 개만 가지고는 잘 포착되지 않는다. 시장소득 지니계수는 2012년(0.411)에서 2017년(0.406)을 거쳐 2021년(0.405)까지 조금 개선됐다.[18] 세금이나 사회복지부담금을 제외한 처분가능소득 지니계수도 같은 기간 개선됐다(0.385→0.354→0.333). 하지만 약자에게 불리한 다수의 질적 변화가 있었다.

가장 먼저 지적해야 할 부분은 대공장 생산직이나 인사·회계·마케팅 등 통상적인 업무를 하는 화이트칼라 일자리의 점진적 감소다. 통계청 자료로 취업자(만 59살 이하) 수를 살펴보면, 2013년에서 2017년 사이에는 취업자가 늘어났고(+39.9만 명), 이중 제조업(+10.5만 명)이 4분의 1을 차지했다. 그런데 2021년에는 4년 전보다 취업자 수가 줄었고(-67.2만 명), 특히 제조업이 많이 줄었다(-34.9만 명). 취업자가 많이 줄어든 산업은 자동차(-11.5만 명), 의류(-5.2만 명), 전자부품(-4만 명), 기타 운송장비(주로 조선업, -3만 명), 금속가공제품(-2.9만 명) 등이었다.[19]

제조업 고용 감소 원인 중 하나는 기업의 적극적인 자동화다. 〈그림 3-4〉를 보면 산업용 로봇 가동 대수가 급증했다(2009년 7.9만 대→2013년 15.3만 대→2017년 27.3만 대→2021년 36.6만 대).[20] 해외 공장 이전도 계속됐다. 가령 LG디스플레이에 액정표시장치LCD 모듈을 납품하는 케이알이엠에스는 2013년 중국, 2016년 베트남에 공장을 건설했고, 경북 구미 공장 생산량은 40% 줄였다.[21] LG전자는 2010년 이후 TV, LCD, 태양광 등의 생산 시설을 잇달아 폐쇄했다. 삼성전자도 베트남에 대규모 휴대폰 생산 거점을 구축하면서 2010년을 전후해 구미 공장 생산량을 줄였다.

2017~2021년 사이 금융업 취업자 감소(-4.1만 명)처럼, 사무직 일자리도 자동화 영향을 받았다. 한 보고서[22]에 따르면 IT 기술 투자 확대는 50살 이상 고령 사무직의 퇴직 확률을 높이는(3.62배) 것으로 나타났다. 그만큼 새 일자리도 줄어들 것은 분명하다. 노동경제학 권위자인 데이비드 오터(MIT) 등은 IT 기술이 발전하면서 업무에서 반복 수행 비율이 높고 자동화의 영향을 받기 쉬운

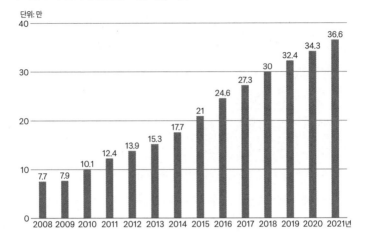

〈그림 3-4〉한국의 산업용 로봇 가동 대수

단위: 만

연도	값
2008	7.7
2009	7.9
2010	10.1
2011	12.4
2012	13.9
2013	15.3
2014	17.7
2015	21
2016	24.6
2017	27.3
2018	30
2019	32.4
2020	34.3
2021년	36.6

자료: 국제로봇연맹

중숙련 일자리가 크게 줄어든다고 주장했는데, 지난 몇 년 한국
노동시장의 변화에 잘 들어맞는다. 챗GPT 등 인공지능AI이 아니
더라도 IT 기술이 발전하면 엑셀 등 스프레드시트에 기반한 단순
한 작업 수요가 줄어들기 때문이다.

비제조업(서비스업) 일자리의 경우 기업 간 생산성 격차가 격
심하다. 또 업종에 따라 선두에 있는 기업, 특히 IT와 연관성이 높
은 기업이 독과점적 지위를 누리는 경우도 많다. 2003~2021년
50인 이상 기업 또는 상장사를 대상으로 비제조업 기업들의 마크
업markup(제품 시장가격에서 생산·판매비용을 뺀 이윤 마진) 추이를 분석[23]
한 결과, 격차가 가파르게 확대되는 것으로 나타났다(제조업에서는
마크업 격차가 소폭 늘어나는 데 그쳤다). 마크업이 클수록 그 기업은 해
당 시장에서 시장지배력이 높고(즉 독과점적 지위를 가지고) 더 많은

이익을 남긴다. 동일 업종만 추려낸 분석도 마찬가지였다. 서비스업은 세부 업종 내에서도 이익을 많이 내는 기업들과 적게 내는 기업들로 양극화가 되어 있다는 의미다. 이를 분석한 보고서는 비제조업 기업들의 시장 지배력이 계속 확대된 원인을 IT 기술 도입에 따른 기업 간 생산성 격차 확대에서 찾았다. 기업 간 생산성 격차 정도에 변화가 없던 제조업과 달리, 비제조업은 기업 간 생산성 격차가 지속적으로 커졌다는 것이다. 산업연구원 보고서[24]에 따르면 제조업과 서비스업(비제조업) 기업의 생산성 분포는 꽤 달랐다. 생산성별로 기업 분포를 그렸을 때 제조업은 종鐘 모양과 비슷하게 가운데가 볼록하게 솟아 있고 양 끝부분이 가느다란 형태의 정규분포를 했다. 반면 서비스업은 마치 낙타 등과 흡사하게 평평한 봉우리가 두 개인 모습이었다. 서비스업은 세부 업종 내에서도 이익을 많이 내는 기업과 적게 내는 기업으로 양극화가 되어 있다는 의미다.

이 같은 상황에서 산업 간 임금 격차가 점차 확대되었다. 2009~2021년 임금 격차 양상을 분석한 보고서에 따르면,[25] 동종 산업 내 기업들의 임금 격차는 약간 줄어든 반면, 다른 산업 간의 임금 격차는 확대됐다. '전자부품, 컴퓨터, 영상, 음향 및 통신장비 제조업'과 '연구개발업'의 임금 상승이 산업 간 격차 확대에 각각 17.2%, 11.2%를 기여했다. 한편 '사회복지 서비스업'과 '기타 개인 서비스업'의 고용 증가 또는 임금 하락이 격차 확대에 각각 52.3%, 28.0%를 차지한 것으로 분석됐다. IT 제조업과 연구개발업을 비롯해 '금융 및 보험 서비스업', '금융업', '전문 서비스업'의 임금 프리미엄은 2018년 이후 확대된 것으로 나타났다. 고임금 업종은 상대적으로 생산성이 높은 사람이 몰리면서 임금을 끌어올린 반면, 저임금 업종은 상대적으로 임금이 덜 오른 가운데 고용이 늘어난 것으로 보인다. 2장에서 논의한 '이중 구조 경제'의 문제가 더 악화된 셈이다.

　구조적으로도 '2차 노동시장'의 일자리를 찾는 건 점차 더 어려워졌다. 한국은행의 보고서[26]에 따르면 인플레이션을 일으키지 않는 수준의 실업률(자연실업률)은 2011년 3.3%에서 차츰 증가해 2020년 3.9%를 기록했다. 한국은행은 "새로 실업자가 유입되는 게 실제로 늘어서가 아니라 기존 실업자가 일자리를 찾아 실업 상태에서 벗어나는 게 줄었기 때문"이라고 설명했다. 한국이 다른 선진국에 비해 낮은 실업률을 유지해왔던 이유 중 하나는 2차 노동시장에서 대단히 많은 일자리가 만들어졌기 때문이다. 1·2차 노동시장에서 실직해도 2차 노동시장에서 취업이 용이했다. 1986~2014년 노동시장을 분석한 결과에 따르면 매월 평균 취업자의 1.6%가 실업자가 되고, 실업자의 48%가 취업하는 것으로 나타났다.[27] 실업자가 취업자가 되는 규모는 매월 비교적 일정한 반면, 취업자가 실업자가 되는 규모는 경기에 따라 달랐다. 또 재취업하는 비율은 미국을 제외하면 다른 나라보다 훨씬 높았다. 구조 조정 등에 따른 실직이 크게 늘어나지 않았지만, 이전보다 일자리를 찾기 어려운 상황이 펼쳐지게 된 것이 실업률 증가의 원인이라 할 수 있다. 과거 2차 노동시장이 일자리의 '질'은 좋지 않을지라도 '양'은 확실히 보장했다면, 이제 '양'이 점차 줄어들게 됐다는 얘기다.

민주당의 경제 정책은 왜 실패했는가

문재인 정부의 경제 정책은 이러한 변화 속에서 최소한 정치적으로 완전히 실패했다. 먼저 정책 목표에 걸맞은 수단을 확보하지 못했다. "가계소득을 늘리고 소득격차를 완화하여 내수시장을 진작한다"는 소득주도성장론[28]을 꺼내 들었지만, 오로지 최저임금 인상(2017년 16.4%, 2018년 10.9%)만 두드러졌을 뿐이다. 근로시간 단축, 비정규직의 정규직화 등 다른 정책 프로그램도 임금이나 고용 여건을 인위적으로, 그것도 한꺼번에 크게 바꾸는 것 일색이었다. 이것이 상당한 부작용을 야기하는 까닭은, 파생수요를 창출하는 기업(또는 공공기관)의 일자리 활동에 영향을 미치기 때문이다. 고용 여건을 인위적으로 개선하면 고용주 입장에선 결국 생산을 줄이거나 아니면 노동 투입을 줄이고 자동화를 추진하게 된다.

다른 정책 프로그램이 있었다면 자본과 노동 간의 역관계를 바꾸겠다는 기획의 속도를 조절하거나, 그 부작용을 완화할 수 있었을 것이다. 하지만 재정 지출과 관련된 프로그램은 거의 없는 것이나 마찬가지였다. 일자리 재정 지출은 공공부문 일자리 창출에 맞춰져 있었다. 그런데 공공부문 일자리는 대부분 사회복지 분야에서 중장년 여성을 고용하는 일자리들이다. 통상 '번듯한 일자리'로 간주되는 공공행정 부문은 늘릴 수 있는 정규직 공무원 수가 뻔하기 때문에 효과가 미미하다. 재정 투입 규모도 11.3조 원 수준에 불과했다.[29] 소득주도성장론은 사실상 최저임금 인상 효과를 둘러싼 효과에 대한 논쟁으로 좁혀지고 말았다.

재정 문제, 특히 문재인 정부 내내 뜨거운 감자였던 초과세수 논란은 문재인 정부와 민주당이 한국 경제의 실상과 구조 변화에 대해 제대로 인지하지 못하고 있음을 보여준다. 초과세수란 표현은 얼핏 보면 세금이 훨씬 더 걷혔다는 의미로 읽히지만, 실상은 정부가 한 해 예산을 편성할 때 내놓았던 세입 전망치가 잘못됐다는 얘기다. 2017년(13.4조 원)과 2018년(25.5조 원)의 초과세수는 각각 GDP의 0.7%와 1.3%였다. 2021년에는 1.4%였다. 적극적 재정 투입으로 소득주도성장을 뒷받침하겠다는 정책 기조와 단단히 엇박자가 난 셈이다. 청와대와 더불어민주당, 진보 진영은 보수적 재정 운용이 몸에 밴 기재부가 문제라는 시각을 내비쳤다. 조영철 청와대 재정기획관은 2018년 한 토론회에서 "기획재정부가 대규모 초과세수를 전망하면서도 의도적으로 세입 전망을 낮게 잡은 것은 대통령과 국회, 국민을 기만하고 민주주의를 심각하게 훼손한 것"[30]이라 발언하기도 했다.

하지만 박근혜 정부부터 이미 경제성장률과 세수증가율의 괴리가 문제였다. 당시에는 예상치보다 세수가 밑돈 것이 화두였다. 경제 상황이 나쁘지 않았던 2014년 사상 최대 세수결손(10.9조 원)이 발생했다. 실제로 1990년대까지만 해도 매년 세수증가율과 경제성장률이 비슷하게 등락했지만, 2000년대부터 동행성이 무너졌다고 한다.[31] 거시경제 여건과 세수가 따로 놀기 시작했다는 것이다. 불황에 진입한 2018년이 대표적이다. 경상성장률(3.4%)은 2%포인트 내려갔는데, 국세수입 증가율은 10.6%였다.

몇몇 자료들은 초과세수의 근본적 원인이 극소수 수출 대기업과 나머지 경제 부문 간 격차 심화에 있음을 보여준다. 나이

스평가정보의 키스밸류KIS Value 데이터베이스를 이용해 상장사 중 법인세를 가장 많이 낸 10개 기업이 전체 법인세수에서 차지한 비중을 추산했다.[32] 2021년 10대 기업은 전체 법인세의 40.5%를 냈다. 특히 삼성전자는 19.1%에 이르렀다. 삼성전자 비중은 2000년대(7.0%) 대비 2011년 이후(16.0%) 크게 늘었다. 거대 기업의 비중은 경제가 호황이거나, 호황에서 불황으로 진입하는 시점에 늘었다. 근로소득세도 대기업 실적에 좌우된다. 추경호 기획재정부장관이 국회의원 시절 공개한 통합소득(근로소득과 종합소득 합계) 100분위 자료에 따르면, 2017~2020년 소득 상위 5%가 근로소득세·종합소득세의 65.8%를 냈다. 상위 10%까지 범위를 넓히면 78.1%다.

결국 초과세수 논란은 경제 여건과 그 변화 양상을 민주당과 범진보 진영이 제대로 인식하지 못해 발생한 일이라 할 수 있다. 정부는 수십 년째 수입을 헤아려 지출을 결정하는 '양입제출' 방식으로 재정을 운용해왔다. 국가 역량이 부족해 세수 확보가 얼마만큼 되느냐가 중요했던 개발도상국 시절의 유산인데, 균형재정 기조를 유지하면서 변동이 없었다. 초과세수를 안 써서 문제가 아니라, 제도적인 대응책을 마련했어야 하는 상황이었다. 세제와 예산을 아우르는 대규모 개혁을 하기에 좋은 기회이기도 했다. 하지만 문재인 정부와 민주당은 오로지 재정을 더 써야 하는데 기재부 관료들이 방해하고 있다는 주장만 했다.

문재인 정부 시기 불평등 완화 정책의 가장 역설적인 측면은 고령자의 심각한 불평등에 대해 적극적인 관심을 기울이지 않았다는 점이다. 자영업자도 마찬가지다. 2018년 1분기 통계청 〈가계동향조사〉에서 하위 20% 소득이 큰 폭으로 줄어들었다는 결과가 나온 것이 대표적이다. 이강국 일본 리쓰메이칸대 교수는 "하위 20% 집단의 근로소득은 2018년과 2019년 계속 줄었는데, 이는 그 집단에서 근로소득 비중이 매우 낮은 자영업자나 무직 가구의 비중이 늘었기 때문"[33]이라고 설명한다.

저소득층에는 고령자가 많다. 앞선 조사의 소득부문을 살피면 평균 가구주 연령(52.9세)에 비해 소득 최하위 10%(67.0세)는 대부분이 고령자다.[34] OECD 기준에 따르면 2017년 현재 한국의 노인 빈곤율(43.8%)은 OECD 평균(14.8%)보다 훨씬 높다. 당시 빈곤율 기준은 2인 가구 소득으로 월 140만 원이었다. 고령자는 연금 등 노후 보장과 소유 자산 규모에서 심각한 불평등을 겪고 있다. "노후소득 복지 예산의 상당 부분이 안정적인 직장에 다니던 사람들에게 집중"[35]되고 있기 때문이다. 강신욱 전 통계청장이 2018년 1분기 〈가계동향조사〉를 분석한 결과[36] 국가나 지자체로부터 지급받은 공적 이전소득 증가율이 상위 20%(23.5%)가 하위 20%(3.5%)보다 훨씬 높았다.

노인이나 영세 자영업자들은 소득주도성장 정책에서 크게 거론되지 않던 집단이다. 민주당 지지 집단도 아니어서 정치적으로 관심을 받지 못했다. 소득주도성장의 세부 프로그램을 만드는 과정에서 노동계의 요구가 많이 반영된 것과 대비된다. 하지만 별반 표가 되지 않아 보이는 이들 집단의 문제가 발목을 잡았다.

2019년 정부는 뒤늦게 노인 일자리 사업 등을 만들어 고령자 소득을 보전하기 시작했다. 중앙정부와 지방자치단체가 재원을 반씩 부담해 공공이나 사회서비스 분야에서 만 65세 이상 노인들의 일자리를 만들어준다는 것이다. 그런데 중앙정부 예산 투입 규모는 2020년 1.2조 원에 불과했다. 또 지역별로 큰 차이가 발생했다. 사업 첫해인 2019년 8월 현재 고령 취업이 10% 이상 늘어난 지역은 서울(11.4%), 경기도(15.5%), 대전(15.2%), 광주(13.9%) 등 민주당 지자체장이 있는 곳이었고, 부산(0.3%), 대구(4.4%)는 극히 저조한 양상[37]이었다. 기초연금은 2014년 월 20만 원으로 인상된 것을 문재인 정부 들어 2021년부터 10만 원 늘린 30만 원으로 인상했다. 복지 관련 시민단체들은 다른 공적 이전소득(기초생활보장 등)을 받을 경우 이를 차감해서 지급하는 이른바 '줬다 뺏는' 방식을 시정해야 하는 거 아니냐고 요구했지만 받아들여지지 않았다.

　　보건사회연구원은 2022년 소득주도성장특별위원회의 의뢰로 작성한 보고서에서 "2010년대 노동시장이 소득분배를 개선하는 방향으로 변화하였다. 하지만 노인 비율이 증가하는 인구 구조 변화로 인해 전체 인구의 가구소득 분배가 악화했다"고 지적했다. 또 "가구 규모가 축소되고 노인-자녀 동거가 감소하는 가구 구조 변화로 인해 노인의 가구소득 빈곤율이 증가하였다"[38]고 덧붙였다. 서울과 경기의 고령층이 민주당으로부터 돌아선 것은 명확했던 고령자 불평등 문제를 적극적으로 의제화하지 않았기 때문일 것이다. 2022년 대선 또는 지선에서 국민의힘에 투표한 경기도 거주 호남·충청 출신 60~70대들은 이 문제를 극명히 보여준다.

진짜 상위 중산층의 정당

민주당은 상위 중산층의 정당이다. 실제로 민주당 내 활동에 가장 활발히 참여하고 목소리를 내는 이들 중에는 서울 등 대도시에 살고 대기업 정규직으로 안정된 경제적 지위를 가진 40~50대가 많다. 2020년 총선에서 비례위성정당으로 만들어진 열린민주당의 〈당원조사 분석 보고서〉[39]는 이를 잘 보여준다. 열린민주당 당원들은 일반적인 민주당 지지자들보다 더 '강성'이면서 인터넷 커뮤니티나 SNS에서 활발히 활동하며, 검찰·언론 개혁이나 적폐 청산 등의 의제를 선호한다. 민주당의 여론 주도 그룹인 셈이다.

〈그림 3-5〉를 보면 열린민주당은 소득이 월 700만 원 이상인 사람이 전체 당원의 32%로 가장 많았다. 같은 해 4월 KBS와 한국리서치의 전체 유권자 조사에서 월 700만 원 이상인 유권자 비율은 17%였다. 또 열린민주당 당원은 '사무·관리·전문직' 비율이 33%(전체 유권자 중에는 23%)에 달했다. 연령은 40대(38%)와 50대(37%)가 많았다. 대졸자 비율도 77%에 달했다. 지역으로는 서울(26%)과 인천·경기(35%) 등 수도권 비중이 5분의 3가량을 차지했다. 일반 유권자는 물론 더불어민주당 지지자들보다 훨씬 더 상위 중산층에 가깝다.

중산층 행동주의로 무장한 이들의 여론을 의식하지 않으면 안 되는 상황에서 민주당이 경제 분야에서 가질 수 있는 선택지는 좁다. 이를 잘 보여주는 게 세금이다. 문재인 정부의 적극 재정 기조에도 GDP 대비 조세 비중은 2017~2020년 1.2%포인트 늘어

〈그림 3-5〉 열린민주당 당원의 월소득 및 지역 비중

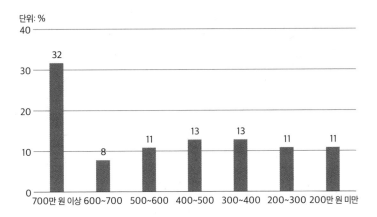

단위: %

32 / 8 / 11 / 13 / 13 / 11 / 11

700만 원 이상 / 600~700 / 500~600 / 400~500 / 300~400 / 200~300 / 200만 원 미만

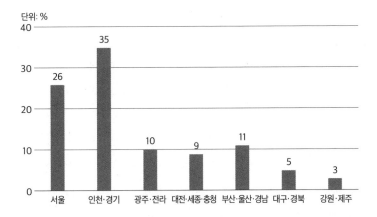

단위: %

26 / 35 / 10 / 9 / 11 / 5 / 3

서울 / 인천·경기 / 광주·전라 / 대전·세종·충청 / 부산·울산·경남 / 대구·경북 / 강원·제주

나는 데 그쳤다. 박근혜 정부 당시의 2013~2017년 증가폭 1.8%
포인트보다 못하다. 세금에 민감한 상위 10%를 의식한 결과다.[40]

실제로 문재인 정부 당시 한 고위 관료는 "2015년 소득세의
세 부담 증가 지점을 끌어올리면서 불붙은 연말정산 파동 사건을

보면 한국에서 증세는 불가능하다"고 털어놓았다. 경제개혁연대의 분석에 따르면 당시 가장 세금이 늘어나게 될 집단은 연소득 7,000만 원이 넘는 사람들이었다. 경제개혁연대는 "OECD 국가 중 법인세 부담보다 소득세 부담이 낮은 국가는 한국뿐"이라며 "법인세 증세도 좋은 방법이고 고소득자 증세도 올바른 방향이지만 개인의 소득에 대한 과세가 적은 것이 사실"이라고 지적했다.[41] 복지를 확대하기 위해서는 증세가 필연적이라는 얘기다. 민주당 정부에서 약자를 위한 재정을 늘릴 수 없는 근본적인 이유는 자신들 지지층의 이해관계를 정면으로 거스른다는 데 있다.

표면적으로는 부동산 가격을 잡겠다며 여러 정책을 내놓았지만, 서민의 편이라는 믿음을 확보하지 못한 건 민주당이 자산 보유자들에게 그리 적대적이지 않았기 때문이다. 지역구의 개별 정치인 수준에서는 해당 지역 아파트 가격을 끌어올리겠다고 말하기도 했다. 2018년 3월 황희 의원은 국토교통부가 바로 지난달 발표하고 시행에 들어간 '재건축 안전진단 정상화' 방안을 무력화시키는 '도시 및 주거환경 정비법(도정법)' 개정안을 발의했다. 지역구인 서울 양천구 목동 주민들의 이해관계를 대변한 법안이었다. 황 의원은 참여정부 정무수석실과 홍보수석실에서 일했으며, 문재인 대통령과 수시로 대화하는 실세였다.[42] 이 법안에는 박영선 의원(서울 구로 을), 전해철 의원(경기 안산 상록 갑), 최인호 의원(부산 사하 갑) 등 영향력 있는 정치인 여럿이 공동 발의자로 이름을 올렸다. 경제정의실천시민연합(경실련)은 이에 대해 "사업의 공익성과 정책의 타당성 등에 대한 성찰 없이 지역 주민의 요구에 부합해 재건축 투기 대책의 발목을 잡는" 행위라고 비판했다.[43] 이렇게 정치인들의 이해관계가 부동산 가격 상승과 깊이 연관되는 상황에서 청와대의 발언만 보고 집값이 안정될 것으로 예상하지 않은 것은 사람들의 합리적인 대응이었다.

지방선거 당시 대전에서 민주당은 국민의힘 주요 후보들이 전세 세입자로 살면서 현지인 행세를 한다고 비판했다. 서울이나 세종시에 아파트를 소유한 외지인이라는 것이다. 그런데 이는 민주당 의원들도 크게 다르지 않다. 박병석(서구 갑), 황운하(중구) 의원은 각각 서울 서초구와 강동구에, 장철민(동구) 의원은 세종시에 아파트를 갖고 있다.[44] 가난한 호남·충청 이주민의 정당에서 서울 마포구·용산구·성동구에 사는 상위 중산층의 정당으로 정체성이 바뀌었지만, 여전히 사회적 약자의 정당인 양하려는 민주당의 모순을 보여주는 사례다.

'국가의 정상화' 세계관의 파산

2021년 하반기 즈음 민주당과 범진보 진영은 지적·도덕적 주도권을 상실했음이 분명해졌다. 특히 '국가의 정상화'를 목표로 내세운 범진보 진영의 세계관이 완전히 붕괴했다. 윤석열 당시 국민의힘 대선 후보가 그해 12월 선거대책위원회 출범식에서 "공정이 상식이 되는 나라를 만들겠다"고 말할 정도로 보수와 범진보 진영의 관계는 전도됐다. 2022년 선거 결과는 2000년 이후 전개된 사회경제적인 구조 변화 속에서 범진보 진영의 세계관이 대중적인 설득력을 상실한 결말에 가깝다.

민주당과 그보다 왼쪽에 서 있는 정당들은 어찌 본다면 1980년대의 산물이다. 다들 민주화 운동, 1987년 항쟁과 6공화국 출범 등에 뿌리를 두고 있다. '창작과비평' 그룹의 대부 격인 백낙청 서울대 명예교수가 내세운 '87년체제론'이 범진보 진영의 기본적인 세계관인 건 사회운동과 정치 세력의 태동과 성장이 80년대 민주화 운동을 기반으로 하고 있기 때문이다.

80년대에 시작된 운동들은 근본적으로 '국가의 정상화'를 목표로 삼고 있다. 80년대 민족해방NL 계열은 제대로 된 민족국가가 건설되지 않은 반식민지 국가라는 주장을, 민중민주PD 계열을 비롯한 좌파는 서구식 자본주의가 제대로 발전하지 못한 기형적인 독점자본주의가 문제라는 주장을 폈다. 그리고 정파를 불문하고 외부 요인 탓에 제대로 된 자본주의 민족국가로 발전하지 못했다는 것을 핵심적인 전제로 삼고 있었다. 거칠게 말하면 그 외인外因으로 외세, 반민족 세력, 매판자본, 신식민지 착취 구조 중에서 무엇을 지목하느냐만 달랐을 뿐이다. 이 외인을 제거하기 위해 민중을 '동원'해야 한다는 결론도 동일했다.

이 세계관에는 크게 두 가지 특징이 있다. 첫째, 외인으로 규정된 무언가를 척결하는 것이 바로 정상성을 획득하는 것이라는 논리다. 둘째, 본인들이 '정상적인 것'을 대변하고 있기에 역사의 올바른 방향을 선취하고 있으며, 사회 전체를 대표하는 보편성이 있다는 자기규정이다. '비정상의 사회' 대 '정상을 지향하는 운동'의 대립 구도인 셈이다. 이러한 세계관에서 시작한 정치 세력들이 이후에도 상식 대 비상식, 민주 대 독재, 개혁 대 적폐라는 구도를 일정 부분 공유한 건 당연한 결과다. 백승욱 중앙대 교수는

"1987년 이후 계속 확장 발전해 사회운동의 주류적 인식틀"로 자리 잡은 '87년체제론'이 결국 "'적폐'의 대상을 찾아내는 데 집중"된다고 지적했다.[45] 그리고 "'적폐 대상'을 찾아내면 구조의 문제 또한 자연히 해결되리라고 기대한다"고 덧붙였다.

경제 구조 고도화 속에서 성장한 상위 중산층의 입맛에 들어맞지 않았다면 '비정상의 정상화' 세계관이 지금까지 살아남을 수 없었을 것이다. 흔히 '386'이라 호명된 이들에게 중요한 건 과거의 산업화 세대가 만들어낸 낡은 사회 구조를 최신 자본주의-민주주의 질서로 대체하는 것이었다. 세대론이 정치 담론의 핵심에 진입한 시기는 2002년이었다. 20~40대 젊은 세대가 새로운 주류가 돼 구주류인 50~60대를 대체해야 한다는 것이었다. "세대론을 부각시켜 우리 사회의 지배적 낡은 패러다임을 혁신하려는 시도들"이 "세대론을 주류 교체론의 화두로 전진 배치"[46]하고 있다는 서술이 당시 분위기를 잘 보여준다. 또 인터넷을 통한 지지자 결집에도 유용한 논리와 상징을 제공해주었다. 아군과 적군을 구별하고, 적에게 도덕적이지 않으며 청산해야 하는 집단이라는 수식어를 붙이기 쉽기 때문이다. "구시대의 기득권 질서를 지키려는 사회 지배 세력을 개혁하고 교체해야 한다"[47]는 식의 주장이 세대론에 늘 따라붙었던 이유다. 미국의 정치분석가 에즈라 클라인은 "지지하는 당에 대한 긍정적인 감정이 아니라 반대하는 당에 대한 부정적인 감정에서 기인하는 당파적 행동"인 "부정적 당파성"[48]이 오늘날 미국 정치를 관통하는 키워드라고 지적했다. '비정상의 정상화'라는 논리는 민주당에서 부정적 당파성을 생산하는 데 핵심 메커니즘이었다.

'촛불 혁명'으로 '정상화'되었어야 할 한국 사회는 전혀 그렇지 않았다. 또 집권 세력이라 할 수 있는 80년대 학번-60년대생들이 보편적인 대표자가 아님도 잘 드러났다. 2019년 조국 전 법무부 장관을 둘러싼 일련의 사태가 보여주는 것은 서울에 1~2채 정도 주택을 보유하고, 대기업 직장인 또는 전문직으로 일하는 상위 중산층이 '상식'의 대변자임을 주장하지만 실제로는 특권 계층처럼 되었다는 불편한 진실이었다.

또 적폐를 찾아내서 청산하면 된다는 식의 정치적 캠페인은 경제 영역에서 거의 쓸모가 없었다. 청와대와 민주당, 범진보 진영 인사들은 부동산 투기꾼이나 태업을 일삼는 관료, 사악한 보수 언론 등 적폐를 찍어내면 "자신들이 만들어낸 선한 정책이 잘 추진되고 '의지'와 '현실'이 비로소 일치"[49]할 것이라고 주장했지만 현실은 그와 달랐다. 구조적인 문제를 약간의 재정 지출로 해결할 수 있다는 주장이 설득력을 가질 리 만무했다. 결국 1980년대 형성된 이데올로기들이 더는 현실을 설명하거나 문제를 해결하는 데 적합하지 않게 된 것이 명백해진 셈이다. 민주당과 범진보 진영에서 이데올로기적인 아노미(무규범) 상태가 펼쳐질 수밖에 없었던 이유다.

민주당 집권 연합의 총체적 와해

2022년 3월 대선은 일자리가 불안정하고 소득이 낮은 경제적 약자들이 민주당을 이탈했음을 뚜렷이 드러냈다. 〈매일경제신문〉과 동아시아연구원EAI이 함께 실시한 '대선 패널 2차 조사'에 따르면[50] 이재명 민주당 후보 지지율이 가장 높은 소득 계층은 월 600만~700만 원(61.7%)이었다. 월 500만 원보다 덜 버는 가계의 경우 소득이 적을수록 이 후보 지지율이 낮았다. 거꾸로 월 200만 원 미만(61.3%), 200~300만 원 미만(57.2%) 소득자들은 윤석열 후보를 지지했다. 직종별 지지율로도 이 후보의 기반은 화이트칼라(54.5%)였다. 블루칼라의 지지율은 42.2%에 불과했다.

민주당을 이탈한 이들은 대부분 2016~2017년 탄핵 국면을 거치면서 새로 지지 연합에 편입된 이들이었다. 정한울 한국리서치 리서치디자이너는 《동향과 전망》 2022년 여름 호에 게재한 논문[51]에서 민주당 이탈자들을 분석했다. 〈그림 3-6〉에 따르면 2020년 총선에서 민주당을 지지한 사람 중 2022년 대선에서 38%가 이탈[52]했는데, 16%는 국민의힘, 10%는 다른 정당 지지로 돌아섰고 13%는 무당파가 됐다. 그리고 민주당 이탈 확률[53]은 중도(34%), 보수(40%) 성향이 진보(16%) 성향의 두 배였다. 민주당 이탈자가 많은 지역은 경기도와 인천이 꼽혔다. 정한울 씨는 "탄핵 정치연합에 합류한 새로운 민주당 지지층을 이탈하게 밀어낸 것이 연합 해체의 원인"이라고 분석했다.

촛불개혁연합을 해체시킨 건 보수 언론, 검찰, 기재부 관료, 재벌이 아니었다. 민주당과 범진보 진영 내부의 지지 연합 구성이 안고 있는 문제가 터져 나온 결과였다. 다만 해체가 급격히 진행된 것은 제대로 조율되지 않고 폭주한 적폐 청산 정치와 민주당의 주를 이루는 상위 중산층의 오만함 때문이었다고 보아야 할 것이다. 근본적으로는 2010년 이후 한국 경제의 구조 변화 속에

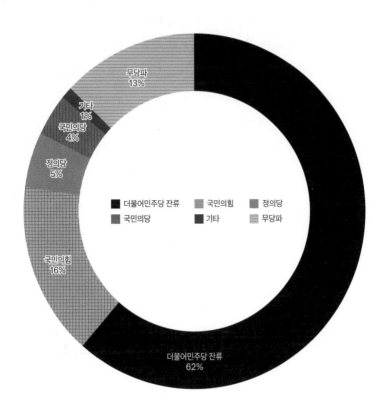

무당파
13%

기타
1%

국민의당
4%

정의당
5%

■ 더불어민주당 잔류 ▦ 국민의힘 ▦ 정의당
▦ 국민의당 ■ 기타 ▦ 무당파

국민의힘
16%

더불어민주당 잔류
62%

주: 2020년 총선 더불어민주당 지지자의 2022년 2월 지지 정당 비율
자료: 정한울, 2022

서 민주당의 이데올로기와 정치적 동원 기제가 더는 제대로 작동
하지 않기 때문이라 할 수 있다. 민주당뿐만 아니라 정의당 등 다
른 진보 진영도 동반 파산해 어려움을 겪는 이유이기도 하다.

　민주당은 중산층 행동주의로 무장한 대도시 화이트칼라를

중심에 놓고 경제적·사회적 '피해 대중'을 다시 지지 연합에 끌어들여야 하는 과제를 2008년 이후 14년 만에 안게 됐다. 하지만 그때와 달리 경제라는 하부구조의 변화 양상은 민주당에게 우호적이었던 정치 질서까지 무너뜨리고 있다. 민주당이 이전과 같이 반독재·반기득권 슬로건을 내걸고 이른바 '민주개혁' 세력을 결집시키는 방식이 성과를 거두기 어려운 근본적인 이유다. 이는 윤석열 정부의 지지율이 이명박 전 대통령 당시처럼 가파르게 떨어진 상황에서도 민주당 지지가 답보 상태를 보이는 이유이기도 하다.

4

무능의 아이콘
윤석열 정부

2017년 폐허가 되다시피 한 보수정당이 5년 만에 재집권할 수 있었던 건 민주당이 스스로 무너졌기 때문이다. 지지 연합이 해체됐을 뿐만 아니라 이전까지 중도였거나 범진보 성향이었던 이들도 튕겨 나오게 됐다. 이는 인물도 정치적 상징도 지지 기반도 빈약하던 보수 진영에게 셋 모두를 공급해주는 결과를 야기했다. 특히 검찰과 기획재정부 등 관료 기구를 청산의 대상으로 삼으면서, 역설적이게도 이들이 정치 영역의 전면에 나서는 일이 벌어지게 됐다.

　하지만 보수정당은 그 자체로 새로운 이데올로기, 정책, 인물, 조직 등을 갖고 있지 않았다. 노무현 질서가 제대로 작동하지 않게 된 상황이었지만 그 대안을 제시할 역량이 있을 리 만무했다. 박근혜 전 대통령에 대한 탄핵을 인정하면서 낡은 아스팔트 보수와 결별했지만, 나머지는 '산업화 아이돌'에 의존할 수밖에 없었던 2012년께에 머물러 있었다. 정치적 무능력 속에서 보수는 끊임없이 적을 만들어내는 것 이외에는 별다른 대안을 찾지 못했다. 외연을 확장하거나 새로운 가치를 제시할 수 없는 상황에서 남은 건 익숙한 습관을 그대로 반복하는 것뿐이었다.

정치 선언을 한 지 1년도 안 돼 당선된 윤석열 대통령부터 그러했다. 민주당이 그를 검찰총장으로 발탁한 이유는 명확했다. 2013년 국가정보원과 국방부가 이명박 정부 시절 인터넷 여론을 조작한 사건을 수사하면서 몇 년 동안 한직을 전전했고, 2016년 최순실 국정농단 사건 특검에 합류해 박근혜 전 대통령을 수사했기 때문이다. 민주당은 2016년 대구고검으로 쫓겨가 있던 그에게 국회의원 공천 제안까지 했을 정도였다.[1] 문재인 정부는 '우리편' 인물일 그를 서울중앙지검장(2017년)과 검찰총장(2019년)으로 고속 승진시켰다. 또 기획(법무부·대검에서 행정 업무 담당), 공안, 특수 등 3대 엘리트 중 전 정부에서 잘나갔던 기획과 공안을 배제하고 윤 전 총장을 비롯한 특수통들에게 검찰을 맡겼다.[2] 하지만 조국 전 장관에 대한 수사가 시작되면서 윤 전 총장은 '폭주하는 검찰 권력'으로 낙인찍혔다. 청산된 보수 권력과 살아 있는 진보 권력 모두와 맞싸운 윤 전 총장이 텅텅 비어 있다시피 한 보수 진영으로부터 영입 제의를 받은 건 필연적인 귀결이었다.

우리 편과 적을 선명하게 가르고 적을 색출해 찍어내는 정치 행태는 그 자체로 문제가 됐다. 강준만 교수는 "조국 사태 이후 벌어진 일련의 크고 작은 '정치적 전쟁'은 수많은 명망가를 권력투쟁의 졸卒 또는 사적 이해관계나 정실에 얽매인 '부족주의 전사'

로 전락시키는 데에 큰 기여"[3]를 했다고 지적했다. 또 "진보 진영 일각엔 '이런 식으로 가면 문재인 정권은 망한다'라며 펄펄 뛴 소수가 있었다. (…) 그러나 망하는 길을 택한 다수는 그걸 인정하지 않았을 뿐만 아니라 여전히 그들을 '배신자'로 비난하기에 바빴다"[4]고도 평가했다. '상식'과 '비상식'이라는 2000년대 이후 범진보 진영의 기본적인 세계관이 무너졌을 뿐만 아니라 그들의 권력 사용 행태에 대한 거부감이 광범위한 정권 교체 여론을 만들었다. 윤 전 총장과 더불어, 보유한 부동산을 정리하라는 문재인 정부의 지침에 그대로 따른 유이한 사람인 금태섭 전 의원이 한때 윤석열 대선 캠프에서 활동하는 등 범민주당 비주류의 윤석열 지지가 잇따랐다.

총체적 정치 부재가 야기한 '희한한 현상'

이렇게 출범한 윤석열 정부는 아주 일찍부터 보수의 취약성을 드러냈다. 대통령실뿐만 아니라 국민의힘 또한 제대로 된 대중정치를 할 역량, 즉 유권자를 설득하고 자신들을 지지하도록 정치적 언어를 만들어 다양한 상징과 정책을 사용하는 역량이 없음을 보여주었다. 전통적인 정치 문법에서 벗어나는 일도 자주 벌어졌다. 총체적 정치 부재는 문재인 정부에 대한 심판 정서로 급조된 보수정당의 지지 연합이 와해되는 결과를 낳았다. 대선 그리고 그 이상의 승리를 거둔 지방선거(2022년 6월) 이후 지지율이 급락한 이유다.

이를 잘 보여주는 게 대선 1년 뒤인 2023년 3월 열린 국민의힘 당 대표 경선이다. 경선이 시작되기 전인 1월 여론조사에서 선두를 달리던 나경원 전 의원이 출마할 채비를 갖추자 대통령실은 직접 나서 그를 찍어냈다. 나 전 의원 관련 보도(자녀 출산 시 대출 원금까지 탕감해주는 방안을 검토한다는) 내용에 대해 대통령실이 "정부 기조와 다르다"고 공개 반박하면서 비롯된 이 사건의 "실제 배경은 나 전 의원의 당 대표 도전에 부정적인 여권 핵심부의 기류"였다.[5] 이 일이 "희한하고 납득 못 할 현상"[6](〈조선일보〉 사설)인 것은 정치권에서 흔히 있어 왔고 대개 막후에서 조용히 처리되던 사안이 "이번엔 조율이 아니라 전부 밖으로 파열음이 터져 나와 국민 앞에 현장 중계"됐기 때문이다.

이렇게 사달이 난 이유는 크게 세 가지다. 먼저 정치적 기획 및 조율 능력이 뒤떨어졌다. 대통령을 비롯한 이른바 '친윤親尹'은 그가 주도하는 보수정당이 기존 보수정당과 무엇이 다르고, 어떤 점에서 더 나은지 명확하고 설득력 있는 설명을 내놓지 못했다. '친윤'은 그저 대통령의 지근거리에 있다는 의미만 있었다. 1990년 민주자유당부터 시작되는 정당 내부의 다양한 분파 간 이해관계와 이데올로기를 조정하면서 헤게모니를 유지할 역량도 없었다.

둘째, 대통령실이 내세운 후보의 경쟁력이 뒤떨어졌다. 이른바 '윤심'을 대변한 김기현 의원은 4선 의원에 울산광역시장도 역임했지만 전형적인 지방 다선의원이었다. 수도권에서 먹히는 중량급 인사가 없다는 보수정당의 현주소를 보여준 일화다. 나 전 의원같이 몇 안 되는 수도권 기반 중진이 당 대표 선거에 출마하면 김 의원이 낙선할 위험이 상당하다. 나 전 의원이 2021년 서울시장 재보궐선거 경선과 국민의힘 당 대표 경선에서 연거푸 고배를 마셨다 하더라도 말이다.

셋째이자 가장 본질적인 이유는 윤석열 대통령의 '정치적 자본'인 지지율이 낮기 때문이다. 한국갤럽에 따르면 집권 3분기(2022년 10~12월) 긍정평가 비율이 30%에 불과하다.[7] 부정평가 비율은 61%에 달한다. 부정평가는 한 번 늘어나면 좀처럼 줄어들지 않는다. 또 부정평가가 일정 수준 이상이 되면 정권 심판 선거라는 구도가 짜이기 쉽다. 또 대통령을 내세워 치를 수 없는 선거에서 여당 내 정치인들은 으레 각자도생에 나서게 된다. 대통령실 그리고 이른바 '윤핵관'이라 불리는 국민의힘 정치인들 입장에서 다소 무리를 해서라도 본인들이 원하는 당 대표를 만들기 위해 나서는 건 어찌 보면 합리적인 선택이다. 게다가 대통령 지지율이 낮은 경우 대통령실이 원활한 막후 조정이나 타협을 할 역량도 떨어진다.

경선 결과 김기현 의원이 과반 이상(52.9%)을 얻어 대표가 되었다. 최고위원들도 이른바 '친윤' 일색이었다. 경선 결과에 대해 국가기간통신사라 이념적 성향이 거의 없는 〈연합뉴스〉마저 "이념 성향 분포를 봐도 '강성 보수'에 가깝고 (…) 기존의 '영남당 이미지'가 도드라"[8]진다고 평가했다. 하지만 당내 기반이 약한 안철수, 천하람, 황교안 등 다른 세 명도 총 47%를 얻었다. 저류에 깔린 '반윤反尹' 정서를 시사하는 셈이다.

광활한 비당파의 공간, 집권 이후엔 외면

이 세 가지는 모두 연결되어 있다. 역순으로 낮은 지지율부터 먼저 살펴보자. 보수 집권 연합은 그리 강하지 않다. 2016년 4월 총선과 2017년 5월 대선을 거치며 대거 이탈했던 지지자들이 다시 되돌아온 것에 가깝기 때문이다. 이들이 보수정당을 찍은 첫 번째 이유는 민주당에 대한 반발이다. 블루칼라, 영세 자영업자, 주부, 고령자 등 사회경제적 약자가 대표적이다. 부동산 가격 급등 등으로 30대 화이트칼라를 비롯해 경기도 신도시나 서울 구로구·도봉구 등에 사는 자산은 적지만 나름 안정된 생활조건을 가진 이들도 탈민주당에 동참했다. 이들이 2022년 선거에서 '2번'을 찍은 이유는 복합적인 불평등 속에서 민주당이 그 구조를 바꿀 의지가 없는 기득권층이라는 인식을 가지게 됐기 때문이다. 두 당 모두 꺼리는 '인지적 비당파cognitive apartisan'(정치에 관심이 많지만 특정 정당을 지지하지는 않는 집단)가 광범위하게 존재하고 있다고 보는 게 자연스럽다.

인지적 비당파층을 보수 지지로 끌어당기기 위해서는 총체적인 혁신이 필요했다. '새로운 보수'에 걸맞은 인물, 이데올로기, 정책, 정당 조직의 변화가 요구됐던 셈이다. 검찰 공무원 출신인 윤석열 대통령의 정치적 힘은 대통령이라는 드러나는 지위나 권력에서만이 아니라, 여전히 보잘것없는 보수 정치권에서 선거 승리를 가져올 수 있는 거의 유일한 '인격화된 대안'이라는 데서 나왔다. 정치적 힘을 유지하기 위해서는 과거의 민주당 지지자들이 계속해서 정치적 충성을 유지할 수 있는 정당으로 보수정당을 바꿔야만 했다. 하지만 윤 대통령은 오히려 '비윤'들까지 내치면서 "자신이 앉은 의자 다리를 스스로 자른 격"[9]이 됐다.

전통적으로 보수정당 쪽 대통령의 임기 초반 지지율은 민주당계 정당 대통령 지지율에 견줘 낮았다. 한국갤럽이 비교한 역대 대통령의 첫 분기(18대까지는 2~3월, 이후는 5~6월) 직무수행 긍정평가 비율을 보면 윤석열(50%), 이명박(52%), 박근혜(42%) 모두 노무현(60%), 문재인(81%)보다 낮았다. 부정평가 비율 역시 윤석열(36%), 이명박(29%), 박근혜(23%) 세 대통령 모두 민주당계 대통령들(10%대)보다 높았다. 이는 도시에 거주하는 30~40대 대졸 화이트칼라가 주축이 된 단단한 반보수 여론 때문이다.

또한 지지 기반이 단단하지 않은 대통령들은 어김없이 임기 초 지지율 급락을 경험했다. 노무현 전 대통령의 경우 취임 후 6개월이 되지 않아 지지율이 40%로 급락했다. 대선 당시 정몽준 국민통합21 후보를 지지했던 수도권의 중도적 중산층이 가장 먼저 이탈했다. 2008년 미국산 쇠고기 수입 문제로 대규모 집회에 직면했던 이명박 전 대통령도 마찬가지다. 그의 대선 당시 주력 지지층도 수도권의 중도적 중산층이었다. 윤 대통령이 대선 기간 롤러코스터 같은 지지율 등락을 경험한 것은 그의 지지 기반도 단단하지 않음을 시사한다. 여러 차례 지적했듯 그는 민주당에 의해 떠밀려 보수 쪽으로 넘어온 이로, 전통적인 보수층에서 일종의 비판적 지지를 받는 인물이다. 2008년 이명박 정부와 마찬가지로 "역대 어느 정부보다 취약한 지지 기반을 가지고 출발"했으며 "싸늘한 시선을 가진 국민들에게 둘러싸여"[10] 있다.

오늘날 보수 정치의 본질적인 특징이자 한 가지 기이한 점은 윤 대통령이 취약한 지지 기반을 단단하게 만들기 위해 노력하지 않았다는 것이다. 이를 잘 보여주는 게 취임 이후 '윤석열'을 언급한 기사에서 '중도'라는 단어가 사용된 빈도다. 취임 후 63일간 11개 종합일간지의 기사 가운데, '윤석열'이라는 단어가 포함된 기사(2만 2,663개) 중 '윤석열'과 '중도'가 함께 쓰인 기사 비율은 1.1%(248개)였다. 취임 초 적폐 청산을 내건 문재인 전 대통령이 '중도'와 함께 언급된 기사 비율(1.0%)과 비슷하다. 이를 보여주는 게 〈그림 4-1〉이다.

과거 보수정당의 대통령은 중도적 유권자를 설득하기 위해 상당한 노력을 기울였다. 이명박 전 대통령은 '동반성장'과 '공정사회'를 전면에 내걸었고, 박근혜 전 대통령도 경제민주화 담론

〈그림 4-1〉 대통령 언급 기사 중 주요 단어 사용 비율

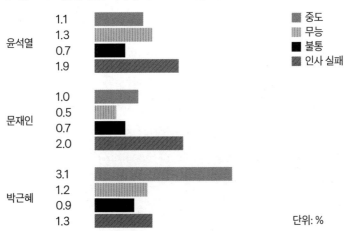

자료: 한국언론진흥재단 '빅카인즈'

경쟁에서 주도권을 가지려 노력했다. 박 전 대통령 취임 후 63일 동안 그를 언급한 기사 중 3.1%에서 '중도'라는 단어가 쓰인 이유다. 집권 연합의 주축인 블루칼라·자영업자·노인·주부의 지지를 이끌어내기 위한 전략이기도 했다. 또 앞서 보인 인지적 비당파층은 대개 한국 정치에서 중도로 호명되곤 한다.

윤 대통령은 이들과 다르게 대결적인 정치 구도를 짰다. 그는 취임 이후 주요 유권자 집단이 반응할 만한 정책 의제를 던지지 않았다. 호남의 경우 지역 발전 의지는 표명했지만, 구체적인 개발 계획이나 예산 투입 방안을 내놓지 않았다. 장관 중 호남 출신은 이전에 서울 출신으로 소개됐던 이상민 행정안전부 장관뿐이다. '여성가족부 폐지' 일곱 글자 공약을 물리는 과정에서 20대 남성의 마음을 잡기 위한 다른 정책도 눈에 띄지 않았다. 비판적 지지층일 고령자나 영남 지역을 겨냥한 의제가 부재한 것도 마찬가지다. 63일간의 기사 중 '무능'이란 단어의 사용 비율(1.3%)은 박 전 대통령(1.2%)보다 살짝 많았다. '불통'(0.7%)이나 '인사 실패'(1.9%)도 전임자들과 엇비슷한 수준이다. 지지율 하락은 정무적인 세련됨이 부족해서가 아니라 지지 연합을 유지하려는 노력이 없었던 것의 귀결에 가까워 보인다.

이러한 상황에 몰리자 대통령실은 2022년 11월을 전후해 주된 메시지 기조를 바꾸었다. 먼저 화물연대·건설노조에 강경 대응하고 노동조합 회계를 문제 삼으면서 대통령실의 노동 개혁 의제를 '노조 대 국민' 구도로 바꾸려 했다. "은행은 공공재"(2023년 1월 30일 금융위원회 신년 업무보고)라고 말하면서 은행과 통신사의 독점을 문제 삼고 '독과점 기업 대 소비자'의 구도를 띄우기 위해 노력했다. 전통적으로 이견 없이 지지율을 올릴 수 있는 수단인 수출 세일즈 등 경제 살리기도 부각했다. 또 매일 출근길에 기자들과 만나 직접 발언하고 질의응답을 갖는 도어 스테핑door-stepping을 중단해 메시지 발화 과정에서 잡음을 없앴다. 이러한 기조 변화로 20%대까지 내려갔던 대통령 지지율을 어느 정도 끌어올리는 데 성공했다. 하지만 본질적인 지지 연합 확장에 적합한 전략은 아니었다. '적'과 '아군'을 나누어 전선을 그은 뒤, 흩어진 지지층을 규합하는 정도의 효과만을 거두었을 뿐이다.

국민의힘도 중도를 버리다시피 한 것은 매한가지였다. 국민의힘 최고위원회(2022년 3월~4월)의 모두발언에서 언급된 주요 단어들을 분석한 결과[11]는 이를 단적으로 보여준다. '민주당'(449회)이 가장 많이 사용되었고, 그다음은 '이재명'(240회), '북한'(164회), '문재인'(145회)순이었다. '민생'(94회)은 언급은 되었어도 구체적 내용을 갖춘 경우는 거의 없었고, '일자리'(2회), '출산'(5회), '연금 개혁'(6회), '청년'(6회)은 언급 자체가 드물었다. 문재인 전 대통령과 민주당 반대 그리고 반공·반북 슬로건만이 보수 정치의 콘텐츠였던 셈이다. 2022년 하반기부터 국민의힘과 윤 대통령의 지지율은 각각 30% 초반에서 등락했다. 보수가 가장 바닥을 찍었던 2017년 대선에서 홍준표 자유한국당 후보(24.0%)와 유승민 바른정당 후보(6.8%)의 지지율을 합친 수준(30.8%)에 머무른 셈이다.

쇠락한 안보 보수, 붕 떠 있는 시장 보수

보수도 나름 '혁신'이 필요하다고 주장한다. 하지만 인물, 이데올로기, 전략이 없는 진공 상태, 민주당과 비견할 만한 아노미(무질서한 혼돈 상태)에서 좀처럼 벗어나지 못하는 데에는 구조적 원인이 있다. 한마디로 말하면 박정희, 반공·반북, 영남으로 요약할 수 있는 전통적 보수가 퇴조한 가운데 경제 문제에 집중하는 새로운 보수가 좀처럼 자리 잡지 못하기 때문이다. 전자를 '안보 보수', 후자를 '시장 보수'라고 규정할 수 있는데, 따지고 보면 권성동·장제원 의원 등 '윤핵관'과 이준석 전 대표 등은 모두 시장 보수에 속한다. 각각 이명박계와 바른정당(개혁보수 성향) 출신이기 때문이다. 그런데 시장 보수 내부에서 전국적인 지명도와 지지세를 확보하고 이를 바탕으로 당을 이끌어갈 인물이 없다. 수도권의 고학력·고소득 집단을 상대로 소구력이 낮은 데다, 전통적으로 보수를 지지하던 자영업자나 블루칼라 노동자에게 정치적 대안이 되지 못하기 때문이다.

보수 지지층을 관통하는 정체성이 있다면 반공·반북이다. 또 박정희 전 대통령에 대한 긍정적 평가, 즉 산업화를 높게 평가하는 것도 보수 지지층의 정서다. 정부의 재분배 정책 등 경제 문제에서는 보수와 더불어민주당 지지층의 차이가 크지 않다. 20~30대에선 약간의 차이가 있지만, 40대 이상에선 연령층이 높아질수록 수렴한다. 그런데 이 전통적 보수는 몇 년 전부터 세력을 잃어갔다.

역대 대통령 업적을 점수로 물어본 설문조사의 2005년과

■ 2005년
■ 2020년

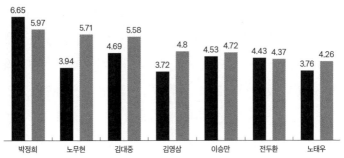

자료: 동아시아연구원

2020년 결과[12]를 살펴보자(〈그림 4-2〉 참조). 박정희 전 대통령에 대한 평가(2005년 6.65점→2020년 5.97점)는 하락한 반면, 노무현 전 대통령(3.94점→5.71점)과 김대중 전 대통령(4.69점→5.58점)은 올랐다. 전국적으로는 여전히 박 전 대통령(5.97점)이 가장 높지만, 서울로만 한정해서 보면(2020년 기준) 김 전 대통령(5.65점)이 가장 높고 노 전 대통령(5.64점)과 박 전 대통령(5.57점)순이다.

반공·반북도 마찬가지다. 2018년 6월 트럼프 당시 미국 대통령과 김정은 북한 국무위원장의 정상회담에 대한 평가를 묻는 한국갤럽 조사에서 60대 이상 고령자 58%가 긍정적으로 평가한 반면, 부정평가는 16%에 불과했다. 박정희 대통령은 산업화와 낙수효과 그리고 반공의 정치적 상징이었는데, 이에 대한 상징이 힘을 잃어가는 양상이다.

이런 상황에서 안보 보수와 시장 보수의 분화가 발생했다.

2017년 대선에서 홍준표 후보(자유한국당)와 유승민 후보(바른정당) 지지층을 분석한 자료13를 보면, 유 후보 지지층에서 박정희 전 대통령 선호도와 사드THAAD(고고도 미사일 방어 체계) 배치에 찬성하는 비율이 홍 후보 지지층에 견줘 현격히 낮았다. 유 후보 지지층 중에는 20~30대 젊은 층이나 월소득 300만~499만 원의 중산층 비중이 높았다. 이러한 결과에 대해 강원택 서울대 교수 등은 2016~2017년 선거를 거치면서 전통적 보수 가치를 중요치 않게 생각하는 새로운 보수 유권자의 등장이 명확해졌다고 분석한다.

문제는 시장 보수의 낮은 경쟁력이다. 잠재적 지지층일 수도권 유권자에게 외면받는 데서 잘 드러난다. 국민의힘 계열 보수정당의 재선 이상 의원 지역구 추이를 보면 수도권 의원의 비중은 계속 줄어든다(18대 2008년 총선 51.0%→19대 2012년 33.9%→20대 2016년 35.1%→21대 2020년 18.4%). 2017년 대선 당시 유승민 후보의 수도권 득표율(7.0%)은 전국 득표율(6.8%)과 거의 차이가 없었다.

시장 보수의 지지율이 낮은 근본적인 원인은 보수의 주된 지지 기반이 기실 사회경제적 약자들이기 때문이다. 특히 대졸 화이트칼라 유권자 비율이 높은 수도권에서는 그러하다. 하지만 요즘 보수는 이전보다 훨씬 고소득자나 자산 보유자 위주 정책을 내놓고 있다. 보수 진영을 이끌어가는 집단과 투표장에서 숫자로 힘을 발휘하는 집단 간의 괴리가 심해지는 모습이다. 2022년 7월 윤석열 정부가 발표한 청년층 채무조정 방안이 대표적 사례다. 정부는 "주식, 가상자산 등 청년 자산투자자의 투자 손실 확대"를 도입 배경이라 밝혔다. 어느 정도 자금 여유가 되는 중산층 자녀를 위한 것처럼 포장했다. 그런데 채무조정은 일자리를 잃거나 소득이 낮은 취약계층이 주로 이용한다. 신용회복위원회가 2021년 채무조정을 받은 청년들의 연체 발생 사유를 집계한 자료를 보면 '생계비 지출 증가'(30.0%)가 가장 많았고 그다음이 실직(21.3%), 금융비용 증가(12.9%), 근로소득 감소(12.7%)순이었다. 가난한 청년들이 주된 수혜를 입는 정책에서조차 '빚투'(빚내서 투자)나 '영끌'(영혼까지 끌어모을 정도로 잔뜩 빚을 짐)에 나설 만한 여유 있는 청년들을 타깃으로 삼는 행태다.

2019년의 한 조사[14]에 따르면, 바른미래당(바른정당의 후신) 당원이 자유한국당 당원보다 저소득층 복지, 고소득자 과세, 고등학교 무상교육 등 경제 이슈에서 더 부정적인 입장이었다. 그런데 정작 수도권에 거주하고, 유명 대학을 나와 대기업에서 일하는 중상위층은 보수정당을 외면한다. MBC 기자였던 고 이용마 씨가 1997~2012년 계층별 정치 성향 변화를 분석한 논문[15]에서는 사무직·전문직·공무원 등 신중산층이 강력한 민주당 지지층으로 변화했음이 나타났다. 여러 자료가 보여주듯 수도권의 보수 지지층은 자영업자, 블루칼라, 주부, 저소득층이 주력이다. 이들을 위한 정책을 펴지 않는 보수 세력이나 정치인은 수도권에서 지지를 얻기 어렵다.

한국의 사회복지 강화와 그에 따른 노동시장 변화도 시장 보수에 우호적이지 않았다. 2008년 세계 금융위기 이후 노동시장의 특징 중 하나는 사회복지 일자리의 폭발적 증가다. 2008년부터 2016년까지 '보건업 및 사회복지'(산업 대분류 기준) 취업자는 100만 명 이상(85.1만 명→186.1만) 늘었다. 전체 취업자 증가의 38.3%에 해당하고, 제조업 취업자 증가(51.6만)의 두 배 수준이다. 2008년 시행된 노인장기요양보험과 2012년 어린이집 누리과정 등 여러 사회복지 서비스가 도입되었기 때문이다. 늘어난 관련 일자리는 중장년 여성에게 집중적으로 돌아갔다. 그 결과 주소득자인 남성이 민간에서 일하고 부소득자인 여성이 공공부문에서 일하는 가계가 대거 나타났다. 이들은 복지 확대에 더 긍정적으로 반응할 것으로, 다시 말해 전통적인 시장주의적 보수에서 이탈하리라고 보는 게 타당할 것이다. 한 자료에 따르면 세금은 내기 싫지만 복지 확대를 원하는 '비용 회피적 복지 지지자'도 늘어났다(2010년 37.1%→2016년 43.3%).[16]

시군구별 보수정당 득표율 변화를 분석한 결과도 사회복지 일자리 증가가 보수정당 지지율을 떨어뜨렸다는 것을 시사한다. 고용보험 가입자 중 '사회복지 서비스' 종사자 증가율(2009~2016년)과 총선(2008년과 2016년)에서 보수정당(한나라당·자유선진당·친박연

〈그림 4-3〉 사회복지 일자리 증감과 보수정당 득표율의 관계

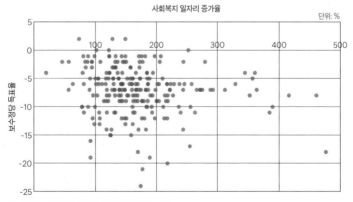

주: 사회복지 일자리는 2009~2016년 고용보험 자료

대·새누리당)의 비례대표 득표율 변화를 산포도로 그리면 〈그림 4-3〉과 같다. 투표 참여 자체가 정치적 의사 표현이기 때문에 득표율의 분모로는 유권자 수를 사용했다. 사회복지 일자리가 더 많이 늘어난 곳에서 보수정당 득표율이 더 떨어지는 경향이 관찰된다. 꽤 거친 방법이지만 두 변수만 가지고 회귀분석을 했을 때 사회복지 일자리가 100% 늘어나면 보수정당 득표율이 0.9% 하락(유의수준 5%)하는 것으로 나타났다. 두 값 사이에 인과관계가 있다고 주장하려면 추가 분석이 필요하지만, 사회복지 확대가 노동시장을 통해 정치 성향에 영향을 주었음을 짐작하는 데는 무리가 없어 보인다.

자영업자의 퇴조도 보수 입장에서 불리하다. 취업자 중 자영업자(무급가족종사자 포함) 비중은 계속 줄어들고 있다(2008년 31.2%→2016년 25.5%→2021년 23.9%). 한편 취업자 중 대졸 이상 비중도 같은 기간 늘어났다(전국 36.9%→44.7%, 서울 45.0%→54.1%). 자영업자가 감소하면서 시장 상인을 근간으로 하는 보수의 '골목길 정치' 능력은 약화했고, 반면 대도시에서 기존 보수 가치에 공감하지 않는 고학력 화이트칼라 노동자 비중은 늘어난 것이다.

보수정당 지지층을 아주 단순화시켜 표현하자면 서울 강남 3구(서초구·강남구·송파구)에 사는 자산가들이 주가 되고 60대 이상 고령층과 영남 지역 거주자들이 결합한 형태라 할 수 있다. 그리고 자영업자, 주부, 블루칼라 노동자들이 지지층의 외연을 구성한다. 여기에 20~30대, 특히 남성들이 2022년 선거에서 새로 지지층에 편입됐다. 20~30대를 제외한 나머지 집단을 묶어주던 것은 먹고사는 문제를 해결했던 전통적인 엘리트 집단에 대한 믿음과 반공·반북 이데올로기다. 두 '접착제' 모두 박근혜 전 대통령 탄핵을 계기로 효과를 상실했다. 그리고 '새로운 보수'를 주창하는 인물들은 자유나 공정 같은 단어를 쓰면서 사회경제적 강자에게 더 유리한 가치관을 거리낌 없이 드러낸다. 그들이 실제 전국 단위 선거에서 경쟁력이 없는 이유다.

70년대생은 '윤석열 극혐', 80년대생은 '비판적 지지'를 했던 이유

서울의 한 대형병원에서 일하는 40대 초반의 여성 김 아무개 씨는 2022년 대선에서 처음으로 민주당 후보를 찍었다. 그 전에는 줄곧 보수정당에 투표했다. 결정적인 계기는 윤석열 후보의 주 52시간 근무제 관련 발언("주 52시간은 실패한 정책", "게임 하나 개발하려면 한 주에 52시간이 아니라 일주일에 120시간이라도 바짝 일하고")이었다. 노동 시간 단축으로 불필요한 야근과 특근이 줄어 숨통이 트인 상황에서, 윤 당선자의 발언은 용납할 수 없었다. 김 씨는 결혼 7년 차로 서울 강동구 아파트에서 자가로 살고 있다.

김 씨의 투표 행태는 40대(주로 1970년대생)의 강고한 민주당 지지와 보수 '극혐'(극렬하게 혐오함) 정서 상당수가 경제적 이해관계에 기반하고 있음을 보여준다. 특히 30대(주로 1980년대생)의 민주당 이탈과 대비했을 때 이들 연령 집단의 높은 충성도는 세대론적 접근이 전제하는 문화적 특성이나 역사 특수적인 경험만 가지고 설명할 수 없다.

방송 3사의 20대 대선 출구조사에서 40대의 이재명 민주당 후보 지지율 추정치(60.5%)는 50대(52.4%)보다 8.1%포인트 높았다. 반면 30대로 가면 이 후보 지지율(46.3%)은 떨어지고 반대로 윤 후보 지지율(48.1%)이 껑충 뛴다. 한 조사에 따르면, 2020년 총선에서 민주당계 비례위성정당인 더불어시민당에 투표한 사람 가운데 29%가 이번 대선에서 민주당을 이탈했다. 세대별로 보면 "40대 이상 민주당 지지층에서는 잔류 성향이 강했고 2030 세대에서는 이탈 성향이 강했다."[17] 실제 이탈자의 절반이 20~30대였다. 2012년 대선에서 (지금의 30대와 40대인) 당시 20대와 30대의 문재인 후보 지지율은 각각 65.8%, 66.5%였다.

실제로 30대와 40대가 노동시장, 자산시장, 사회복지 등에서 처한 상황은 사뭇 다르다. 문재인 정부 정책을 바라보는 시각도 달라질 수밖에 없다. 먼저 노동시장부터 살펴보자. 글로벌 금융위기 이후 '번듯한 일자리'로 간주되는 대기업 정규직 채용이 급격히 감소했다. 대졸자 직업능력이동조사에서 서울 4년제 대학 졸업자의 초임(1년 뒤 월 급여)은 2008년(258만 원)[18] 대비 2016년(244만 원)에 5.4%가 줄었다. 같은 기간 전체 근로자의 임금은 14.7% 늘었다.[19] 전반적인 임금 수준이 올랐음에도 대졸자 초임이 줄어든 이유는 그만큼 고임금 일자리에서 채용을 줄였기 때문으로 볼 수 있다.

그 결과 오늘날 다수 대기업의 인력 구조는 40대 이상이 많은 항아리형이다. 금융업이 대표적이다. 금융연구원에 따르면 2011년에서 2020년 사이 은행 직원 중 20~30대의 비율은 줄고 40~50대의 비율은 늘어났다(20~30대 54.2%→48.9%, 40~50대

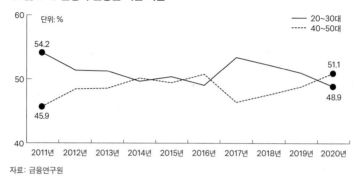

〈그림 4-4〉 은행의 연령별 직원 비율

자료: 금융연구원

45.9%→51.1%, 〈그림 4-4〉 참조).[20] 보험회사의 경우에는 같은 기간 20~30대 비중이 더 많이 줄었다(62.6%→45.7%). 〈중앙일보〉는 2020년 1월 한 기사에서 전체 직원(897명) 중 부장(209명)이 대리(132명)보다 60%가량 더 많은 한 대기업 계열사를 소개했다. 상용직을 연령별로 분석해도 40대의 비중이 가장 높다.[21]

정부 정책을 체감할 수 있는 대표적인 경로인 복지도 40대가 받는 혜택이 30대보다 훨씬 많다. 보육과 관련한 각종 현물 지원 때문이다. 연령별 사회복지 편익을 분석한 한국보건사회연구원의 보고서에 따르면 고령자를 제외했을 때 37~48세 집단이 가장 많은 혜택을 받는 것으로 드러났다(〈그림 4-5〉 참조).[22] 세금 부담은 비슷했다.

보육을 비롯한 가족 분야의 복지 지출은 노무현 정부 이후 급격히 규모가 커졌다. 또 민주당은 무상급식 주민투표(2011년)나 유치원 3법(유아교육법, 사립학교법, 학교급식법) 개정안(2018~2020년) 등 관련 의제를 집중적으로 발굴했다. 문재인 정부도 아동수당제

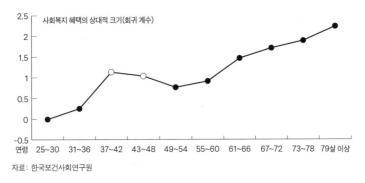

〈그림 4-5〉 연령별 사회복지 혜택의 추이

사회복지 혜택의 상대적 크기(회귀 계수)

연령   25~30   31~36   37~42   43~48   49~54   55~60   61~66   67~72   73~78   79살 이상

자료: 한국보건사회연구원

도입, 온종일 돌봄 체계 구축, 초중고 무상교육을 주된 치적으로
내세운다. 그런데 그 혜택은 40대 유자녀 기혼자에게 집중된다.
30대의 경우 남성 미혼율이 높아지는(2010년 38.4%→2020년 51.8%)
등 미혼자 또는 무자녀 기혼자가 주류에 가깝다. 40대의 경우에
는 40~44살 여성 중 유자녀 기혼자 비율이 하락(91.5%→80.0%)했
지만 여전히 '정상 가족'이 주를 이룬다.

　　주거 격차도 빼놓을 수 없다. 1970년대생까지는 그럭저럭 생
애주기에 따른 주거 상향 이동이 가능했다. 하지만 1980년대생에
게 주거 상향 이동, 특히 '내 집 마련'은 물려받을 자산이 있거나
전문직 등 고소득자가 아니면 언감생심이 된다. 2020년 출생연도
에 따른 주거 상황을 분석한 〈그림 4-6〉에 따르면, 자가 거주 비
율은 1981년생(54.5%)을 기점으로 이후 연도 출생자들에게서 급
격히 하락했고, 대신 월세 거주가 늘어났다. 1986년생의 경우 열
명 중 세 명이 월세 임차인이다. 다주택자 비율은 1980년생(9.9%)
까지 10% 안팎을 유지했다. 하지만 1983년생은 5.9%로 뚝 떨어

자료: 주거실태조사 마이크로데이터

졌다. 1980년대 중반에 태어난 이들 입장에서 문재인 정부 5년은 무언가 '절벽이 무너져 내리는 느낌'을 갖게 되는 시기였다. 40대는 전세를 끼고 주택을 매입하는 '갭 투자'를 비롯해 자산 증식 기회가 있었던 것과 분명히 다른 경제적 이해관계를 갖게 된 셈이다. 또 결혼하지 않은 30대가 급격히 증가한 원인 중 하나는 주거 사다리의 붕괴일 것이다. 1980년대생부터 '내 집'뿐만 아니라 안정적인 생활 기반을 갖는 게 어려워졌다.

결국 40대의 압도적 보수 혐오는 한동안 지속할 가능성이 크다. 노동시장, 복지 정책, 자산시장 등에서 여러 요인이 중첩돼 있기 때문이다. 그렇다고 30대가 확고한 국민의힘 지지를 보이는 것도 아니다. 다만 30대의 낮은 혼인율과 주거 사다리 붕괴는 그들이 높은 사회경제적 불만을 가진 연령 집단임을 시사한다. 문재인 정권에 대한 심판 정서로 투표를 한 그들은 윤석열 정부에 대해 비판적 지지의 입장을 취하고 있다고 보아야 할 것이다.

〈신동아〉는 2022년 6월 "노무현 키드 20%, 윤석열로 잠시 이탈하다"[23]라는 제목의 기사에서 민주당을 이탈한 1980년대생들을 조명했다. 기사는 문화산업 분야에서 일하고 갓 결혼한 1985년생 김아영 씨를 인터뷰했다. 김 씨는 "주위에 있는 1960~70년대생들은 꽤 풍요로운 삶을 영위하고 있다는 인상이 든다. 나이가 들면 나도 그런 삶을 영위하게 될까 생각해보는데, 내가 그때 갖고 있을 자산이 그들보다 훨씬 적을 것 같다. 그런 윗세대의 상당수가 민주당 지지 성향이 강하고 이를 어필하지만, 진보적으로 살지 못한다면 '진보팔이'일 뿐이다"라고 말했다. 1970년대생과 1980년대생의 세계관이 왜 갈라지는지 극명히 보여주는 발언이다.

문제는 윤석열 정부 그리고 보수 진영이 두 연령 집단의 마음을 돌리거나, 최소한 중립적인 포지션을 취하게 할 정책을 펴지 않았고 펼 수도 없다는 것이다. 학력 수준이 높고 사회 활동이 왕성한 데다 정치적 동원에 익숙한 40대를 방치할 경우 안정적 국정 운영은 어렵다. 30대가 이탈해, 다시 반보수 입장에서 활동하기 시작하면 20대 남성 일부와 고령자들만 가지고 선거를 치러야 한다. 그런데 윤석열 정부의 노동 정책은 40~50대 상용직의 이해관계를 정면으로 거스르고, 큰 영향력을 가질 만한 복지나 사회 정책 의제도 보이지 않는다. 30대 대상 정책도 마찬가지다.

표피적인 젠더 이슈만 조명되면서 간과되는 사실이지만, 20~30대 남성의 불만의 기저에는 먹고사는 문제가 있다. 2018년 하반기와 2021년 하반기의 25~34살 고용보험 가입자(월평균) 추이를 분석했더니, 이 기간 남성 가입자가 늘어난 정도(8.2만 명, 4.8%)에 비해 여성(14만, 10%)이 더 크게 늘었다. 남성 가입자 감소폭이 큰 산업은 전자부품·컴퓨터·통신장비 제조업(-1.04만 명), 도매 및 상품중개업(-8,900명), 자동차 및 트레일러 제조업(-5,500명) 등이었다. 여성 가입자는 보건업(2.8만 명), 출판업(2.08만 명), 전문서비스업(1.52만 명) 등에서 많이 늘어났다. 20~30대 남성의 정치 정서에 깔린 거대한 '분노'에는 그들이 노동시장 변화의 타격을 집중적으로 받는다는 하부구조가 깔려 있는 셈이다.

2021년 서울시장 재보선에서 오세훈 국민의힘 후보를 선택한 유권자 중, 2017년 대선에서 문재인 민주당 후보를 지지했던 이들을 연령별로 분석[24]하면, 20~30대(38.8%)가 가장 많았고 그다음은 40~50대(32.0%)와 60대 이상(29.3%)이었다. 또 "스윙보터에서 20~30대가 차지하는 비중은 전통적 보수층과 비교해 두 배 이상 많"았다. 상대적으로 자산이 2억 원 미만인 사람들의 비중도 높았다. 결국 20~30대가 보수정당에 등을 돌리고, 40대 다음으로 30대의 반윤석열 정서가 높다는 여론조사 결과까지 나오는 데에는 보수 정치가 '먹고사는 문제'에서 제대로 된 대안을 내놓지 못하기 때문으로 보아야 할 것이다.

엘리트 공무원들의 정치는 왜 '무능'의 늪에 빠졌나

윤석열 정부에 대한 공통된 평가 중 하나는 '일을 못한다'는 것이다. 윤태곤 더모아 정치분석실장은 "전술 역량이 너무 좋지 않다"라며 "노동 개혁, 연금 개혁, 교육 개혁, 글로벌 공급망 재편 등 큰 틀의 '전략'은 크게 문제가 될 만한 상황은 아니다. 하지만 계획을 짜고 실행하는 능력이 뒤떨어져 정치적 기반을 무너뜨리고 있다"고 말했다. 그는 "문재인 정부가 비정규직의 정규직화 등 찬반이 확 갈리는 의제를 채택하면서도 이를 실행하는 능력이 두드러졌던 것과 크게 대비된다"고 덧붙였다.

2022년 하반기 대통령 지지율이 급락했을 때 그 주된 이유로 무능함을 드는 경우가 늘었다. 한국갤럽의 주간 정례 조사에서 응답자들이 '대통령 부정평가'의 이유로 '경험·자질 부족과 무능함'을 거론한 비중은 계속 증가했었다(7월 8.8%→8월 10.4%→9~10월 12.6%).[25] 아예 '전반적으로 잘못한다'고 한 응답자도 같은 기간 늘어났다(3.5%→5.2%→8.0%).

아이러니하게도 윤석열 대통령은 자신의 인사 원칙에 대해 '능력'을 앞세워 왔다. "국가와 전체 국민을 위해 해당 분야를 가장 잘 맡아서 이끌어줄 분인가에 기준을 뒀다"라며 "저는 선거운동 과정부터 할당이나 안배는 하지 않겠다"고 말했다. 서울대 등을 졸업하고 미국 명문대 유학을 다녀온, 해당 업계에서 화려한 경력을 쌓은 이들이라는 설명이 윤석열 정부의 인사 발표에 늘 따라붙는다. 하지만 그렇게 '똑똑한 개인'들은 대부분 정치적으로 무능한 모습만 보인다.

이를 살펴보려 2022년 10월 현재 대통령실(국가안보실·경호처 제외) 비서관 이상 고위직의 인적 구성을 분석해봤다. 대통령실이 어느 정도 '인적 쇄신'을 한 이후 시점이다. 전직 3명을 포함해 대통령실 비서관 이상 고위직은 총 50명이다. 이 가운데 검찰 출

신(6명)과 정치인(13명)이 많고, '뉴라이트전국연합' 활동 이외에
는 정계 이력이 없는 2명과 트레이더 출신 연설비서관 1명도 넓
은 범위의 정치인이라 할 수 있다. 교수·연구원 출신은 2명에 불
과하다. 안상훈 사회수석(전 서울대 사회복지학과 교수)은 최상목 경제
수석(전 기획재정부 1차관)과 정책 영역을 양분해, 각 부처 과장 출신
인 비서관들을 통솔한다. 현직 공무원 비중은 32%(16명)다. 이 가
운데 출신 지역이 확인된 13명을 지역별로 분류해봤더니 영남 출
신이 8명을 차지했다. '능력만 봤다'고 평가하긴 어렵다.

대통령실의 조직 구성을 요약하자면 인사는 검찰 출신이 주
를 이루는 내부자 집단이, 정책은 기획재정부 전직 관료(경제 분야)
나 친분 있는 사람(사회·안보 분야)들이, 자잘한 정무는 국민의힘 출
신 정치인이 맡는 구조다. 정무, 홍보, 기획 등에서 필수적인 기능
은 외부 전문가를 써서 해결한다. 정무 분야 참모 중 '윤핵관'(윤
석열 핵심 관계자)이라 불릴 정도로 대통령과 가까운 사람은 한오섭
국정상황실장 정도다.

박근혜 정부의 경우 대통령 취임 6개월 시점에 대통령비서
실 고위직 49명 중 정치인은 9명에 불과했다. 박근혜 전 대통령
의 의원 시절 비서관들은 총무비서관과 부속비서관 등의 직책을
맡았는데, 공식적인 인사권까지 틀어쥐진 않았다. 성균관대 교수
출신인 유민봉 국정기획수석 등 외부 전문가 집단의 영향력도 상
당했다. 전직 고위 관료도 기재부가 아니라 보건복지부, 외교부,
문화부 출신이었다. 현직 공무원에 대한 지역 안배도 나름 충실
했다. 〈그림 4-7〉과 같이 박근혜 정부와 윤석열 정부의 인적 구성
을 비교하면 꽤 차이가 난다.

<그림 4-7> 윤석열 정부와 박근혜 정부의 대통령실 고위직 구성

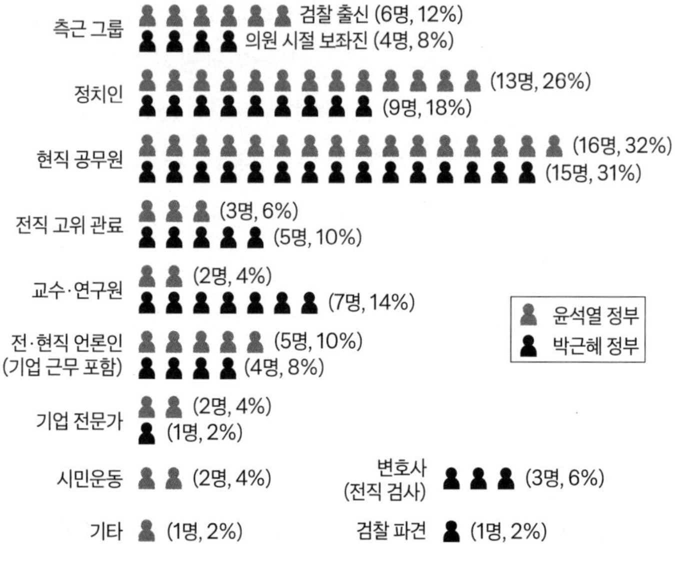

측근 그룹	👤👤👤👤👤 검찰 출신 (6명, 12%) 👤👤👤👤 의원 시절 보좌진 (4명, 8%)
정치인	👤👤👤👤👤👤👤👤👤👤👤👤👤 (13명, 26%) 👤👤👤👤👤👤👤👤👤 (9명, 18%)
현직 공무원	👤👤👤👤👤👤👤👤👤👤👤👤👤👤👤👤 (16명, 32%) 👤👤👤👤👤👤👤👤👤👤👤👤👤👤👤 (15명, 31%)
전직 고위 관료	👤👤👤 (3명, 6%) 👤👤👤👤👤 (5명, 10%)
교수·연구원	👤👤 (2명, 4%) 👤👤👤👤👤👤👤 (7명, 14%)
전·현직 언론인 (기업 근무 포함)	👤👤👤👤👤 (5명, 10%) 👤👤👤👤 (4명, 8%)
기업 전문가	👤👤 (2명, 4%) 👤 (1명, 2%)
시민운동	👤👤 (2명, 4%)
기타	👤 (1명, 2%)

👤 윤석열 정부
👤 박근혜 정부

변호사
(전직 검사) 👤👤👤 (3명, 6%)

검찰 파견 👤 (1명, 2%)

주: 대통령실 비서관 이상 고위직 대상(윤석열 정부는 2022년 10월 20일 기준 50명, 박근혜 정부는 임기 6개월 시점 49명)

　

이렇게 차이가 나는 근본적인 이유는 윤석열 대통령과 그와 함께하는 집단이 정치권 외부에서 들어왔다는 데 있다. 기업에 비유하자면, 윤석열 대통령은 벼락같이 빠른 속도로 성장한 스타트업 창업자다. 윤석열 대통령이 대선 출마를 선언하기 직전인 2021년 4~6월 당시 창업 멤버들(이원모 인사비서관·주진우 법률비서관 등)은 대부분 ㈜윤석열(대통령실)에 자리를 잡고 있었다. '스케일업scale-up'이라 불리는 스타트업 성장 과정의 핵심 과제 중 하나는 덩치에 걸맞은 인사관리 시스템과 조직 구조를 갖추는 것이다.

　　　　　　　　　　　　　4장　무능의 아이콘 윤석열 정부

윤석열 정부의 과제도 인사와 조직 혁신이지만, 스타트업과 다르게 쉽지 않다는 게 문제다. 기업은 전문가를 영입하고 실권을 위임하는 방식으로 문제를 해결한다. 지분을 가진 대주주가 뜻하는 대로 인력 정리가 가능한 데다 투자자도 전문가 영입을 권하기 때문이다. 하지만 '통치 연합' 내부의 엘리트를 상대로 대통령이 일방적으로 인사권을 휘두르기란 어렵다.

창업 멤버들의 다양성이 떨어지는 것도 문제다. 실리콘밸리의 스타트업 170곳을 분석한 결과[26]를 보면, 창업자들이 다른 회사 출신이면 새로운 제품이나 사업모델을 만드는 '탐구exploration' 전략을, 같은 회사 출신이면 기존 제품이나 사업모델을 개선하거나 효율화하는 '강화exploitation' 전략을 채택하는 경향이 뚜렷했다. 지나친 동질성은 스타트업이 변화를 꾀하고 새로운 사업 기회를 찾는 데 장애물로 작용할 수 있다는 의미이기도 하다. 윤석열 정부가 현재도 대선 캠페인 당시보다 좀처럼 외연을 확장하지 못하고, 보수 언론마저 '검사스러운 체질을 벗어야 한다'는 조언을 내놓지만 변화가 없는 이유다.

특히 윤석열 정부의 중핵中核이라 할 수 있는 검찰, 정확히 말하면 특수부 출신 집단은 유독 등질적이다. 양상훈 〈조선일보〉 주필은 "오랫동안 전국에서 가장 공부 잘하는 학생들이 검사가 됐다. 이들은 모두 고시라는 같은 제도 출신이다. 그 뒤 사법연수원에서 학교 동문 버금가는 동질감을 키운다. 출신 대학마저 대부분 같다"[27]고 지적한다. 나아가 양 주필은 "특별 수사(특수)라는 이른바 성골 그룹이 따로 있다"라며 "한 대학, 한 고시, 한 사법연수원, 한 검찰이라는 동질 집단 속에서 다시 특수통이란 인연으로 묶이면 그 의식 세계가 어떨지 짐작할 수 있다"고 썼다.

윤석열 정부 출범(2022년 5월) 이후 2023년까지 검찰 출신은 계속 세를 불려왔다. 〈한겨레〉는 2023년 3월 "대통령실, 국무총리실, 국가정보원, 법무부, 금융감독원, 국민권익위원회, 국가보훈처 등 20여 개 기관"에서 "각 부처에 파견된 현직 검사를 포함하면, 최소 70여 명"[28]이 있다고 지적했다. 검사 출신으로 따로 정치에 입문한 사람이 아닌 경우 윤 대통령과 '근무연'(함께 근무하며 쌓은 인연)[29]으로 엮인 경우가 다수였다.

현재 조직 구조에서 '관료적인 성실성'은 나올 수 있어도 '정치적인 창의성'은 나오기 어렵다. 주어진 일을 매끄럽게 처리할 수는 있어도 창의적으로 전략을 짜고 정부와 정치권을 아우르는 캠페인을 전개할 수 없다. 흔히 고위 공무원들이 특정 정권에서 잘나가는 방법 중 하나는 대통령실이 필요한 정책 아이디어를 내는 것이다. 하지만 공무원이 내놓는 기획은 대통령실이 필요한 정치적 여건을 조성하거나, 복잡한 이해관계 속에서 갈등 상황을 해결할 만한 비전을 제시할 수 없다는 특징이 있다.

끼리끼리 모여 권력을 나누다 보니 '인사이더'에게 너무나 쉽고 편한 조직이라는 것도 문제다. 2022년 하반기 대통령실 행정관을 대상으로 한 대규모 '인적 쇄신'은 이원모 인사비서관의 부인 신 아무개 씨가 공식 직책 없이 전용기를 타고 북대서양조약기구NATO 순방에 동행한 사실이 알려진 '보안 사고'[30]가 도화선이 됐다. 법조계에 따르면 윤 대통령과 주진우 법률비서관이 검찰 재직 시절 이원모 비서관과 신 씨가 만나는 데 다리 역할을 했다. 또 신 씨는 김건희 여사와 예전부터 친분이 있었다고 한다. 외교·안보 분야에서 브레인 역할을 하는 김태효 국가안보실 1차장은 윤 대통령 사저가 있는 서초동 아크로비스타에 살면서 취임 이전부터 수시로 대통령을 만난 것으로 알려졌다. 대표적인 고위직 인사 논란도 대개 이 인사이더 집단에서 발생했다. 2023년 2월 이태원 참사 대응 문제로 국회 탄핵을 당한 이상민 행정안전부 장관(윤 대통령의 고교·대학 후배), 비슷한 시기 국가수사본부장으로 임명됐으나 아들이 심각한 학교 폭력을 저질렀음에도 반성하는 모습은 보이지 않고 도리어 소송전을 벌인 정순신 변호사(전 대검 찰청 부대변인) 등이다.

대통령실이 인적 쇄신 이후 교체 투입한 인원 중 상당수는 변호사다. 〈경향신문〉이 전자관보를 통해 확보한 선임행정관 및 행정관 84명의 명단을 보면 16.7%(14명)가 변호사 출신이다.[31] 직업공무원까지 '업무 능력 부족'을 이유로 대통령실에서 대규모 정리해고를 당하는 와중에 기재부 출신 행정관은 모두 자리를 보전했다. 이러한 조직이 제대로 굴러갈 수 있을지 고개가 갸웃거려질 수밖에 없다.

미국 정치학자 리처드 뉴스타트는 《대통령 권력》이란 책에서 "대통령의 잠재적 영향력을 가장 크게 위협하는 것은 대통령이 오늘 보인 무능함이 아니라 어제와 지난달 그리고 작년에 일어난 일과 오늘 보인 무능함 사이에 명백한 유사점이 존재하는 것"이라고 지적했다. "대통령의 실수가 일정한 유형을 이루는 것처럼 보이면 다음번에 그의 효율성에 대한 신뢰를 잃어버리는 결과가 초래되기 때문"[32]이다. 윤석열 정부의 '무능'이 안고 있는 가장 큰 문제는, 대통령을 중심으로 한 핵심 엘리트 집단의 충원 구조를 바꿀 수 없다는 점이다. 그 점에서 정당을 거치지 않고 성장한 대통령의 한 극단적인 사례를 목도하고 있는 셈이다. 부유하고 잘 교육받은, 서울대 출신의 잘나가는 법조인이나 검찰·기재부 관료들이 직접 최고위 의사 결정권을 쥐었을 때 그들이 복잡다단한 이해관계와 이데올로기가 얽혀 있는 한국 사회의 문제를 해결할 수 없다는 점도 시사한다.

대중정당을 지향하지만 인물·조직·이데올로기는 의문

국민의힘의 당원 수는 계속 늘어나고 있다. 선거관리위원회에 따르면, 새누리당 시절인 2013년 19만 명에 불과하던 당비 납부 당원은 2020년 34.7만 명으로 82.6% 늘었다.[33] '이준석 돌풍'과 대선 및 지선 경선이 겹쳤던 2021년에는 60.9만 명으로 폭증했다. 2023년 3월 전당대회 책임당원(당비를 3개월 이상 납부한 당원)은 78만 6,800명을 넘었다. 보수정당의 대중정당으로의 변화는 문재인 정부 시기 꾸준히 지속되었던 셈이다.

2023년 전당대회에서 대의원(8,900명)과 일반당원(4만 3,800명)을 합친 84만 명의 연령별·지역별 구성을 살펴봐도 민주당과 유사한 대중정당으로 바뀌고 있음이 잘 드러난다. 수도권(37.8%)이 가장 많았는데, 2021년(32.3%) 대비 5.6%포인트가 늘었다.[34] 대신 영남권(51.3%→39.7%)은 11.6%포인트 줄었다. 연령별로는 20~30대(18.85%), 40대(14.59%), 50대(25.56%), 60대(29.24%), 70대 이상(12.8%) 등 50대 이상의 비중이 크지만 20~30대도 늘어났다. 지난 몇 년간 보수 지지층의 외연 확대가 당원 구성을 바꾸고 있다는 해석이 가능해 보인다.

하지만 국민의힘 나아가 보수 진영이 제대로 대중을 동원할 수 있는 정당을 구축할 수 있는가는 여전히 미지수다. 이질적인 사회경제적 집단으로 구성된 지지층을 이끌기에는 정치 엘리트 충원 및 성장, 당 조직, 이데올로기, 정책 등 여러 측면에서 문제를 안고 있기 때문이다. 게다가 2022년 선거에서 드러났듯이 보수 정치가 승리하기 위해서는 스윙보터, 또는 비당파 집단을 공략해야 하지만 이들에게 소구력 있는 정당으로 변모할 가능성은 현재로서 높아 보이지 않는다. 정당 안팎의 여건이 대중정당에 걸맞은 실력을 요구하지만, 그 실력의 확보가 어려워 보인다는 데 보수 정치의 문제가 있는 셈이다.

2000년대 이후 보수정당 내부에서 현직 의원의 우위는 줄곧 강화됐다. 2004~2020년 사이 국민의힘 계열 정당이 총선 공천 과정에서 경선을 하면 현역 의원이 승리하는 비율이 84~92%에 달했다. 반면 민주당계 정당은 60~95%였다.[35] 2012년을 제외하면 국민의힘 계열이 민주당계 정당보다 현역 프리미엄이 압도적으로 컸다. "중앙에서는 패권을 장악한 파벌이 전략 및 단수공천을 통해 자파를 유지·강화하는 데 몰두하고, 주류 현역 의원들은 인지도의 이점을 활용해 여론조사 경선에서 안정적인 우위를 확보한 결과"였다.

보수정당에서 '고인물'의 우위가 강화된 이유는 2000년대 민주당의 변화에 발맞춰 진행된 다양한 정치개혁이 결국 기득권 우위 구조를 굳혔기 때문이다. 이른바 1990년대까지 이른바 '3김 시대'가 말 그대로 '제왕적 총재'의 정당이었다면, 이후 보수정당은 지역구에 할거하는 '제후 같은 의원들'의 결사체로 변화했다. 민주당과 달리 보수정당은 적극적인 대중 동원이 존재하지 않았기 때문에 더욱 그러했다. "강한 외부적 충격에 의해 개방성을 대폭 높이면서 공천제도가 '단절적 변화'를 겪긴 했지만, 분권화 수준이 낮은 가운데 당권을 장악한 주류 계파가 제도의 모호성을 이용해 자파에게 유리하도록 제도의 전환을 꾀"했고, 공천제도 변화는 "사실상 '개방으로 포장된 폐쇄성'이 본질에 더 가까운 표현"이라고 할 정도였다.[36] 특히 휴대전화 안심번호를 사용한 여론조사 공천이 법제화된 2015년 이후 현직 우위가 강해졌다.

2000년대 초중반부터 활발히 활동한 오세훈, 원희룡, 나경원 등이 그나마 개혁적이고 여전히 수도권에서 먹힐 만한 대표 정치인으로 꼽히는 이유는 보수정당 내부의 동맥 경화 현상이 심각했었기 때문이다. 보수 엘리트, 특히 중진들은 무기력하다. 노무현 정부 때처럼 대통령이 여당 내 소수자일 때, 여당 내에서 권력 구조를 바꾸기 위한 시도는 필연적이다. 2000년대 초중반 민주당 내에서 천정배·신기남·정동영 등 소장파가 정풍운동을 이끈 것이 대표적이다. 그런데 이른바 윤핵관의 당내 권력 강화는 '천신정'과 달리 명확한 명분이나 당 쇄신 프로그램이 없다. 권성동, 장제원 의원 등은 대선 전만 해도 눈에 띄는 인물들이 아니었다. 보수가 원래 이랬던 건 아니다. 2000년 '남원정'으로 불리던 남경필, 원희룡, 정병국 등 소장파 그룹은 당내 개혁 의제를 주도하면서 정치적으로 급성장했다. 2004년 노무현 전 대통령 탄핵 정국에서 역풍을 맞았을 때 박근혜 당시 비상대책위원장이 주도한 천막당

사 등으로 기사회생하기도 했다.[37]

한편 도전자가 성공하는 길은 인터넷을 통한 지지자 확보가 거의 유일하다. 박근혜 전 대통령 탄핵 직후인 2017년 자유한국당(국민의힘의 전신)은 대선 후보 경선에서 대의원제도를 없애고 당원 선거인단 구성에서 지역별·성별·연령별 인구 비례도 폐지했다. 책임당원들의 투표에 여론조사 결과를 일정 비율로 섞어서 당선자를 정하는 경선 방식은 2023년 당 대표 경선(책임당원 100% 투표) 이전까지 유지됐다. 책임당원 확보 과정에서 지역별·직능별 조직이 중요하긴 하지만 대중적인 인지도 확보를 통해 어느 정도 벌충이 가능해졌다. 정확히 말하면 대중적인 인지도를 쌓는 게 책임당원을 확보하는 전제 조건이 됐다.

이를 잘 보여주는 게 2021년과 2023년 있었던 국민의힘 전당대회의 최고위원 경선 결과다. 2021년 6월 국민의힘 전당대회에서 뽑힌 최고위원 5명은 여성 비율이 60%이고 평균 나이가 46살에 불과했다. 그런데 조수진, 배현진 전 최고위원 등은 유튜브나 종합편성채널 등에서 전투력을 과시하는 '강성'이기도 했다. 2년 뒤 뽑힌 최고위원들도 친박계 3선 중진인 김재원 전 의원을 제외하면 김병민(서울 광진구 갑), 조수진(서울 양천구 갑), 태영호(서울 강남구 갑) 등 모두 '방송인'이라는 이력을 붙일 수 있는 사람들이었다. 친윤계로 청년최고위원에 도전해 당선된 장예찬 청년재단 이사장도 마찬가지다.

이러한 국민의힘 내 정치인의 성장 경로를 보면 586세대의 절대 우위 속에 팟캐스트, 팬클럽 정치에 의존했던 민주당과 비슷한 양상이다. 정당 밖에서, 정당에 의존하지 않고 책임당원에게 인지도를 쌓고 그들을 당내 정치에 동원할 수 있는 능력이야말로 보수정당에서 기회를 얻고 성장하는 데 가장 긴요하다. 문제는 이러한 국민의힘 내부 규칙이 강성 지지층의 입맛에 맞는 정치 행태를 유도한다는 것이다. 2017년 자유한국당의 대선 후보 후보 경선 과정에서 룰 변경을 시도한 이후 "영남권 당원과 보수 유튜브를 중심으로 한 표심에 반응하면서 국민의힘 후보자는 더 극단의 위치로 이동"했다.[38]

정당의 헤게모니 장악을 위해 노력하지만, 정당에 의존하지 않는 비디오 스타 내지는 인터넷 논객들의 경쟁에서 뜨뜻미지근한 중도파의 입지는 좁아진다. 또 당내 정치에서 목소리는 작지만 대선이나 총선 승리를 위해 꼭 필요한 유권자 집단, 특히 저소득층·영세 자영업자나 블루칼라·주부 등의 이해관계는 뒷전으로 밀리게 된다. 정당 전체의 주도권을 쥐고 있는 대통령이나 대선 후보급 정치인을 중심으로 충성 경쟁이 벌어지는 행태도 필연적이다. 국회의원들이 아무리 인지도를 높여 자신만의 '팬클럽'을 확보하더라도 대통령이나 대선 후보급 유력 정치인의 팬클럽이 갖는 규모나 전투력에는 못 미치기 때문이다. 국민의힘과 윤석열 정부가 문재인 정부 당시 민주당과 유사한 궤적을 밟아갈 가능성이 높은 이유다.

보수정당이 2022년 5월 윤석열 정부 출범 이후 보인 행태는 그들이 새로운 정치 질서를 만들어낼 역량이 없음을 보여준다. 정치의 전면에 나섰던 전직 기재부와 검찰 관료들은 이 문제를 해결할 수 없다. 지지 기반이 취약한 문제를 극복하는 것도 난망하다. 보수정당이 문재인 정부 시기 민주당과 같은 포퓰리즘 정당의 경로를 취할 가능성이 높은 가능 큰 이유는 그들에게 출구가 없기 때문이다. 정당 내부 정치의 구조도 포퓰리즘 정치의 강화를 야기할 가능성이 크다.

5

회색 코뿔소가 온다: 노인·지방·외국인

2002년경 형성된 '노무현 질서'는 20여 년이 지난 현재 위기를 맞았다. 이는 압도적 지지를 받고 출발한 민주당 정부의 재집권 실패, 뒤이어 등장한 윤석열 정부의 무기력한 모습으로 드러나고 있다. 상위 중산층의 행동주의에 기초한 경쟁적 민주주의와 수출 대기업의 성장을 근간으로 하되 적정 수준의 재분배 정책을 편다는 컨센서스가 더는 원활히 작동하지 못하게 됐기 때문이다. 보다 근본적으로는 노무현 질서가 만들어질 때부터 안정적인 지지 연합을 만들 수 없다는 결함을 안고 있었기 때문이다.

여기에 더해 최근 일어나는 경제적·사회적 구조 변화들은 1960년대 산업화를 기점으로 형성된 '현대 한국 사회'의 작동 방식을 송두리째 뒤흔들고 있다. 특히 인구와 공간 측면에서 세 가지 큰 변화가 일고 있다. 고령 인구의 증가, 부유한 세계 도시 '대

167

서울Greater Seoul'[1]과 전통적 산업사회에 머무는 지방의 분리 그리고 이민자의 증가다.

세 가지 변화에는 공통점이 있다. 먼저 정치·경제·사회 각 부문 제도들이 기존에 상정한 수준을 뛰어넘는 부담을 강요한다는 것이다. 또 예상치 못한 방식으로 경제 구조를 변형한다. 결국 총체적인 시스템 변화가 불가피한데, 그에 따라 새로운 이해관계 충돌과 갈등이 발생한다. 이전에 형성됐던 컨센서스와 역관계의 균형점이 모두 허물어지는 건 필연적이다. 전통적인 정치적 갈등 구조나 기존 정당의 지지 연합으로는 감당할 수 없는 문제들이다. 가뜩이나 위기에 내몰린 현재의 정치 질서가 해체되는 속도는 빨라질 수밖에 없다.

이 변화들은 한국 사회 전반에 영향을 미칠 것이라고 일찍부터 거론되어 왔다. 하지만 구체적으로 어떤 방식으로 영향을 줄지 그리고 그것이 정치적 기능부전을 어떻게 야기할 것인지에 대해서는 심도 있는 논의가 이뤄지지 않았다. 충분히 예상되거나 징조가 나타났는데도 제대로 대비하지 않아 발생한 대형 위기를 '회색 코뿔소'[2]라고 부른다. 거대한 덩치의 코뿔소가 다가오는 건 누구나 알 수 있지만, 방심하다 한순간에 사고가 발생하는 경우에 빗댄 것이다. 그렇기에 앞서 거론한 변화들은 한국 정치의 회색 코뿔소라 부르는 게 적절해 보인다.

여론조사는 60대와 70대를 나눈다

고령화는 단순히 나이 든 사람이 많아지고 평균 수명이 늘어났다는 것만 의미하지 않는다. 건강한 상태로 지내는 시간이 늘어나고, 그만큼 고령자의 사회적 활동과 관련한 욕구 역시 증가한다는 것을 뜻한다. 고령자의 경제활동참가가 늘어날 뿐만 아니라 하는 일의 유형도 이전과 다를 가능성이 커진다. 통계에 따르면 자신의 건강 상태가 '좋다'(최상·매우 좋음·좋은 편을 합친 것)고 답한 60대 비율은 높아졌다(2006년 40.9%→2020년 51.8%). 거꾸로 '나쁘다'고 답한 비율은 줄었다(29.5%→8.6%).[3] 건강 상태가 좋다고 생각하는 70대 비율도 늘었다(25.2%→32.6%). 과거에 예상하기 어려웠던 수준으로 평균 수명이 늘면서 이전에 모아둔 은퇴자금으로 노후를 보내기도 어려워졌다.

　　이는 일하는 고령층이 늘어나는 결과로 나타난다. 60대 경제활동참가율(60대 인구 가운데 취업자와 실업자의 비중)은 높아지고(2006년 35.5%→2020년에 50.7%), 취업자 가운데 자영업과 무급가족종사자 비율은 줄었다(60.7%→46.3%).[4] '노동자' 지위를 갖는 60대가 늘어난 것이다.[5] 소득 감소폭도 줄었다. 60대의 근로총소득이 2006년(1,379만 원)에는 50대의 62.6%에 불과했는데, 2020년(2,468만 원)에는 83.4%가 되었다.

　　50대 못지않은 일할 능력을 갖추고 돈을 버는 60대가 늘어난다는 것은 이들의 경제적 이해관계가 이전의 고령자 집단과 달라지고 있음을 의미한다. 이전에는 만 60세 이상 노인이 되면 보수화가 급격히 진전되는 게 정치권의 경험칙으로 통했다. 삶의 조건이 바뀌기 때문이다. 노동시장에서 물러나고 연금 등을 받게 되면서 경제 이슈가 생활에 미치는 비중이 줄어든다. 세상을 떠나기까지 남은 시간이 짧아 현상 유지 성향은 강해진다. 과거 소득의 결과물인 자산이 커진 것도 보수 성향의 원인이다. 2010년대 화두가 됐던 '노인 보수'는 "생애주기에 따른 필연적인 효과라기보다 급격한 사회변동 과정에서 형성된 복합적 소외감을 극복하기 위해 나타난 명백한 사회적 현상"[6]으로 여겨졌다. 빠른 사회 변화 속에서 '타파해야 할 과거'가 된 데 따른 불만과 소외감이 고령층 보수화를 야기했다는 것이다. 그런데 고령자들이 '현재'(즉 노동시장)에 참여하는 경우가 늘면 상황은 달라질 수밖에 없다.

여론조사에서는 이미 60대와 70대의 분화가 뚜렷이 드러나고 있다. 2022년 하반기 윤석열 대통령 지지율이 떨어지는 과정은 이를 잘 보여준다. 같은 해 3월 대선에서 고령층은 한 덩어리가 돼서 윤 대통령을 밀었다. 대선 직전의 여론조사에서 60대와 70대 이상의 당시 윤석열 후보 지지율은 똑같이 40%였다.[7] 그런데 2022년 하반기 이후 60대 지지율이 가파르게 하락했다. 11월 14~16일 실시한 전국지표조사에서 60대의 부정평가 비율(49%)은 70대(33%)보다 16%포인트 높다. 특히 '매우 잘못하고 있다'고 답한 60대(36%)는 30대(39%)와 비슷한 수준이었다. 70대는 22%에 불과했다. 〈그림 5-1〉에서 보듯 일종의 '비판적 지지층'이 떨어져 나가고 동시에 강경한 '반윤' 정서가 확산하는 양상이다.

사실 몇 년 전부터 정치권과 여론조사회사들은 '60대'와 '70대 이상'을 나누어 보기 시작했다. 한국갤럽은 2022년 1월부터 주간 정례 여론조사에서 고령층을 두 집단으로 쪼갰다. 김태영 글로벌리서치 이사는 "2010년대부터 일부 정치권에서 간간이 고령층을 나누어 여론을 살폈지만, 2~3년 전부터 고령층을 쪼개기

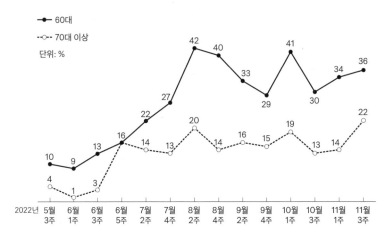

〈그림 5-1〉 윤석열 대통령이 '매우 잘못하고 있다'고 답한 고령자 비율

- 60대
- 70대 이상

단위: %

60대: 10, 9, 13, 16, 22, 27, 42, 40, 33, 29, 41, 30, 34, 36
70대 이상: 4, 1, 3, 16, 14, 13, 20, 14, 16, 15, 19, 13, 14, 22

2022년 5월 3주 / 6월 1주 / 6월 3주 / 6월 5주 / 7월 2주 / 7월 4주 / 8월 2주 / 8월 4주 / 9월 2주 / 9월 4주 / 10월 1주 / 10월 3주 / 11월 1주 / 11월 3주

자료: 전국지표조사(엠브레인퍼블릭 · 케이스탯리서치 · 코리아리서치 · 한국리서치 공동 실시), 2022년 기준

시작한 게 본격화됐다"고 설명했다. 심지어 몇몇 비공개 여론조사는 60대, 70대, 80대 이상으로 나누기도 한다고 알려져 있다.

고령자 집단 내 과거 삶의 경험도 다르다. 1940년대생, 1950년대생, 1960년대생은 각각의 집단적 경험이나 삶의 조건이 판이하게 다르기 때문에 보수화 정도나 정치관 역시 다를 수밖에 없다. 이를 잘 보여주는 게 상급학교 진학률이다. 1965년만 해도 낮았던 진학률(중학교 진학률 54%, 고등학교 진학률 69.1%, 대학 진학률 32.3%)은 1975년(중학교 77.2%, 고등학교 74.7%)과 1985년(고등학교 90.2%)을 거치며 높아졌다. 1960년대생이 경험한 대학 교육 팽창 이전에 1950년대생의 중등 교육 보편화가 있었던 셈이다. 상급학교 진학률 변화는 학력이 높아진 것뿐만 아니라 직업이나 직종에서도 큰 변화가 있었음을 의미한다. 정부는 1960~1980년대 강력한 통제력을 갖고 각급 학교 정원 등을 관리해왔다. 중·고등교육 확대는 경제 구조가 발전하면서 사무직·생산직 수요가 늘어난 데 발맞춘 결과이기 때문이다. 데이비드 웨이클림(코네티컷 대학교)은 평균 교육 수준이 높은 국가일수록 사회나 문화 영역에서 좀 더 자유주의적이고 탈권위적인 성향이 강해진다는 연구를 내놨다.[8] 한국의 경우 출생 연도에 따라 교육 여건이 급격히 변화한 것이 출생 연도별 가치관 차이에 상당한 영향을 주었다는 것을 시사한다.

급증하는 장애인, 고령화의 귀결

고령화에 따른 신체 능력 저하는 필연적이다. 다만 그 시기가 늦춰질 뿐이다. 신체적·정신적 기능 손상을 경험하는 고령자의 규모가 급증하고, 보살핌이 필요한 만성 질환을 겪는 환자 수도 폭발적으로 늘어난다. 사회적인 보살핌이 다각도로 필요해지는 셈이다. 교통이나 주택, 보건복지 등 사회 시스템을 고령자 친화적으로 바꿔야 한다. 한편 노인을 보살피는 일은 자동화가 어려운 부분이 많기에 인력과 자금이 대거 들어가게 된다.

2022년 3월 이준석 당시 국민의힘 대표가 전장연(전국장애인차별철폐연대)의 출퇴근 시간대 지하철 시위에 대해 "비문명적 관점으로 불법 시위를 지속하고 있다"[9]는 비판을 연이어 쏟아내면서 불거진 장애인 이동권 문제는 기실 고령화 문제와 밀접하게 맞닿아 있다. 정확히 말하면 장애인 이동권 문제 자체가 고령자 문제다. 급격한 고령화가 장애인 집단 내부 구성을 바꾸고 있기 때문이다. 보건복지부의 '등록 장애인 현황'에 따르면 2020년 새로 등록된 장애인(8만 3,300명) 가운데 3분의 2가량이 60살 이상(5만 4,400명)이다. 결과적으로 65살 이상 고령 장애인 비중은 계속 늘어나 2021년에는 절반을 넘어섰다(〈그림 5-2〉 참조).

주민등록인구 가운데 고령자는 2007년(11.6%)에 견줘 2021년(22.3%) 두 배 가까이 늘었다. 베이비부머의 상징인 '58년 개띠'는 2023년부터 고령자로 분류되므로, 고령자와 고령 장애인의 숫자가 더 빠르게 늘어날 수밖에 없는 상황이다. 고령 장애인의 경우 청각(47.8%)이 가장 많고 그다음은 지체(15.2%), 뇌병변(15.2%), 신장(9.1%)순이다. 공식적인 장애는 아니지만 일상생활에 지장을 받을 정도로 신체 기능이 떨어진 이도 많다. 이종구 서울대 의과대학 교수가 2021년 서울 성북구 고령자(70대 중반~80대 중반)를 대상으로 실시한 연구[10]에 따르면, 조사 대상(대조군 기준) 3명 중 1명이 독립적인 활동에 어려움을 겪는 '수단적 일상생활

〈그림 5-2〉 장애인의 연령 집단별 비중

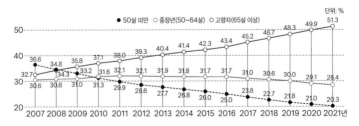

수행능력IADL' 장애를 겪는 것으로 나타났다. 이 때문에 장애인 이동권 이슈는 몇 년 뒤부터 노인 이동권과 긴밀하게 결합·확대될 것으로 보는 게 자연스럽다. 돌봄, 주거, 생계유지 등의 문제도 장애 노인을 고려할 수밖에 없다. 국책연구기관인 국토연구원은 2023년 1월 〈노인을 위한 건강도시 가이드라인〉을 만들고, 도시계획 단계에서부터 거동이 불편한 고령자를 배려해야 한다고 제안했다.

지속적인 돌봄이 필요한 초고령자도 급격히 늘고 있다. 통계청의 〈장래인구추계〉에 따르면 2023년 만 80세 이상의 비중(4.5%)은 2050년까지 4배 정도 늘어날 것으로 전망된다(2030년 6.1%, 2040년 10.8%, 2050년 16.5%). 베이비붐 세대(1955년~1974년생)는 12년 뒤인 2035년부터 대체로 타인의 돌봄이 필요한 나이에 진입한다. 평균 수명은 83.5세(2020년 기준)이고, 더 올라가는 추세다.

다른 사람이 신체 활동 또는 가사를 돕거나 병 수발을 드는 장기요양 수요는 몇 해 전부터 빠르게 늘고 있다. 노인장기요양보험 지출[11]은 도입 첫해인 2008년(5,550억 원) 대비 2021년(11조 1,100억 원)까지 20배 늘어났다. 보험 수급자를 의미하는 인정자(95.4만 명)의 노인 인구 대비 비율(10.7%)은 2008년(4.2%)의 두 배 반 이상 늘어났다. 치매, 파킨슨병, 뇌졸중 등 퇴행성 뇌질환이 빠르게 늘어났기 때문이다. 2021년 장기요양보험 급여를 받은 사람들의 병명을 살펴보면 치매(37.8%)가 가장 많다. 뇌졸중(10.3%)이나 치매와 뇌졸중이 같이 온 경우(7.4%), 요통 및 좌골통(15.2%), 관절염(8.5%) 비율도 높다. 찰스 굿하트(영국 런던정치경제대학LSE 명예교수)는 "고령화의 진짜 문제는 치매, 파킨슨병, 관절염, 복합 만성

질환을 앓는 사람들이 증가하면서 그들에 대한 간병 수요가 폭발한다는 것이다. 간병은 기계로 대체할 수 없고, 사람이 직접 해야 한다"[12]고 말한다.

우리보다 앞서 초고령 사회로 진입한 일본의 경우 2019년 현재 개호보험(개호介護는 간병 및 수발을 의미) 수급자(667만 명)가 전체 인구(1억 2,663만 명)의 5.3%에 이른다.[13] 일본은 한국보다 8년 앞선 2000년 개호보험을 도입했고, 수급자 수는 급속하게 늘어왔다(2000년 244만 명, 2010년 498만 명). 내각부 통계에 따르면 개호 업무 종사자(210.6만 명)는 경제활동인구(6,839.7만 명)[14]의 3.1%에 이른다. 이를 한국에 적용하면 87.4만 명인데,[15] 장기요양 관련 업무에 종사할 이 정도 노동력을 어딘가에서 확보해야 한다는 얘기다. 2019년 당시 '금융 및 보험업' 종사자가 80만 명이었다. 노동시장에 무리가 가지 않을 수 없다.

극심한 자산 격차 속 다층적 불평등

초고령화가 진전될수록 의료·복지·연금·세제를 둘러싼 갈등은 커지게 된다. 고령자 집단이 민감하게 반응할 사안이 늘어나는데, 그들이 경험하는 극심한 불평등 때문이다. 그중 상당수는 사회경제적 지위, 요컨대 소득이나 자산에 따라 이해관계가 극명하게 갈리는 재분배 이슈다. 자산과 노후 보장 정도 등 경제적 격차는 건강 상태, 사회적 관계, 정치적 발언력 등과 밀접하게 연관돼 상호작용한다.

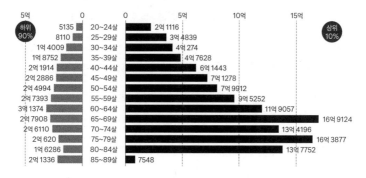

〈그림 5-3〉 연령집단별 소득 상위 10%와 나머지 90%의 평균 순자산

자료: 이철승 · 정준호, 2013

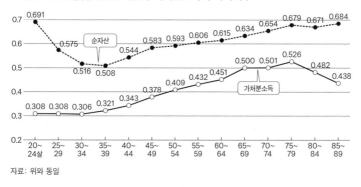

〈그림 5-4〉 연령집단별 순자산과 가처분소득의 지니계수

자료: 위와 동일

　　고령자들 사이에서는 자산 격차가 가장 확연하다. 연령집단
별(5살 단위) 상위 10%와 나머지 90%의 자산 격차를 분석한 연구
[16]를 살펴보자. 〈그림 5-3〉을 보면 65~69세 집단과 75~79세 집
단의 경우는 순자산 상위 10%가 나머지 90%의 6~8배를 보유하
는 것으로 나타났다. 하위 90% 가운데 가장 자산이 많은 연령대

는 60~64세 집단(3.1억 원)이었다. 순자산의 불평등도를 지니계수로 측정하면 연령대가 높아질수록 커졌는데, 과거 소득의 격차가 쌓이고 쌓여 자산 격차로 나타난 결과다(〈그림 5-4〉 참조). 동시에 90%의 사람들에게는 노후자금으로 쓸 수 있는 자산이 거의 없음을 알 수 있다.

연금도 사정은 비슷하다. 국민연금이나 특수직역연금(공무원연금, 사학연금), 기업이 제공하는 퇴직연금에 가입하지 못했거나, 연금 수급액이 적은 사람들이 많기 때문이다. 노동시장 이중 구조가 노후 보장의 이중 구조로 이어지는 셈이다. 2019년 말 현재 만 65세 이상(795만 명) 가운데 국민연금을 받는 사람은 42.0%(334만 명)였다.[17] 남성은 그나마 절반이 넘지만(56.8%), 여성은 절반에 훨씬 못 미친다(30.8%). 여성 노인의 연금 가입률이 크게 뒤떨어지는 건 과거 경제활동참가율이 낮았던 데다 비정규직 등 불안정 노동에 종사했던 경우가 많았기 때문[18]이다. 특수직역연금, 농지연금, 주택연금 등 다른 연금을 하나라도 받는 사람은 5.4%였다. 국민연금 연 수급액은 410만 원 정도에 불과했다. 특수직역연금이 2,890만 원인 것과 비교하면 턱없이 작은 규모다.[19]

고령자의 '삶의 질'을 말할 때 핵심인 건강은 가난할수록 좋지 않다. 2019년 소득 하위 20%(1분위)에 속한 고령자(경기도 고양시)의 장기요양서비스 급여 이용은 상위 20%(5분위)에 속한 사람들보다 1.41배 많았다.[20] 시설입소 비율은 2.05배였다. 상위 20% 집단은 하위 20%보다 당뇨병(0.75배), 고혈압(0.76배), 뇌졸중(0.8배)에 걸리는 비율이 더 낮았다. 지역별 장기요양서비스 이용 비율을 따져보니 신도시로 개발된 일산 동구(28.6%)·서구(26.5%)보다

원도심에 가까운 덕양구(44.9%)가 많았다. 시군구별 건강수명(질병이나 사고 등으로 아프지 않고 살아가는 기간) 추정치[21]에 따르면 일산 동구(70세)와 서구(70.2세)는 252개 시군구 가운데 각각 16위와 15위였다. 그런데 덕양구(66.6세)는 107위에 불과했다. 특히 덕양구의 소득 상위 20%와 하위 20%의 건강수명 격차는 12.1년(일산 동·서구는 각각 7.7년과 8.1년)에 달했다.

고령자 집단에서 소득·자산의 불평등이 심하고 가난할수록 사회복지 수요가 많다는 것은 각종 사회복지제도와 세금·사회보장 기여금 '개혁'에 대한 이해관계가 사뭇 다를 것임을 시사한다. 일본은 개호보험 지출이 늘어나자 고소득자를 중심으로 보험료를 인상하고 본인부담률(최대 30%까지)도 높였다. 한국도 건강보험과 장기요양보험료 인상은 불가피하다. 그런데 부유한 노인들의 조세 저항도 덩달아 높아질 가능성이 크다.

특히 민주당 등 진보 진영이 적극적으로 의제화하는 자산 과세에 대한 반대 여론이 고령자를 중심으로 형성될 가능성이 크다. 양재진 연세대 교수는 "고령층은 소득이 낮은 대신 자산이 많아 관련 세금에 민감하다"라며 "1978년 미국 캘리포니아주에서 재산세를 억제한 '주민발의 13California Proposition 13'을 은퇴자가 주도했던 것과 유사한 상황이 펼쳐질 수 있다"고 지적했다. 이철승 서강대 교수와 같은 대학 황인혜 교수의 연구(2007~2016년 복지패널 자료 분석)에 따르면 복지 확대에 대한 선호도는 자산이 늘어날수록 떨어졌다. 하지만 자산이 적은 경우 소득이 늘어날수록 보편적 복지 확대를 지지했다. 두 사람은 소득 상실의 위험에 대한 보험 욕구에 의해 소득과 복지 선호는 정正의 상관관계 관계가 발생하지만, 필연적인 세금 및 사회보장 기여금 부담 증가 때문에 자산 보유 규모와 복지 선호는 부(負)의 상관관계가 나타난다고 분석했다. 지금 50대이자 민주당의 주 지지층인 80년대 학번-60년대생이 은퇴할 즈음 민주당이 종합부동산세나 부유세 등의 공약을 슬그머니 철회할 여지가 커 보이는 이유다.

부유한 수도권 vs. 낙후된 지방의 균열

서울 대 지방의 균열이 수면 위로 떠오르고 있다. 선진국 대도시와 어깨를 나란히 하는 서울에는 혁신, 친환경, 여성에게 우호적인 교육 잘 받고 번듯한 직업을 가진 중산층이 산다. 낙후되고 퇴락해 경우에 따라 1990년과 별 차이 없는 모습의 지방에서는 경제 발전에서 '뒤처진 사람들'이 분노와 냉소를 쌓아간다. 이들의 세계관이 양쪽으로 벌어지면서 정치 구도에 영향을 미치기 시작했다. 더불어민주당이 발간한 보고서《이기는 민주당 어떻게 가능한가》[22]는 이를 잘 보여준다.

이 보고서는 "전통적 유권자 지형이 가치와 정책 이슈에 따라 해체되고 분화"[23]되고 있다고 지적한다. 유권자 집단을 크게 6개(평등·평화, 자유·능력주의, 친환경·신성장, 반권위·포퓰리즘, 민생 우선, 배타적 개혁 우선)로 분류할 수 있는데, 그 가운데 3개 집단이 전통적인 정당 지지자와 사뭇 다른 특성을 갖고 있다는 것이다. 가장 눈에 띄는 집단은 응답자의 9.3%를 차지한 '반권위·포퓰리즘' 그룹이다. 20~40대 남성 비중이 압도적으로 높다. 이들은 여성과 소수자에 대한 반감이 강하다. 동시에 정부의 재분배 정책에도 호의적이다. 소득이 낮고, 비정규직일 확률이 높으며, 부산·울산·경남을 비롯한 지방 거주자가 많다. 흔히 '20대 남성의 보수화'를 주장하는 이들이 호명하는, 시험과 공정을 최우선 가치로 여기는 '청년'과 사뭇 다른 집단이다.

대척점에 선 이들이라면 '배타적 개혁 우선' 그룹(응답자의 6.3%)이다. 이들은 유독 검찰 개혁이 필요하다고 생각한다. 동시에 부동산 등의 재산세율 인하에 찬성하고, 복지 확대에 부정적이다. 부국강병 노선에 호감을 보이기도 한다. 당연하게도 수도권에 거주하는 고소득자 비중이 높다. 앞서 소개한 열린민주당원의 프로필에 정확히 부합한다.

보고서는 기성 정치 구도에 냉소적인 '민생 우선' 그룹(응답자의 6.4%)의 존재도 거론한다. 이들은 저소득 비정규직이나 자영업자로 소득, 주거, 일자리 등 먹고사는 문제에 민감하다. 친기업이고 감세를 지지하지만 동시에 친노동과 친자영업 성향을 갖고 있다. 검찰 개혁이나 대기업 중심의 혁신 성장, 친환경·소수자 이슈에 반감이 있다. 특정 집단에 몰려 있지 않으나 상대적으로 여성·비정규직·지방 거주자 중심이다.

여기에 전통적인 민주당 지지자인 '평등·평화' 그룹(37.7%)과 국민의힘 지지자인 '능력주의 보수' 그룹(21.5%) 그리고 정치에 열정적이지 않은 중산층 집단(즉 전통적인 무당파)인 '친환경·신성장' 그룹(18.8%)이 있다고 보고서는 설명한다. 보고서는 20~30대가 좀처럼 기존 정당에 포섭되지 않고 반권위 포퓰리즘, 민생 우선, 배타적 개혁 우선 그룹으로 분화되고 있다고 지적한다. 약간 표현을 바꿔 말하면, 지방에 거주하는 20~30대 젊은 층들의 비당파화라고 할 수 있을 것이다. 또 그들이 검찰 개혁을 주장하는 진보건 이준석 국민의힘 전 대표의 '공정한 사회'와 비슷한 주장을 하는 보수건 수도권 상위 중산층의 정치와 거리를 두고 있다고 봐야 할 것이다.

2022년 9월 용접공 출신 작가인 천현우 씨가 〈조선일보〉에 기고한 칼럼 "'지방 총각들'도 가정을 꿈꾼다"[24]를 둘러싼 SNS에서의 논쟁도 서울과 지방이 발 딛고 선 현실의 현격한 격차를 보여준다. 천 씨는 "계급 이동 사다리가 사라진 지난한 현실 속에서도 지방 총각들은 가정을 꿈꾼다. 내 차를 타고 퇴근해, 내 집의 현관문을 여는 순간, 나를 맞이할 아내와 아이들의 환한 미소를 떠올리면서"라고 썼다.

실제 지방 청년들에게 평범한 가족을 꾸리는 일은 여간해서 쉽지 않게 됐다. 20~39살 시도별 성비가 이를 잘 보여준다. 서울은 여자 100명당 남자 96.2명(2021년 주민등록인구 기준)이다. 반면 경남의 성비는 여자 100명당 남자 117.8명에 이른다. 경북(122.7명), 울산(121.3명), 강원(120.2명), 충북(120.3명)뿐만 아니라 대구(112.2명), 대전(110.0명), 광주(107.2명) 등 광역시도 남성이 훨씬 많다. 20~24살의 경우 서울은 여자 100명당 남자 90.1명인데 경남은 126.6명에 이른다. 젊은 여성들이 일자리와 삶의 기회를 찾아 서울로 가기 때문이다. 경쟁이 치열할수록 대기업 정규직 등 번듯한 일자리를 가지지 못하는 이들은 결혼 시장에서 밀려난다. 이는 수도권의 상위 중산층 자녀들이 정상가족을 꾸리는 데 여전히 성공하는 것과 극명히 대비된다. 천 씨 주변의 '지방 총각'들이 민주당 보고서의 반권위·포퓰리즘 집단으로 계속 기울게 되리라고 짐작하기는 어렵지 않다.

한국 경제는 서울이 '머리'를, 부산·울산·경남 등 지방 제조업 중심지가 '손발' 구실을 하는 공간 구조로 되어 있었다. 그런데 경제 고도화와 탈공업화로 제조업 일자리가 꾸준히 줄고 있다. 자동차산업이 대표적이다(2010년 35만 개, 2017년 40.1만 개, 2021년 38.1만 개). 2017년까지 자동차산업의 고용 증가는 주로 부품 제조업에서 왔다. 현대·기아자동차가 해외에서만 완성차 공장을 지으면서, 해외 공장에 부품을 공급하는 산업이 커졌기 때문이다. 그런데 2018년 이후 판매량 확대 대신 질적 성장으로 노선을 전환했고, 전기차 비중이 늘면서 기존 부품 산업은 위축됐다. 자동차산업에서 점차 전자·정보기술과 소프트웨어 비중이 늘어나지만 국내 업체가 설 자리를 찾기는 쉽지 않은 상황이다.

산업 고도화가 진행되면서 첨단기술 기업의 수도권 쏠림도 심화하고 있다. 중소벤처기업부에 따르면, 기술 기반 업종에서 2016부터 2021년 사이 4.9만 개의 창업기업이 생겨났는데, 이들은 대부분 경기도(3.2만 개)와 서울(0.9만 개)에 소재했다. 같은 기간 창업기업 중 기술 기반 기업의 비중 변화를 지역별로 보면, 경기도(2016년 32.6%→2021년 40.1%)는 늘었지만, 부산·울산·경남(14.9%→11.2%), 광주·전북·전남(7.3%→6.5%)은 쪼그라들었다(〈그림 5-5〉 참조). 지역에서 연구개발을 비롯한 지식산업의 일자리는 제조업 일자리 감소를 벌충할 정도로 늘지 않는다. 영남(부산·대구·울산·경북·경남)의 제조업 근로자는 2013년 상반기(147.8만 명) 대비 2022년 상반기(132.8만 명)에 15만 명 줄었다. 같은 기간

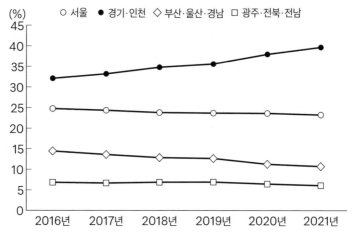

〈그림 5-5〉 창업기업 중 기술기반 기업의 비중

자료:중소벤처기업부 창업기업동향

전문·과학 및 기술 서비스업 근로자는 1.3만 명 증가(13.5만 명 →14.8만 명)했다. 수도권(서울·인천·경기)에서 해당 산업 근로자는 15.3만 명이 늘어, 전국 고용 인원 증가의 68%를 차지했다. 심지어 경기도와 인천은 제조업 근로자도 증가했다.

〈경향신문〉은 2021년 "사무직은 판교까지만 간다고 해서 '판교라인', 기술직 엔지니어는 용인시 기흥이 마지노선이라고 해서 '기흥라인'"이라는 말이 생겼다고 소개했다.[25] 수도권을 중심으로 일자리가 생겨나는 현실을 그대로 보여주는 표현이다. 쇠락하고 있는 지방에 웬만해선 살려 하지 않는 청년들의 생각을 반영하는 것이기도 하다.

선진국 정치에서 첨단기업이 밀집한 부유한 대도시와 쇠락하고 뒤처진 나머지 지역의 대립은 이제 상수가 됐다. 2020년 미국 대선에서 전통적으로 공화당 텃밭이던 조지아주가 민주당으로 넘어간 것이 대표적이다. 2016년 대선에서 쇠락한 공업지대와 농촌의 백인들이 공화당을 지지한 것의 거울상처럼, 빠르게 증가한 도시 중산층의 표가 몰렸기 때문[26]이다. 2016년 영국의 유럽연합 탈퇴(브렉시트) 투표에 대해 언론인 데이비드 굿하트는 '세계화와 경제 발전의 혜택을 받는 런던의 애니웨어anywhere(어디에서나 잘 살 수 있는 사람들)'에 대한 '안정적인 일자리와 공동체를 빼앗긴 런던 섬웨어somewhere(특정 장소에 붙박여 살고 싶은 사람들)'의 반격이라 설명[27]한다. 프랑스 극우파 마린 르펜에 대한 지지도 파리 밖 저발전 지역을 중심으로 한다. 최근 일어난 변화는 한국에서도 '서울 대 나머지'의 구도가 부상할 가능성이 큼을 시사한다.

흔들리는 정당의 지역 기반

국민의힘은 2022년 지선에서 처음으로 호남에서 지방의회 의원을 내는 데 성공했다. 국민의힘의 광역 비례대표 득표율(광주 14.11%, 전남 11.83%, 전북 16.43%)은 정의당(각각 9.46%, 7.41%, 8.52%)을 앞섰다. 윤석열 대통령은 대선 과정에서 광주 지역 공약으로 복합쇼핑몰을 들고나와 지역 사회를 뒤흔들었다. 보수정당이 호남에서 지역 이슈를 선점한 것은 1987년 이후 처음이었다. 그런데 윤 대통령은 대구·경북에서 역대 보수 후보 가운데 가장 낮은 득표율(73.2%)을 기록했다(다자 구도로 치러진 2017년 대선 제외). 현재 대구광역시 8개 기초지자체 의원(121명) 가운데 민주당 소속은

28명(23.1%)인데, 2018년 지선에서는 50명(116 명 중 43.1%)에 달했다. 영남은 국민의힘, 호남은 더불어민주당을 찍는 전통적인 지역 투표는 여전하다. 하지만 이전보다 약화되는 경향은 뚜렷하다.

호남과 영남에서 특정 정당의 '초우위'가 유지될 수 있었던 이유는 중앙정부의 예산과 발전계획을 기반으로 한 정치-경제 복합 구조가 작동[28]해왔기 때문이다. 지역 명문고를 졸업한 재경 엘리트들의 정당이 정치권력을 잡으면, 중앙정부의 재원으로 대규모 사회간접자본soc 건설 등 보답을 해주었다. 그에 따른 낙수효과는 지방 유권자들이 지지를 보내고 지역 사회에 깊숙이 침투해 있는 정당 조직이 작동하게 하는 경제적 기반이었다. 그런데 지역 개발 사업의 효과는 줄어들고, 불평등 확대로 수혜를 받지 못하는 이들이 늘어나게 됐다. 지역 기득권과 재경 엘리트들의 정치적 결사체나 다름없는 지역 패권 정당(호남에서는 민주당, 영남에서는 국민의힘)에 대한 반발이 늘어나는 건 자연스러운 결과다.

'선진국'이 되면서 도로·철도·공항·항만 등 SOC를 짓거나 공단을 조성하는 등 자본 투자의 효과는 떨어진다. 이미 축적된 자본이 많기 때문이다.[29] 또 대기업 사무직이나 제조업 대공장 생산직 등 중숙련 일자리들이 경제 구조 고도화로 빠르게 사라지면서 지방에서 번듯한 일자리를 잡기가 점점 더 어려워졌다. 새로 생겨나는 첨단산업 일자리는 수도권에 몰려 있다. 나아가 "여기서 돈을 벌려면 외지 출신이어야 한다. 현지 출신은 눈치 볼 게 많아서 안 된다"라며 좌절감을 토로하는 젊은이들에게 지역의 엘리트(또는 기득권)는 그들의 앞을 가로막는 존재처럼 비춰지기까지 한다.

이러한 상황에서 지역 내 자산 불평등이 커졌다. KB국민은행에 따르면 광주 아파트 중 가격 상위 20%의 평균 가격은 124% 올랐는데(2014년 1월 2.93억 원→2022년 1월 6.59억 원), 하위 20%의 평균 가격은 59% 상승(7,300만 원→1.17억 원)하는 데 그쳤다. 광주에서 잇따라 대형 참사(2021년 6월, 2022년 1월)가 일어난 곳에는 HDC현대산업개발의 고급 아파트가 들어설 예정이다. 광주·전남 지역 신문 〈무등일보〉의 지역 이슈 여론조사[30]에서 불만 요인으로 '부동산 가격 및 전·월세 문제'를 꼽은 사람의 비중은 30대(36.6%)와 20대(28.6%)가 40대(18.2%)와 50대(17.5%)보다 훨씬 많았다. 호남의 20~30대가 2021년을 기점으로 민주당을 이탈한 데는 사회경제적 이유가 있는 셈이다.

중앙 정치와 지역 정치가 점차 따로 움직이기 시작한 것도 주요한 배경이다. 앞서 살폈듯 한때는 호남과 호남 출신 이주민의 당이었지만 이제 수도권 기반 정당으로 변모한 민주당에 대한 정당 일체감이 약화된 것이다. 대신 지역 정치는 독립적인 인물과 구조, 이해관계를 갖는 일종의 '현지화'가 진전됐다. 호남에 지역구를 둔 의원들이 전국적인 지명도나 영향력이 약하고, 대선 캠프에서 주변부에 머물러 있는 데에는 구조적인 요인이 있다. 이렇다 보니 유권자들도 굳이 민주당을 고집할 이유가 사라지게 됐다. "대구의 특산품은 사과가 아니라 대통령"[31]이라는 말이 나올 정도로 산업화 시기 국가 요직을 독차지했던 대구·경북도 사정은 비슷하다.

중앙 정치 엘리트가 지역 사회에 기여할 수 있는 여지가 줄어들고 당내 경선이 강화되는 과정에서 지역 정치의 자율성은 확대될 수밖에 없다. 광역 및 기초의회 의원, 기초지자체장 등 지자체 선출직을 둘러싸고 지역 정치인들은 조직 구축 경쟁을 하고 그 과정에서 정당의 지역 사회 침투가 이루어진다. 광주의 경우 '(권리당원) 200명을 모으면 구의원, 500명을 모으면 시의원, 1만 명을 모으면 시장'이라는 말이 있을 정도다. 지역 정치인에게 조직 확보는 그들이 일종의 지역 민원 해결사가 되어야 한다는 것을 의미한다.

지역 정치의 현지화를 보여주는 지표 중 하나는 대구와 광주 의원의 출신 대학 변화다. 〈그림 5-6〉과 같이 2020년 총선에서 두 지역 모두 서울대 졸업자가 전멸했다. 대구의 경우 2000년 총선(16대)까지만 해도 경북고-서울대 출신 고위 관료·검사·교수가 주류(55%·6명)였다. 이후 2012년 총선(19대)에서는 서울대 출신이 3명으로 줄고, 대신 경북대·영남대 출신이 5명으로 늘었다. 광

〈그림 5-6〉 대구와 광주 지역구 국회의원의 출신 대학 변화

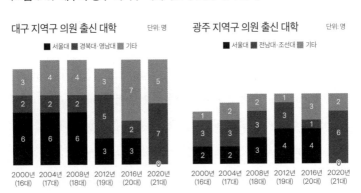

자료: 선거관리위원회, 〈조선일보〉 인물 DB 토대로 집계

주도 2010년대 절반(4명)을 차지했던 서울대 출신이 사라지고, 대신 전남대·조선대 출신(6명)이 주를 이루게 됐다. 대구는 지자체에서 고위직에 오른 관료들이, 광주는 학생운동 이력을 기반으로 지역 사회 안팎에서 활동한 이들이 더 많다는 차이가 있을 뿐이다.

지역의 '일찍 온 미래', 레고랜드 사태

지역의 정치적 자율성은 커지지만, 제대로 된 감시나 견제는 이루어지지 않는다. 사회복지 지출을 중심으로 지방정부의 권한은 점차 늘고 있기도 하다. 지역 경제가 구조적으로 취약해지는 상황에서, 낙후된 거버넌스 때문에 이전보다 더 큰 문제가 발생할 가능성이 높다. 2022년 9월 발생한 '레고랜드 사태'는 이 점에서 '일찍 온 미래'라 할 수 있다.

레고랜드 사태는 김진태 강원도지사가 최문순 전 지사 시절 춘천시 중도에서 레고랜드를 개발한 강원중도개발공사GJC의 부실이 심해 회생절차를 밟겠다고 선언하자 금융시장이 유동성 경색 위기를 겪은 것을 가리킨다. 채권시장은 강원중도개발공사가 발행한 2,050억 원 규모의 자산유동화기업어음ABCP에 대한 지급보증을 강원도가 철회하리라 봤고, 실제로 일주일 뒤 부도 처리됐다. 지방자치단체가 보증해 우량한 것으로 간주됐던 채권도 원금을 날릴 수 있다는 게 드러나자 금융시장은 공포에 빠졌다.

레고랜드 사태의 근본적인 원인은 지자체가 잘 발달한 한국

금융시장을 활용해 재정 한도를 초과해 돈을 끌어다 쓸 수 있었기 때문이다. 김 지사가 정치적 득실을 앞세워 벌인 일회성 사건으로만 볼 수 없다. 강원도는 '영끌'을 위해 세 가지 방법을 썼다. 첫째, 지자체가 지분을 갖는 주식회사인 출자기관 설립이다. 출자기관은 지자체가 지분 일부만 가진 민간회사여서 공공기관에 가해지는 규제를 피할 수 있다. 둘째, 미래 수익을 상환 재원으로 삼는 프로젝트파이낸싱PF 기법이다. 레고랜드처럼 수익성이 불투명한 사업은 투자자를 모으기 쉽지 않고 금리도 높다. 강원도가 출자한 기관으로 암묵적 지급보증을 선 것으로 간주돼 금리를 대폭 낮출 수 있었던 것이 마지막 방법이다. 공기업이 발행한 채권 금리는 같은 조건의 민간기업과 비교해 낮다(3.16%포인트)는 연구 결과도 있다.[32]

지자체가 금융시장을 활용해 재정 한도를 초과해 돈을 끌어다 쓰는 행위는 2000년대 중후반 논란이 됐던 민간투자 SOC 사업 이래 계속되어 왔다. 싼값에 자본을 끌어다 쓸 수 있으니 극단적으로 낮은 수익도 감내할 수 있을 뿐 아니라, 치적을 쌓고 싶은 지자체장의 야심을 만족시킬 수 있기 때문이다. 수천억 원을 투입한 지자체, 손익분기점을 맞추기엔 턱없이 부족한 관람객, 표류하는 추가 사업 계획처럼 레고랜드와 비슷한 일이 경남 마산로봇랜드 등에서 발생한 이유다.

지자체 출자기관이나 재단법인 형태의 출연기관은 2010년대 중후반 빠르게 늘어났다(2014년 540곳, 2018년 695곳, 2022년 9월 849곳).[33] 부채는 2배 이상 늘어났다(2014년 4.2조 원, 2021년 9.7조 원). 그리고 2021년 말 기준으로 30곳은 자본잠식 상태다. 의료원 9곳과 문화 관련 재단 2곳을 제외한 21곳이 산업단지나 도시개발 목적으로 만들어진 기관이다. 익명을 요구한 한 지방행정 전문가는 "지자체의 산업단지 조성 규모를 합치면 국토교통부 계획이 상정하는 적정 산업단지 규모의 몇 배에 달한다"고 귀띔했다. 산업단지가 폭증하는 이유는 크게 두 가지다. 먼저 산단 조성을 통한 공장 유치 이외에 다른 일자리 창출 방법을 뾰족이 찾을 수 없기 때문에, 경쟁이 붙는다는 것이다. 그리고 개발 이익이다. 일정 규모 이하의 산업단지 조성은 지자체가 재량껏 토지 용도를 변경할 수 있는 데다, 내부에 공장뿐만 아니라 주택이나 상업시설을 함께 지을 수 있다.

지자체 예산은 계속해서 늘어나고 이에 맞춰 지자체장의 권한도 커지고 있다. 지자체 통합재정지출은 2014년(158.7조)부터 2021년(259.4조)까지 연평균 7.3%씩 늘었다. 지자체가 재량권을 갖고 쓸 수 있는 예산 비율인 재정 자주도는 70.8%다. 사회복지를 중심으로 지자체 역할이 확대되고, 중앙정부에서 이관되는 사무가 늘었기 때문이다. 지자체는 개방형 직위·별정직·정원 대체 계약직 채용을 늘리고 있다. 나아가 출자·출연기관을 비롯해 외곽 기구를 설치해왔다. 이상민 나라살림연구소 수석전문위원은 "한국 지자체의 재정 자율성은 독일 등 연방제 전통이 있는 나라를 제외하고 보면 상당히 높은 편"이고, "지자체장이 임명할 수 있는 자리 수나 직급도 많다"고 강조했다.

헝가리 경제학자 야노시 코르너이János Kornai가 제시한 '연성 예산제약'이란 개념은 지자체의 방만한 실태를 설명하는 데 적합하다. 코르너이는 예산이 엄격하게 주어지지 않는 기업은 비효

율적이 된다고 지적한다. 이익 극대화보다 생산량을 늘리는 추가
예산 확보에 골몰하게 되기 때문이다. 이와 관련해 기초지자체
의 행태를 분석한 논문[34]에 따르면 기초지자체장과 광역지자체
장의 소속 정당이 같고 기초지자체장이 정치인 출신이면 지방 출
자·출연기관이 더 많이 설치되는 것으로 나타났다. 또 재정 자립
도가 낮을수록 설립이 늘었다.

아시위니 아그라왈(런던정치경제대학)은 2007년 미국 지방채
보증보험 회사가 무너지면서 지방채 금리가 오르자, 상수도 등
사회간접자본 투자가 큰 폭으로 줄었다고 지적했다.[35] 상수도 오
염 증가의 32%가 그 때문이라는 얘기다. 중앙정부 의존도가 높은
한국 지자체의 파산은 불가능하다. 하지만 향후 개발사업 실패로
재정 압박에 시달릴 지자체가 필수 분야에서 지출을 줄일 가능성
이 커 보인다. 그 경우 지역에서 유권자들의 불만이 폭발할 수밖
에 없을 것이다.

나아가 비수도권 지자체와 수도권 지자체의 대립도 가시화
될 가능성이 높다. 젊고 부유한 수도권 주민들에게서 세금을 거
둬서 늙고 가난한 비수도권에 재정을 투입하는 구조가 더 강화
될 것이기 때문이다. 2022년 전국 시군구 가운데 가장 재정 자립
도가 높은 곳[36]은 경기도 성남시(62.2%)와 서울 강남구(58.9%), 경
기도 화성시(58.6%)였다. 경북 영양군(6.0%), 전남 고흥군(6.3%), 전
북 진안군(6.4%)은 거의 전적으로 중앙정부 지원에 의존했다. 주
민 1인당 세출 예산액(한 해 예산안을 짤 때 상정한 지출액)을 보면 서
울 송파구(153만 원)가 가장 작았고, 경북 울릉군(2,430만 원)이 가장
많았다. 그다음으로 많은 곳은 경북 영양군(1,889만 원), 전북 장수

군(1,847만 원), 전북 임실군(1.812만 원) 등이었다. 적은 곳은 부산 남구(196만 원), 부산 동래구(163만 원) 등이었다.

전국 39개 읍·면·동 주민 4분의 1은 외국인

한국이 선진국이 됐다는 징표 가운데 하나는 외국인 체류자의 증가다. 2011년(140만 명)부터 코로나19 이전인 2019년(252만 명)까지 연평균 7.7%씩 늘어났다.[37] 관광 등 단기 방문자(관련 비자 입국자 기준)를 제외하면 한국에 눌러앉아 사는 이들(181만 명)은 인구의 3.5%를 차지한다(단기 체류 외국인 합산 시 4.9%). 행정안전부가 같은 해 인구총조사 과정에서 따로 파악한 외국인 주민(90일 이상 거주자 및 그러한 사람의 자녀)[38] 177.9만 명 중에는 취업 비자를 받고 온 노동자(51.5만 명), 외국 국적 동포(30.3만 명), 결혼 이민자(17.4만 명) 등이 있었다. 이들은 농업이나 제조업, 건설업에서 상대적으로 낮은 임금을 받고 일한다. 서울에 신선한 채소를 공급하는 농가들이나 인천 부평구·경기도 안산시 등에 있는 수십 년 된 공장들에서 외국인 노동자는 꼭 필요한 존재다.

험한 일자리가 있는 곳에는 어디든지 외국인이 있다. 대도시 밖 지방 중소도시 공장 지대라면 외국인 거주지가 있다고 해도 과언이 아니다. 이를 잘 보여주는 곳이 외국인 비율이 가장 높은 시군구인 충북 음성군(15%)[39]이다. 중부내륙고속도로와 평택제천 고속도로로 수도권과 연결되면서 각종 공장이 늘어났는데, 필요한 인력을 외국인이 채운 결과다. 음성군의 제조업 사업체(대개는 공장)는 늘어났고(2010년 1,104개→2015년 1,870개→2019년 2,405개), 주민 10명 가운데 4명이 넘는 사람이 제조업에 종사할 정도(9.5만 명 중 4.04만 명)다. 식료품 제조업 종사자가 가장 많고 그다음이 고무 및 플라스틱, 금속가공제품, 화학물질 및 화학제품 등이다. 국적별로는 중국 동포(16.3%)가 가장 많고 그다음으로는 베트남(11.9%), 네팔(9.7%), 태국(6.2%), 중국(6.1%), 필리핀(6.0%)순이다.

〈경향신문〉은 코로나19로 외국인 농업 노동자가 급감하자 맹동면 수박 재배 농가들이 "일손이 달려 제때 순을 치지 못하자 수박 뿌리를 아예 뽑아버린"[40] 경우가 속출했다고 설명한다. 산업단지가 밀집한 금왕면의 무극시장 상인들은 "매출의 50%는 외국인이 차지"[41]하고 있다고 말한다. 택시 등 업종은 외국인에 절대적으로 의존하고 있다 해도 과언이 아니다. 서울 영등포구(14.1%)·금천구(13.2%)·구로구(12.6%)나 경기 안산시(13.0%)같이 잘 알려진 곳뿐만 아니라 경기 포천시(13.2%), 전남 영암군(12.6%), 충북 진천군(12.0%), 경기 시흥시(11.7%)에도 외국인이 많은 건 번듯한 대도시 주변 중소도시에 흩어져 있는 공장이 '누구를 써서' 유지되고 있는가를 잘 보여준다.

농업도 마찬가지다. 이주인권 활동가이자 연구자인 우춘희 씨는 2022년 낸 《깻잎 투쟁기》에서 이주노동자 고용이 깻잎 재배 농가를 늘리고 있다고 설명[42]했다. 계속해서 월급을 줘야 하는 상황에서 몇 달간 쉬는 기간이 있는 고추나 배추가 아니라, 일 년 내내 관리해야 하는 깻잎으로 갈아탈 수밖에 없다는 얘기다. 농촌경제연구원[43]에 따르면 2019년 상당수의 작물 재배 농가(64.2%)와 축산 농가(83.9%)가 외국인 노동자를 활용하고 있는데, 이는 1년 전인 2018년(각각 41.4%, 64.2%)에 비해 크게 늘어난 것이다. 또 농가들은 정부 허가를 받은 사람이 아니라 "대부분 비공식적인 경로를 통해"[44] 외국인을 쓰고 있었다. 경기도 포천시 농가를 연구한 논문[45]에 따르면 외국인 노동자 중에는 불법체류자도 있지만, 상당수는 자녀가 국제결혼을 하고 한국으로 이주한 뒤 가족 초청 등을 통해 온 사람들이다. 이 논문에 따르면 농장주들은 "옛날에는 갑일 때도 있었"지만 "지금은 코로나 때문에 우리가 을"이라고 하소연하는 등 외국인 노동자들의 협상력이 점차 강해지고 있고, 인력소개소를 거치지 않고 일자리를 찾는 등의 행태도 보인다.

외국인들은 대개 별개의 생활권역을 구축해 모여 산다. 그리고 한국인의 생활권역과 장벽은 높고 두텁다. 행정안전부 자료를 이용해 전국 3,481개 읍면동(자료 통합이 안 된 일부 제외)의 외국인 비율을 살폈다(〈그림 5-7〉 참조). 주민 4명 중 1명 이상이 외국인인 곳이 39개(1.1%), 10명 중 1명 이상이 외국인인 곳은 264개(7.6%)에 달했다. 안산시 원곡동(85.5%), 영등포구 대림2동(55.7%), 시흥시 정왕본동(52.0%)은 외국인 비율이 절반을 넘었다. 〈동아일보〉[46]에 따르면 2022년 원곡동 원곡초등학교 학생(449명) 가운데 조부모 때부터 한국에서 산 한국인은 6명뿐이었다. 인근에 사는 한국인 학부모들은 관산초등학교로 배정받기 위해 백방으로 노력한다. 반면 안산시 상록구나 시흥시에 사는 외국인 학부모들은 자녀를 원곡초에 진학시키고 원정 통학을 감내한다. 경북 영천시의 외국인을 조사한 논문[47]에 따르면 공식 집계보다 많은 노동자들이 공장과 농가에서 일했고, 특정 아파트 단지 등에 몰려 살았다. 기업형 임대사업자 등 한국인의 외국인 상대 사업도 활발했다. 음성

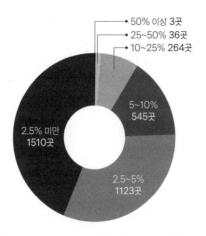

〈그림 5-7〉 외국인 주민 비율별 전국 읍면동 수

50% 이상 **3곳**
25~50% **36곳**
10~25% **264곳**
5~10% **545곳**
2.5~5% **1123곳**
2.5% 미만 **1510곳**

자료: 행정안전부 '지방자치단체 외국인 주민 현황'과 '주민등록인구' 통합(2020년 기준)

을 취재한 〈경향신문〉의 설명대로 "선주민과 이주민이 경제공동체임에는 틀림없지만 공간적으로는 '분리 상태'"다.

　외국인 이주민은 한국 사회에서 분리된 인종 집단을 형성하면서 경제적·사회적으로 중하층 지위의 육체노동에 종사한다. 그리고 좀처럼 계층 이동이나 한국 사회로의 동화가 이뤄지지 않는다. 이민정책연구원이 2019년 현재 20~30대 중국 동포 청년들을 조사한 자료[48]에 따르면 남성 취업자의 상당수가 건설업(21.0%)과 광제조업(49.7%)에서 일한다. 여성은 도소매업(42.1%)과 광제조업(38.1%) 비율이 높다. 건설업 등 육체노동에 종사하기 때문에 월 300만 원 이상 받는 취업자 비율(23.3%)이 높은 편이다. 하지만 초급 대학 이상 학력자(37.7%)가 적고, 중졸 이하(16.9%)도

쾌 된다. 특히 청소년기에 입국한 이들의 경우 중·고등학교에 진학할 수 있을지 여부는 전적으로 부모의 관심과 정보력에 달린 데다 진학하더라도 언어 등의 문제로 어려움을 겪는다.

결혼이나 이민 등으로 인한 다문화 가정 출신 청소년도 가파르게 늘고 있다. 교육부[49]에 따르면 2015년(8.3만)에서 2021년(16만) 사이 해마다 1만 명씩 늘어났다. 초등학교 재학생 내 비중도 크게 늘었다(2012년 1.1%, 2021년 4.2%). 하지만 대학 취학률(40.5%)[50]은 부모가 모두 처음부터 한국 국적이었던 사람들(71.5%)보다 훨씬 더 낮다. 고등학교만 졸업하고 바로 취업을 택하는 이들이 많다는 의미다. 사교육 참여율(67.1%)은 전체 평균(77.8%) 대비 10%포인트 정도 낮았다. 여러 연구들은 외국 이민자와 다문화 가족의 자녀들이 한국어 능력 때문에 교육에서 어려움을 겪거나 탈락하는 경우가 많다고 지적한다. 부모가 공식적인 학교 교육만 바라보면 실패하기 쉬운 한국 교육 제도에 익숙하지 않은 것도 또 다른 이유다.

외국인 이민은 늘어날 수밖에 없다. 가령 고령화로 돌봄이 필요한 사람들이 가파르게 늘어나는 상황에서 막대한 규모의 노동력 공급처는 외국인밖에 없다. 일본은 베트남 등지에서 대규모로 개호 인력을 들여오겠다는 계획을 몇 년 전부터 꾸준히 내놓고 문호를 확대하고 있다. 개호 관련 교육 기관에서 공부하고 자격증을 딴 이들을 일본인과 똑같이 고용하겠다고 했지만, 인력난을 타개할 정도로 사람이 모이지 않았기 때문이다. 후생노동성에 따르면 외국인 노동자(2022년 10월 현재 182.3만 명) 가운데 사회보험·사회복지·개호 사업 종사자는 5.4만 명[51]이다. 일본 월간

지 〈웨지ゥェッジ〉는 인도네시아에서 일본 취업을 준비하는 이들을 다룬 기사에서 "개호 분야 외국인 노동자는 선진국 어디에서나 인력이 부족한 상황"이라며 "취업 자격 요건인 일본어능력시험 'N4' 등급은 6개월 이상 공부하면 딸 수 있어 일본 취업이 인기가 있다"[52]고 소개했다.

한국은 공식 통계는 없지만 2020년 3월 요양병원 간병인 3.5만 명 가운데 외국인은 1.6만 명(46%)에 이른다.[53] 개인적으로 고용한 경우 중국 동포나 고려인의 비율이 더 올라가는 것으로 알려져 있다. "힘들고 박봉인 데다 하루를 온전히 환자를 위해 써야 하니, 내국인이 간병 업무를 기피할 수밖에 없"기 때문이다.[54]

지방에선 핵심 과제이지만 중앙 정치는 '선거권 박탈'만 부각

이민자와 다문화 가정의 증가는 지방자치단체 정치와 행정의 주된 과제가 될 수밖에 없는 상황이다. 또 생산가능인구가 급격히 줄어드는 상황에서 고령화에 뒤따르는 보건·복지 분야의 인력 수요가 늘어나기 때문에 중앙정부의 주요한 정책 과제이기도 하다. 하지만 중앙 정치와 지역 정치 양쪽에서 외국인 노동자나 이주민, 다문화 가정의 증가에 대해 제대로 대응하지 못하는 상황이다. 무엇보다 해당 이슈에서 이주민들의 목소리를 대변한다고 해서 표가 더 나오는 게 아닌 데다, 반외국인 정서에 기대는 것이 낫겠다는 판단을 내리는 경우가 늘어서다. 반외국인 정서는 반중 기류와 함께 엮이고 있지만, 별도의 정치적 의제가 될 가능성도 상당하다.

이를 잘 보여주는 게 보수정당의 행보다. 한나라당은 2010년 경기도 의회 비례대표 1번으로 한국 남성과 결혼해 귀화한 몽골 출신의 33세 여성 이라 씨를 공천했다. 경기도당에서 공천심사를 맡았던 원유철 전 의원이 뚝심을 발휘한 결과였다. 2년 뒤 총선에서는 외국인 공무원 1호였던 필리핀계 이자스민 전 의원을 비례대표 15번으로 공천했다. 하지만 2022년 지선에서 김은혜 경기지사 후보가 영주권을 취득한 지 3년 이상 지난 외국인이 지방선거 투표권을 갖는 건 부당하다며 이를 폐지하겠다는 공약을 내세웠다. "우리 국민은 단 한 명도 중국에서 투표하지 못하는데 10만 명에 달하는 중국인이 우리나라 투표권을 가지는 건 불공정하다"[55]는 논리였다. 인터넷 커뮤니티 등에서 중국인들이 선거를 좌우할 수 있고, 상대 국가가 참정권을 주지 않는데 일방적으로 할 이유가 없다는 목소리 등이 힘을 얻자 이를 곧장 본인의 어젠다로 삼은 것이기도 했다.

사실 민주당도 보수정당과 딱히 차이가 나지 않는다. 민주당은 경기도 안산에서 2022년에야 첫 다문화 시의원을 냈다. 서울시 의회에도 같은 해 첫 외국계 의원을 배출했다. 2018년 울산에서 민주당 첫 기초의원이 나왔지만, 다문화 위원회를 설치하는 등 주요하게 다룬 건 2022년이 처음이나 마찬가지다. 다문화 가족이나 외국인 이주민 비중이 높은 지역 다수가 민주당 강세 지역이지만 딱히 신경을 쓰지 않았다는 게 정확할 것이다.

외국인 노동자는 늘어나고 있는데, 다문화 혼인은 과거보다 줄었다. 다문화 혼인 건수[56]는 2010년(3.5만 건)을 정점으로 해서

2016년(2.2만 건)까지 줄어든 뒤 정체 상태다. 다만 결혼 적령기 인구가 줄고 혼인율이 감소하면서 전체 혼인에서 다문화가 차지하는 비중은 늘어났다(2019년 10.3%). 가구원은 2021년 기준 112만 명으로 추정됐다. 외국에서 난 귀화인에게 국회의원이나 지방의원 자리를 준들, 그들을 통해 더 확보할 수 있는 표의 숫자는 꽤 제한된다고 봐야 할 것이다. 투표권이 있는 경우에도 이들의 투표율은 높지 않다(국적 취득자 54.1%, 영주권자 23.1%).⁵⁷ 반면 외국인 노동자가 늘어나고, 그들이 따로 모여 사는 모습이 전국 단위에서 목격되면 그들에 대해 적대적인 감정을 품는 한국인들이 늘어날 수밖에 없다. 교외의 공장 지대나 농촌에서는 외국인 노동자를 구하기 위해 사력을 다하지만, 부유한 대도시에서는 외국인 반발 감정에 기댄 정치 세력이 등장할 가능성이 다분하다.

고령화와 지방 그리고 외국인 문제는 서로 밀접하게 연관돼 있다. 2020년 현재 광주광역시 96개 동의 평균 연령을 보면 가장 젊은 곳은 34.1세, 가장 늙은 곳은 61.4세다. 27.3세 차이가 난다. 한창 일할 나이대의 젊은 사람들은 새로 조성된 신도시의 아파트에 모여 산다. 반면 나이 든 사람들은 구도심으로 거론되는 동구나 북구에 많다. 동별 인구도 최소(1,810명)와 최대(7만 7,210명) 사이 큰 차이가 나는데 평균 연령과 정확히 반비례 관계에 있다. 쇠락한 지역은 생활 편의 시설이 부족하고, 대중교통 등에서도 소외된다. 신도시 아파트로 옮겨갈 수 있을 정도로 부유한 노인과 그렇지 않은 노인의 불평등 문제이기도 하다. 외국인 비율이 가장 높은 곳은 평동(27.0%), 월곡2동(25.3%)과 1동(16.7%) 등인데 하남산업단지, 소촌산업단지, 평동 산업단지 등에 인접하고 주택 가격이 싸다. 이러한 문제들은 새로운 정치적 균열을 만들어내고 있으며, 현재 정당 정치의 기반을 뒤흔들 가능성이 높다.

6

공동구매형 사회의 붕괴

한국의 경제와 사회복지 시스템을 한 단어로 표현하자면 '공동구매'라 할 수 있다. 주택·보육·의료·교육·교통 등 공공재 성격이 강한 재화나 서비스를 공급하는 데 필요한 재원을 시민들이 갹출해서 조성한다. 굳이 이걸 공동구매라고 표현한 이유는 정부가 좀처럼 돈을 쓰지 않기 때문이다. 또 민간이 공공재 생산 및 공급에서 상당한 역할을 담당한다. 돈을 낸 사람이, 낸 만큼 혜택을 받는 경우가 많은 것도 특징이다. 정부는 공공재 생산에 직접 나서기보다는 무엇을, 어떻게, 어떠한 방식으로 생산할지 규칙을 정하고 그 제도를 관리하는 역할을 맡는다. 그리고 제도를 도입하고 유지하는 데 행정력을 적극적으로 활용한다.

덴마크 사회복지학자 요스타 에스핑-안데르센은 서유럽 국가의 사회복지제도를 분석하는 데 '탈상품화'라는 개념을 제시했다. 탈상품화는 사회복지와 관련된 공공재가 시장과 무관하게 생산되고 배분되는 정도를 가리킨다. 가령 연금 수급액이 소득(정확히는 납입액)의 많고 적음과 일대일로 연계되어 있으면, 이 연금은 노동시장에 긴밀하게 연관되어 있다고 볼 수 있다. 따라서 탈상품화 정도가 낮다. "국가 운영의 강제 사회보험(이) 존재한다고 해서 그것이 자동적으로 실질적인 탈상품화를 보장하지 않는다"[1]고 안데르센이 말한 이유다. 김도균 제주대 교수는 한국 복지 정책의 특징으로 수익자 부담, 재정 안정, 가족주의[2]를 꼽는다. 주소득자인 남성 명의로 연금이나 건강보험 등의 제도가 운영되고 그 수혜는 '낸 만큼' 받게 된다는 것을 의미한다. '탈상품화'라는 기준에서 한국의 공공재 공급은 굉장히 '상품화' 되어 있다.

'국가가 정한 대로 민간이 생산하는' 공공재 공급 방식

공동구매 사회는 압축 성장의 부산물이다. 개발도상국이던 한국은 조세·재정 역량이 취약했다. 그런데 경제가 발전하는 과정에서 주거, 의료, 교육 등에 대한 다양한 형태의 삶의 질 개선 요구가 분출했다. 정부는 재정 투입을 억제하면서 보편적인 서비스 공급이 가능한 제도를 땜질식으로 만들어야 했다. 품질은 낮지만, 대량으로 서비스를 공급할 수 있는 시스템을 만든 뒤 추가적인 보완을 하는 방식이 많았다. 심지어 중등 교육도 그러했다. 1962~1980년 사이 일반계 사립고(138%)와 실업계 사립고(260%)[3]가 크게 늘었다. 정부는 일단 사립학교법으로 학생 선발과 교육

과정 운영을 통제했고, 이후 1985~2021년까지 무상 교육을 단계적으로 실시했다. 표준화된 교육 과정을 운영하면서도, 그 운영에는 학부모들이 다양한 형태로 적지 않은 부담을 져야 했다.

한정된 재원 속에서 비용 부담을 꺼리는 이해당사자들을 조율해 각종 사회적 서비스에 대한 욕구를 제때 맞춰주는 일은 그나마 쉬웠다. 공동구매 방식은 민간의 자율적인 활동에 상당 부분 의존하기 때문에 관련 체계를 구축하고 작동시키는 데 부담이 덜하다. 특정 사회적 서비스를 위해 세금을 거두고 재정을 투입하는 과정에 따르는 정치적인 부담을 '우회'할 수 있기도 하다. 정부는 따로 수익을 낼 길을 마련해주며 공기업·공공기관을 주체로 내세우거나 민간 참여를 장려했다. 또 재정 지출 대신 일종의 사회보험을 적극적으로 활용했다.

국가 주도 공동구매 방식이 오랫동안 유지된 것은 효율성(비용 대비 편익)과 효과성(목표에 맞춰 제도가 잘 작동하는가) 양쪽에서 장점이 있었기 때문이다. 특히 상대적으로 싼값에, 표준화된 형태로 각종 사회적 서비스와 재화를 공급할 수 있다(건강보험이 대표적이다). 정부가 나서서 대규모 수요를 만들어낸 뒤 공공재나 사회적 서비스를 생산하면 '규모의 경제'가 작동한다. 또 관리 비용을 아낄 수 있다. 정부가 나서서 의무 가입(또는 소비)을 강제하기 때문에 '무임승차' 문제가 없다. 직접 사서 쓰는 사람 이외에 다른 사람들도 혜택을 받는 외부효과가 큰 재화나 서비스도 안정적으로 공급이 가능해진다. 사업자 입장에서 돈이 되지 않는 사람만 가입하는 '역선택' 문제도 해결할 수 있다. 서비스 공급 가격이나 품질이 정해져 있기 때문에, 소비자 입장에서도 해당 서비스에 안

심하고 가입할 수 있다. 주택이 자산 증식의 주된 수단으로 여겨지는 사회에서 주택 내부뿐만 아니라 녹지·주차·방범과 자녀 학교 진학에까지 균일한 품질을 보장하는 대규모 아파트 단지는 각광받을 수밖에 없다.

하지만 국가 주도 공동구매는 장점 못지않게 단점도 상당했다. 가장 큰 문제는 결국 지불 능력이 되는 이들만 대상으로 삼는다는 것이다. 공공재나 사회서비스가 필요하지만 '지불 능력이 되지 않는 이들을 어떻게 배제시키지 않느냐'가 관건이 됐다. 이는 기존에 짜인 개별 시스템에서 적당히 비용을 내고, 낸 만큼 서비스를 공급받는 이들에게 추가 부담을 요구하는 것을 의미한다. 공공재 공급을 위해 국가가 도입한 제도가 도리어 공공재 공급 격차를 유지시키는 역할을 하게 됐다.

또 공동구매 이탈 수요가 상시적으로 존재할 수밖에 없었다. 공동구매에서 공급되는 서비스는 표준화되어 있고, 상대적으로 비용 효율성이 높은 것들 위주였다. 따라서 좀 더 질 높은 서비스를 원하는 이들은 추가 요금을 내고 특별 서비스를 받았다. 게다가 국가가 대규모로 재정을 투입하는 것도 아니고, 아예 민간의 자율적인 경쟁에 맡긴 것도 아닌 방식은 제도적인 안정성이 떨어진다는 근본적인 문제도 안고 있었다. 경제 구조가 변화하고 해당 서비스에 대한 사람들의 니즈가 바뀌는 속도가 빠른 상황에서 끊임없이 관련 제도를 수선해 나가야 했다. 배제당하는 이들의 불만을 달래고, 끊임없는 이탈 시도를 적절하게 관리하며, 제도적인 안정성을 확보하기 위한 지속적인 '개혁'은 필수였던 것이다.

　　　　　　　　　　　6장　공동구매형 사회의 붕괴

지금도 사회복지 서비스의 '공급'은 민간이 주도한다. 보건복지부에 따르면 2021년 노인 대상 사회복지 시설(1만 3,940곳) 가운데 정부 직영(비중 0.7%)이나 정부 위탁 운용(6.5%)은 일부에 불과하고, 대부분(92.8%)의 시설을 민간이 운영한다(〈그림 6-1〉 참조).[4] 아동 대상 시설(87.8%), 장애인 대상 시설(81.2%) 역시 대부분 민간이 운영한다. 그나마 어린이집은 사정이 나아서 국공립 시설에 다니는 이용자 비중(22.7%)이 높은 편이다. 해당 시설 다수가 위탁 운영되지만 말이다. OECD가 집계하는 GDP 대비 공공사회지출 socx은 2016년 10.2%였는데, 그중 53.8%가 가입자의 공동구매로 운영되는 사회보험 지출이었다. "사회복지 지출은 OECD 다른 나라들과 비교해 낮은 편이지만, 사회보험 지출 비중은 높은 편"[5]이다. 보건·의료 시스템이 건강보험 위주이고 노후 보장도 국민연금 의존도가 높은 걸 그대로 반영하는 셈이다.

〈그림 6-1〉 사회복지 시설 운영 방식

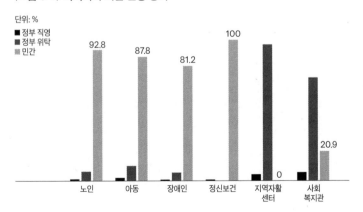

단위: %
- ■ 정부 직영
- ■ 정부 위탁
- ▨ 민간

자료: 보건복지부, 2021년 《보건복지 통계연보》

한국의 공기업과 공공기관 수(363개)는 다른 나라에 비해 압도적으로 많다. 미국(67개)이나 스웨덴(43개)은 물론이고 일본(120개)에 비해서도 3배 이상 많다. 그나마 영국(256개) 정도가 한국에 비견할 수준이다.[6] 한국처럼 사회간접자본, 에너지, 금융, 문화체육·국민생활, 고용복지, 산업정보·정보화, 환경 연구·교육, 보건 등 전방위에 걸쳐 공기업·공공기관이 있는 곳은 드물다. 다른 선진국의 공기업이 적은 이유는 미국처럼 아예 시장에 맡기거나 아니면 스웨덴처럼 정부가 직접 나서기 때문이다.[7]

과거 한국은 정부의 재정 능력이 취약해 공공재를 제대로 공급하기 어려웠다. 이 때문에 공기업을 만들고, 자력갱생이 가능한 방편을 제도적으로 마련함으로써 공공재를 공급하게 했다. 대표적인 곳이 한국토지주택공사LH로 합쳐진 대한주택공사(주공)다. 급격한 도시화·산업화로 서민 주거 수요가 늘어나자 정부는 주공이 대규모 주택단지를 개발하고 이를 민간에 판매해 나오는 수익으로 공공임대주택을 짓도록 했다. 이때부터 주공이 임대주택 공급은 뒷전이고 '집 장사'에 열을 올린다는 비판이 나왔다. 2010년 이후 정부가 임대주택 공급을 크게 늘리면서 관련 적자가 늘어나는 상황이기도 하다. 2021년 직원들의 부동산 투기 사건을 계기로 터져 나온 LH의 각종 문제는 필연적인 결과에 가깝다.

문제는 한국 사회를 관통하는 운영 원리로서 공동구매가 더는 제대로 작동하지 않게 됐다는 것이다. 선진국에 걸맞게 경제 성장률이 뚝 떨어진 데다 생산가능인구가 줄어들고 있기 때문이다. 기존 공동구매 방식은 대개 경제 규모가 계속 커지고, 국가 재정 역량도 확충되는 것을 전제로 했다. 사회복지제도 중 상당수는 처음 시작 단계에서는 참가자들에게 인센티브를 꽤 주면서 공급과 수요 양 측면에서 '규모의 경제'를 달성하는 걸 최우선시하면서도 별 탈 없이 돌아갔다. 경제 성장과 함께 사후적으로 제도를 보완하면 됐기 때문이다.

하지만 경제 규모나 1인당 소득이 정체 상태에 접어들면 결국 '제로섬'에 가까운 이해조정 문제가 된다. 불안정한 제도를 개선할 수 있는 여지가 줄어들게 되면, 제이콥 해커(예일 대학교) 등이 개념화한 '정책 표류' 현상이 발생할 가능성이 높아진다. 해커는 "정책 변화를 요구하는 강력한 압력이 존재하고 당초의 목적을 달성하지 못하고" 있을 때 "일정 기간 정책의 갱신을 성공적으로 막아"[8]내는 경우, 부작위不作爲(아무것도 하지 않음)에 의한 정책의 해체가 발생할 수 있다고 설명한다. 또 지금까지 제도의 바깥에 놔둘 수 있었던 사람들의 목소리도 커질 가능성이 높아진다. 높은 성장률에 기반한 경제적 처지 개선 가능성이 사라지기 때문이다. 고령화에 따른 사회복지 서비스 수요 폭증은 기본적인 문제에 불과하다.

고령화에 따른 경제성장률 하락 폭은 지금 예상보다 더 클 수 있다. 한국개발연구원KDI은 경제성장률이 계속 하락할 것으로 전망했다(2023~2030년 연평균 1.9%→2031~2040년 1.3%→2041~2050년 0.7%).[9] 경제 전체의 생산성(총요소생산성TFP)이 연 1%씩 계속 늘어난다는 가정에서인데, 이는 매우 낙관적 가정이다. 2011~2019년 TFP의 성장기여도는 연평균 0.7%포인트에 불과했고, 2001~2010년 평균 1.9%포인트 대비 크게 줄어든 것이기 때문이다. 또 인구 고령화는 투자 부진, 소비 위축, 낮은 노동생산성 등의 요인으로 TFP

를 더 끌어내릴 가능성이 높다. 경제활동인구 감소도 문제다. 글로벌 금융위기 이후 한국 경제가 연평균 2%대 성장률을 기록할수 있었던 건, 생산성 향상이 더딘 가운데 노동 투입(즉 중장년층 또는 여성의 경제활동참가)이 늘었기 때문[10]이다. 고령화로 과거 수준의 노동시장참여율 증가가 유지되지 못하면 경제성장률은 내려갈 수밖에 없다. 2022년 고용노동부는 64세 이하 경제활동인구가 2025년(2,520만)에서 2030년(2,388만) 사이 132만 명 줄어들 것으로 추정한 바 있다.[11]

저성장·고령화 속에서 세대 간 갈등도 본격화된다. 지금까지 한국의 사회적 서비스 생산·배분 과정에서 세대 간 갈등 양상이 불거지지 않았던 것은 높은 성장률 아래에서 젊은 세대도 혜택을 받을 수 있었기 때문이다. 특히 대기업이나 공공부문 정규직 노동자들은 바로 윗세대보다 사회적 안전망이 갖춰진 사회에서, 다양한 자산 축적 경로를 확보할 수 있다는 전망을 가질 수 있었다. 하지만 이제 젊은 세대는 부담만 더 지게 되는 처지에 몰리게 됐다. 또 뒤에서 살펴보겠지만, IT 기술 발전도 공동구매형 사회의 해체를 가속화시키는 요인이다. 디지털 플랫폼 경제의 핵심 비즈니스 모델은 기존의 경제적 이해관계를 뒤흔드는 것이다. 이른바 '공유경제'의 성장과 침투 과정에서 새로운 갈등은 필연적이다. 화이트칼라까지 포함한 중숙련 일자리의 소멸 속에서, 불평등은 커지고 기존 복지 체제에 들어갈 수 없는 사람들이 늘어나는 건 두말할 나위도 없다.

'아파트 공화국'의 물적 토대, 주거 공공재

한국 언론에서 '아파트 공화국'이라는 단어가 본격적으로 쓰인 건 2006년[12]부터다. 한국언론재단 신문기사 데이터베이스 빅카인즈에서 '아파트 공화국'이라는 단어로 모든 언론사를 검색했을 때 2006년부터 10건 이상씩 사용됐다. 2004년 6월 건설교통부(현 국토교통부) 관계자가 '한국 주택 10가구 가운데 4.3가구가 아파트'라며 "대한민국은 아파트 공화국이다"라고 말한 것[13]이 시작점이었다. 서울 강남 3구 아파트를 중심으로 부동산 가격이 뛰고, 표준적인 주거 형태로서 아파트가 인정받게 되면서다. 프랑스 지리학자 발레리 줄레조(프랑스 사회과학대학EHESS)의 책이 2004년 《한국의 아파트 연구》[14]라는 밋밋한 학술서적으로 출판됐다가, 2007년 개정판에서 《아파트 공화국》[15]이라는 제목을 달고 나와 센세이션을 일으키기도 했다.

한국이 아파트 공화국인 건 단순히 그 수가 많아져서가 아니다. 표준적인 중산층('1가구 1주택')의 자산 보유 형태에서 '1주택'의 표준은 아파트이기 때문이다. 통계청에 따르면 전체 주택에서 아파트가 차지하는 비중[16]은 최근 30년 사이 크게 늘었다(1990년 15.1%→2000년 38.7%→2010년 48.9%→2020년 51.2%). 그런데 자가 소유 주택 가운데 아파트의 비중은 같은 기간 더 가파르게 늘어났다(19.3%→43.1%→56.1%→61.8%). 원룸·오피스텔이나 다가구·다세대 주택에 살다가 아파트 전세를 거쳐 아파트를 매입하는 게 돈을 모아서 내 집 마련의 꿈을 이루는 '주거 사다리'의 보편적 형태인 셈이다.

아파트는 사용가치 측면에서 단독주택이나 다세대주택보다 훨씬 뛰어나다. 녹지, 공원, 보행로, 주차 공간 등 주거 관련 공공재를 사적으로 공동구매하는 주거 형태이기 때문이다. 신축 아파트의 강점 중 하나인 넓은 지하 주차장과 현관문까지 바로 이어지는 구조를 갖추는 데 필요한 공사비는 주택 가격에 고스란히 녹아들어 있다. 커뮤니티센터라는 이름으로 독서실, 피트니스센터, 골프 연습장은 물론 경우에 따라 극장이나 양질의 식사를 제공하는 식당까지 운영한다. 대규모 아파트 단지를 선호하는 이유 중 하나는 공동구매에 따르는 비용이 낮아지고, 더 많은 시설을 만들 수 있기 때문이다.

아파트 밖 거주민은 주거 관련 공공재가 부족하다. 2020년 서울연구원 보고서[17]에 따르면 대규모 다세대·다가구 주택 지역에서 녹지 면적은 3.4%에 불과했다. 반면 아파트의 녹지율은 35.8%에 이른다(〈표 6-1〉 참조). 다세대·다가구 주택 지역은 1개 택지당 주민 주차구역이 214대인데, 평균적으로 도로를 점유한 차량은 400~500대에 달한다. 연식이 오래된 아파트에서 주차 전쟁이 자주 벌어진다지만, 신축 아파트는 그래도 가구당 1대 이상의 주차 공간이 나온다. 거꾸로 인구 밀도는 아파트(헥타르당 603명)가 다세대·다가구(436명)보다 더 높다. 토지를 통째로 개발해 고층 건물에 주거 시설을 몰아넣고 나머지 지역에 녹지 등 편의 시설을 설치하기 때문에 인구 밀도가 높음에도 건폐율(건설 부지에서 건축물이 차지하는 비율)이 낮다.

〈표 6-1〉 서울시 다세대·다가구 주택지와 아파트 단지의 주거 환경 비교

	녹지율	인구 밀도 (헥타르당 명)	건폐율
다세대·다가구	3.4%	436	53.6%
아파트	35.8%	603	19.9%

자료: 임희지·양은정, 2020년.

이러한 격차는 고스란히 가격에 반영될 수밖에 없다. 한 연구[18]에 따르면 세대당 주차 대수가 1대 이상일 때, 주차장이 지하에 조성돼 지상을 녹지 공간으로 꾸밀 수 있는 곳일 때, 공원이 반경 300m 이내에 입지해 있을 때 그렇지 않은 곳 대비 가격이 높은(각각 5.4%, 14.2%, 2.8%가량) 것으로 나타났다. 또 1,000세대 이상 대단지의 경우 학교를 비롯한 공공시설이나 편익·부대시설과 접근성이 높아져 그만큼 가격 프리미엄을 받는다고 분석했다.

표준화되어 있는 주거 형태이기 때문에 그만큼 사고팔 때 가격이 안정되어 있기도 하다. 전세 가격도 예측 가능하다. 그에 따라 대출을 받기 쉽다. 일종의 사금융이나 마찬가지인 전세 제도의 속성 그리고 '주택의 금융화'라는 말이 나올 정도로 거액의 은행 대출이 필수가 되어버린 상황에서 아파트가 선호될 수밖에 없다. 자녀 교육 등의 이유로 몇 번씩 더 '상급지' 주택으로 이사를 가야 하는 라이프사이클과 가계 자산에서 부동산이 차지하는 비중을 생각하면 더욱 그러하다.

강력한 아파트 선호는 필연적이다. 2020년 전국의 아파트 비중은 62.9%였다. 6개 광역시의 평균은 72.1%였고, 경기도도 70%

다. 땅값이 너무 올라 1970년대 조성한 다세대·다가구 주택지를 재개발하지 못하는 서울만 예외적으로 58.8%에 불과하다(〈그림 6-2〉 참조). 경기 용인 수지구(93.0%)와 수원 영통구(91.4%), 인천 연수구(91.2%), 경남 창원 성산구(91.1%), 경기도 하남시(88.4%) 등 새로 개발된 도시는 아파트 외 주택을 찾기 어려울 지경이다.

주거 공공재의 사적 공동구매를 도모하는 아파트의 속성상 비슷한 수준의 사람들이 많이 모여 사는 형태를 추구하는 것도

〈그림 6-2〉 시도별 아파트 비중(2020년)

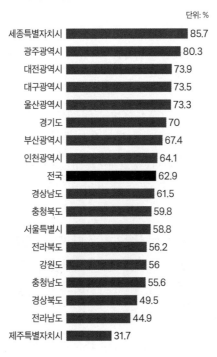

단위: %

세종특별자치시	85.7
광주광역시	80.3
대전광역시	73.9
대구광역시	73.5
울산광역시	73.3
경기도	70
부산광역시	67.4
인천광역시	64.1
전국	62.9
경상남도	61.5
충청북도	59.8
서울특별시	58.8
전라북도	56.2
강원도	56
충청남도	55.6
경상북도	49.5
전라남도	44.9
제주특별자치시	31.7

주: 전체 호수 중 아파트 비율
자료: 통계청 〈인구주택총조사〉

6장   공동구매형 사회의 붕괴

자연스럽다. 그렇게 해야만 공공재를 조달하는 비용은 줄고, 의사 결정도 원만하게 이룰 수 있기 때문이다. '급'이 맞는 사람들과 함께 모여서 '주거 이해 공동체'를 만드는 건 합리적인 선택이다. 그 결과 중상위층이 대규모 아파트 단지와 같이 주변 주거지와 분리된 '빗장 주거단지Gated Community'에 모여 사는 경향은 강화되고 있다. 국토교통부 자료로 준공 연도별 아파트의 평균 세대 수를 살펴보면 아파트 단지의 대형화 추세가 뚜렷하다(〈그림 6-3〉). 2001~2005년 준공된 아파트 단지(평균 560세대)의 규모는 점점 대형화되었다(2011~2015년 650세대, 2016~2021년 705세대). 대규모 아파트 단지일수록 내부에 각종 편의시설을 설치하기 편리하고 이웃 주민들의 등질성이 높아지기 때문에 발생한 현상이다.

　'급'이 맞지 않는 사람들을 배제하는 행태도 합리적인 선택

〈그림 6-3〉 아파트 준공 연도별 평균 세대 수

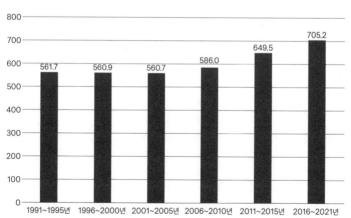

주: 사용 승인일이 1991~2021년인 1만 6,430곳을 대상으로 연도별 평균을 구했음
자료: 국토교통부 공동주택관리시스템에 '관리비 공개 의무 단지'로 등재된 아파트 단지

이라 할 수 있다. 아파트 주민들 입장에서는 외지인이나 임대주택 거주자가 공공재를 무임승차해 쓰는 것이나 마찬가지이기 때문이다. 한 논문에 따르면 2002년에서 2016년 사이 아파트 단지가 늘어날수록 소득별 주거지 분리가 심화됐다. 특히 "저소득층을 공간적으로 분리하는 방향"[19]으로 영향을 주었다. 대규모 재개발로 지역의 주택 가격이 전반적으로 상승하면 저소득층을 밀어내게 된다는 얘기다.

　문제는 아파트에 기반한 주거 공동체들로 구성된 사회가 장기적으로 지속 가능하느냐다. 번듯한 아파트에 살 수 있는 사람과 그렇지 않은 사람은 현재의 삶의 질뿐만 아니라 미래의 발전 가능성도 차이가 난다. 그 직접적인 결과가 있다면 동질혼 경향의 강화와 결혼 기피다. 〈한국일보〉는 2018년 한 송파구 아파트에서 주민들끼리 자녀들의 혼처를 찾아주는 행사를 전하면서 "비싼 아파트일수록 끼리끼리 혼사에 적극적이다. 자가로 오랫동안 거주한 부모들은 비슷한 조건의 검증된 상대를 만날 수 있다는 '기대' 심리를 갖는다"[20]고 설명했다. 결혼 시작 전에 미리 안정된 주거, 또는 그에 상응하는 자산을 마련하는 것도 중요한 조건이 된다. 통계청이 〈인구주택총조사〉 자료로 혼인 5년 이내(재혼 포함) 가족의 자가 비율을 분석한 결과 2010년(45.6%) 대비 2015년(50.6%)이 높아진 게 대표적이다. 통계청은 "즉 '선결혼→주거'에서 '선주거→결혼'으로의 결혼에 대한 의식과 행태 변화"[21]가 반영된 결과라고 설명했다.

　아파트를 살 수 없는 사람들의 주거 문제를 해결할 방법도 찾기 어렵다. 청년주택 등 도심 내에서 공급되는 저렴주택affordable house(적당한 가격에 구매할 수 있는 주거)에 대한 아파트 주민들의 반대는 새삼스러운 일이 아니다. 2020년 서울 마포구가 지역구인 정청래 의원과 김종천 과천시장 등이 건설에 반대하고 나서며 빈축[22]을 산 일이 있었는데, 이는 지역 여론을 의식한 결과다. 그랬던 이들이 인근 빌라 밀집지의 주거 환경을 개선하기 위해 대규모 투자를 하거나, LH의 공공임대주택 사업을 위해 전폭적인 재정 지원을 하는 데 찬성하리라 기대하기는 어렵다. LH의 부채는 2022년 6월 현재 114.5조 원(부채비율 219%)에 달한다.

유럽에서 자가 소유 비율이 높고 아파트 같은 공동주택 거주 형태가 일반적인 나라는 이탈리아·스페인 등 남유럽 국가다. 이탈리아에서는 보통 결혼에 맞춰 집을 마련한다. 테레시오 포조(이탈리아 트렌토 대학교)는 "부모가 직접 금전 지원을 하거나 아니면 자신이 보유한 집에서 무상으로 함께 살게 하는 등 경제적 도움을 주는 경우가 계속해서 늘어나고 있다"[23]고 설명한다. 이탈리아도 주택 가격이 치솟는 건 한국과 비슷하다. 주택을 보유하는 게 중산층의 표준적인 자산 축적과 노후 대비가 된 '자산 기반 복지' 사회라는 점도 한국과 비슷하다. 자산 기반 복지 사회에서 중산층, 특히 상위 중산층은 사회복지 확대에 따르는 부담 증가를 기피하게 된다. 프랜시스 캐슬레스(호주국립대학교)는 "(이탈리아 등) 남유럽 국가들의 높은 주택 보유율은 고령자 대상 연금에 대한 정부 재정 지출을 낮추는 주요한 요인"[24]이라고 지적했다. 또 캐슬레스는 자산 기반 복지는 결국 가족 간 자산 이전을 통해 세대 간 불평등을 완화하게 되는데, 이는 자산이 없는 사람들을 소외시키는 결과를 낳는다고 분석했다. 정확히 한국에서도 비슷하게 일어나는 현상이다.

'문재인 케어' 논쟁, 복지 정치의 기류 변화

2022년 12월 문재인 정부의 의료보장 확대 정책을 윤석열 정부가 포퓰리즘이라 공격하면서 촉발된 논쟁은 복지 정치의 기류 변화를 상징하는 사건이다. 당시 윤석열 대통령은 "국민 건강을 지키는 최후 보루인 건강보험에 대한 정상화가 시급하다"라며 "국민 혈세를 낭비하는 인기 영합적 포퓰리즘 정책은 재정을 파탄시켜 건강보험제도의 근간을 해치고 결국 국민에게 커다란 희생을 강요하게 돼 있다"[25]고 말했다. 윤 대통령의 발언 며칠 전 보건복지부는 문재인 정부 시절 건강보험 적용 대상이 된 초음파·MRI 등에 대해 급여 지급 조건을 이전보다 훨씬 까다롭게 하겠다고 발표했다.

건강보험은 도입 이후 줄곧 보장 범위가 확대됐다. 박근혜 정부에서는 암·심장·뇌혈관·희귀난치질환 등 중증 질환에 대한 건강보험 적용 범위가 확대됐고, 선택진료비·상급병실료·간병비 등 건강보험 적용이 되지 않는 비급여 항목에서도 급여 적용이 진행됐다. 이명박 정부 당시에도 건보 보장률을 80%까지 늘리겠다는 게 대통령 공약이었다.

과거 보수 정부는 복지 확대에도 꽤 적극적이었다. 무상 보육이 대표적이다. 2012년에는 0~2세 영아 보육시설 이용료를 전액 지원하고, 5세 유아 대상 누리과정이 시작됐다. 그리고 2013년 누리과정이 3~4세로 확대돼 5세 이하 영·유아에 대한 무상 보육 체계가 만들어졌다. 2011년 서울시장 재보궐선거와 2012년 대선 및 총선에서 주요 정당이 복지 확대를 놓고 경쟁을 벌였기 때문이다. 이명박·박근혜 정부 당시 도입·확대된 양육수당까지 더해져서 보육 복지가 체계적 시스템[26]을 갖추게 됐다. 이른바 '문재인 케어'를 둘러싼 논란은 이제 건강보험 축소가 의제가 되기 시작했음을 의미한다. 그리고 최소한 보수정당이 복지 문제를 다루는 기본적 입장이 '복지 확대'에서 '제도 개편과 축소'로 전환되고 있음을 시사한다.

윤석열 정부가 건보 재정 개혁을 들고나온 가장 큰 이유는 의료비 지출이 늘면서 보험료를 계속 올리지 않을 수 없게 됐기 때문이다. 2023년 직장 가입자의 건강보험료율이 2020년 이후 3년 만에 올랐다(2020년 6.67%→2023년 7.09%). 돌이켜보면 꽤 가파르게 인상되는 추세다(2005년 4.31%→2010년 5.33%→2015년 6.07%). 그만큼 실질적인 세후 소득이 줄어드는 셈이다. 건강보험 적용 진료비는 이제 100조 원(2022년)을 넘어섰다(2016년 64조). 기획재정부와 보건복지부는 2023년 1.4조 원을 시작으로 건강보험이 만성 적자 상태를 기록할 것이라는 전망을 내놨다.[27] 적립금(흑자를 보았을 때 쌓아둔 돈, 2022년 기준 21.2조 원)도 2028년이면 바닥을 드러낼 것이라고 봤다.

건보 재정이 문제인 것은 단순히 노인 인구가 늘었다거나 보장 범위가 확대되어서가 아니다. 연령별로 1인당 보건 분야 공적이전 규모 변화를 살펴보면 고령층이 받는 금액이 해마다 가파르게 늘어난다(〈그림 6-4〉 참조). 의료비 지출이 증가하면서 건강보험에서 보조하는 금액도 함께 급증한 것이다. 70대의 1인당 공적이전 규모를 연령별로 산술평균 내보면, 2010년(연평균 273만 원, 2020년 소비자물가지수 기준으로 실질금액 계산) 대비 2020년(409만 원)까

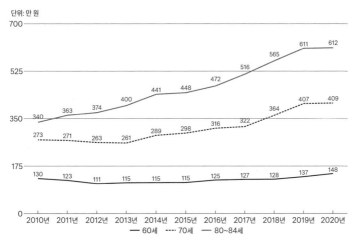

〈그림 6-4〉 연령대별 1인당 보건 분야 공적 이전(건강보험 장기요양보험 등 수급액) 추이

단위: 만 원

자료: 통계청 국민이전계정

지 49.7% 늘었다. 같은 기간 80~84세는 78.1%(340만 원→612만 원), 85세 이상은 88.3%(358만 원→675만 원)가 뛰었다. 그런데 60대의 증가율은 13.7%(130만 원→148만 원)에 불과하다. 50대는 오히려 연 7만 원씩 공적 이전을 받던 것에서, 연 70만 원씩 부담을 지는 것으로 바뀌었다. 보건 분야 공적 이전 대부분이 건강보험이나 장기요양보험이다. 소득이 늘어난 데다, 기대 수명이 늘면서 현재 건강 상태를 좋게 만들 유인이 커졌기 때문이다. 나라 전체 의료비에서 건강보험이 부담한 비율인 건강보험 보장률은 그다지 변화가 없다(2010년 65.0%→2022년 64.5%). 비급여 항목에 대한 지출이 늘어났기 때문이다. 의료비 지출 증가와 건보 재정 문제를 일종의 '선진국병'으로 볼 수 있는 이유다. 고령화가 진행되면 현재 예

6장 공동구매형 사회의 붕괴

상보다 의료비 지출이 더 뛸 가능성이 있다는 것도 시사한다.

한국의 건강보험은 낮은 비용으로 고품질 의료 서비스를 제공하는 성과를 거뒀다. 보건·의료 전문가인 박한슬 씨는 "비용을 최소화하면서도 최대한 많은 환자를 볼 수 있는 극도의 비용 효율성을 추구"[28]한 결과라고 설명한다. 한국 의사들은 하루에 58.3명의 환자를 진료하는데, 다른 선진국들이 일평균 8.1명[29]인 것과 비교해 극단적인 '박리다매'가 벌어진다는 것이다. 보건복지부와 건강보험공단이 독점력을 활용해 수가를 억제하는 대신, 의료 행위별로 돈을 주는 행위별 수가제를 채택한 결과다. 또 하나의 공동구매 성공 모델인 셈이다. 그런데 현재 방식은 '비급여 항목'을 끊임없이 만들어낼 수밖에 없는 문제를 야기한다. 비급여 진료를 억제하고, 이를 급여 진료와 함께 받을 수 없도록 해야 한다는 주장이 오래전부터 제기됐지만 좀처럼 도입되지 않는 이유는 이 또한 건강보험료 인상 요인이기 때문이다. 또 건강보험을 하나로 통폐합함에 따라 대형 종합 병원이 전국을 상대로 환자를 받을 수 있게 되면서, 의료기관과 인력의 서울 집중 현상이 심화되었지만 손 쓸 방법[30]이 없다. 결국 지금의 건강보험 및 의료 제도를 바꾸고 보험료도 인상하지 않으면 안 되는 상황인 셈이다.

국민연금이 처한 상황은 구조적으로 좀 더 나쁘다. 겉보기에는 가입자들에게 걷은 보험료를 기금으로 쌓아두고 돈을 굴리는 적립식(일반적인 보험 상품 같은 방식)처럼 보이지만, 실제로는 수급액이 정해져 있고 낸 돈보다 더 많이 받기 때문에 실질적으로는 부과식(세금처럼 보험료를 거둬들인 뒤 은퇴자들에게 지급하는 방식)이나 다름없어서다. 양재진 연세대 교수는 "연기금이 쌓이는 것으로 봐서는 적립 방식처럼 보이지만 (⋯) 착시 현상일 뿐"이라며 "원리상 부과방식"[31]이라고 설명한다. 문제는 고소득자까지 모두 납입액 대비 수익의 비율이 1을 훨씬 넘는다는 것이다. 양 교수는 "미래 근로세대에 높은 보험료를 부과해 현세대 은퇴자들에게 약속된 연금을 지급하기 때문"[32]이라고 설명한다. 국민연금이 이같이 설계된 것은 1988년 도입 당시의 높은 경제성장률과 풍부한 생산가능인구의 조합이 계속될 것으로 봤기 때문이다. 보건사회연구원은 2021년 보고서에서 "2000년대 이후 몇 차례 걸쳐 제도 개혁을 추진하여 왔음에도 여전히 재정은 불안정한 상태"[33]라고 지적했다. 돈을 더 내던가, 아니면 덜 받거나 수급 연령대를 올릴 수밖에 없다는 얘기다.

국무총리가 위원장을 맡는 정부 조직인 사회보장위원회는 2020년 실시한 '4차 중장기 사회보장 재정추계'[34]에서 국민연금을 포함한 노령 관련 공공지출(OECD의 공공사회복지지출 9대 정책영역 기준)이 가파르게 늘어날 것으로 예상했다(2020년 GDP의 3.6%→2030년 5.7%→2040년 6.7%). 보건 영역의 지출 역시 늘어날 것으로 봤다(2020년 5.0%→2030년 6.6%→2040년 8.9%). 두 영역을 합치면 2020년 대비 2040년에는 GDP 대비 비중이 거의 2배(8.6%→15.6%)가 된다. 그만큼 후속 세대(정확히는 생산가능인구)가 져야 하는 부담이 늘어날 수밖에 없다.

이러한 이유로 2023년을 전후해 한국의 복지 정치는 선진국이 1970~1980년대 맞닥뜨린 것과 비슷한 제도 개혁 국면에 접어들었다 할 수 있다. 복지 전문가들은 이를 '영구적 긴축permanent austerity'[35]이라고 표현한다. 그리고 "좌파 정부나 우파 정부 모두 예산

제약에 직면함과 동시에 복지국가의 혜택을 받으며 성장한 유권자들에게 직면"[36]하게 됐다. 좌파 정부가 선호하는 복지국가 확대는 예산 형편상 불가능한데, 또 우파 정부가 흔히 내걸곤 하는 복지국가 축소는 연금을 받는 고령자 등 지지자들 때문에 정치적으로 어렵다는 것이다. 독일의 경우 1980년대 성장률 하락과 고령화 속에 연금 개혁이 쟁점이 되었지만, 좀처럼 해결되지 못했다. 1990년대에는 이른바 '독일병'의 핵심 문제로 거론되곤 했다.

한국의 경우 복지 확대를 요구하는 목소리가 여전히 높긴 하지만, 그 못지않게 부담을 더 지기 싫다는 사람들도 늘고 있다. 하지만 재정 확대는 쉽지 않다. 한 조사에 따르면 '증세 찬성' 여론은 점점 낮아지고 있기 때문이다(2013년 7점 만점에 4.46점→2016년 4.23점→2019년 4.01점).[37] '정부 지출 확대' 여론도 조금씩 내려가고 있다(3.57점→3.43점→3.36점). 또 복지를 위한 증세에는 찬성(다소 찬성 53.0%, 매우 찬성 6.5%)하지만, 증세에 동의하는 사람들이 더 낼 용의가 있는 금액은 평균 연 20만 원에 불과했다.[38] 중위값은 더 낮아서 연 10만 원이었다. 재원은 법인세(53.7%)나 재산세(43.3%) 인상으로 마련해야 한다는 여론이 주였고, 소득세 인상(15.7%), 소비세 인상(13.7%)에 동의한 사람은 많지 않았다.

윤홍식 인하대 교수는 한국의 사회보장체제에서 세 집단이 서로 다른 여건에 놓여 있다고 설명[39]한다. 첫째, 대기업과 공공부문 정규직을 중심으로 한 상위 중산층은 안정적 일자리와 소득을 바탕으로 자산을 축적해 이를 사적 안전망으로 삼는다. 그리고 다른 한편 공적 사회보험이 보완적인 역할을 맡는다. 둘째, 중소기업 정규직 노동자는 공적 사회보장제도에 전적으로 의존한

다. 이들도 사적 자산이 없진 않지만 축적할 여유는 그리 많지 않
다. 마지막으로 비정규직이나 영세 자영업자는 수급 조건이 엄격
한 공공부조만 바라본다. 하지만 공공부조를 받기에는 충분히 가
난하지 않다.

공적 사회보험의 기반이 흔들리는 방식을 살펴보면 첫째 집
단과 둘째 집단의 이해관계가 충돌하고 둘째 집단의 불만이 쌓일
가능성이 커 보인다. 여기에 세대에 따른 이해관계 문제, 즉 축적
된 자산이 없으면서 동시에 기존 복지제도를 유지하는 한 상당한
비용을 치르게 될 젊은 세대의 이해관계가 더해진다. 그중에서도
어떻게든 고소득 집단에 들어간 이들의 이해관계에 부합하는 건
공적 방식이건, 민간 금융상품이건 자신이 기여하는 만큼 수혜를
받는 '보험'일 것이다. 연령과 계급에 따른 '이해관계의 쟁투'가 향
후 복지 정치의 시대정신이 될 가능성이 높아 보이는 이유다.

복지 개혁 의제는 이해관계자들이 많기에 여차하면 교착 상
태에 빠지기 쉽다. 화려한 정치적 수사와 실제 성과가 따로 노
는 경우도 많다. 가령 1980년대 레이건 대통령이 추진한 복지 축
소 정책의 성과가 제한적이었다는 지적이 많다. 레이건 대통령보
다 반대 세력의 저항이 적었던 대처 영국 총리도 비슷했다. 저항
은 거셌고, "축소 옹호론자들은 아쉽지만 주변적인 변화에 만족
해야"[40] 했다. 오히려 복지국가는 재정적자가 확대되면서 정부와
의회가 돈줄을 죄었을 때 더 큰 타격을 받았다. 1980년대 내내 민
주당이 장악하고 있던 미 하원도 긴축재정 대응에 동참했을 뿐만
아니라, 복지 축소에 저항하는 이익집단들의 정치적 자원도 약화
됐다. 수면 위로 드러난 정치적 수사보다 경제사회적인 여건 변

　　　　　　　　6장 공동구매형 사회의 붕괴

화가 더 큰 영향을 미칠 것임을 시사한다.

　정당 내 지지 연합 구성이나, 지지 연합을 구성하는 각 집단의 이해관계가 바뀔 경우 복지 개혁의 정치가 성공할 수 있다. 독일은 1998년 집권한 사회민주당·녹색당 연립정부가 2001~2004년 대규모 연금 개혁에 성공했다. 이전에는 국민연금(부과식) 하나로 노후 보장이 이루어지는 방식이었는데, 국민연금의 소득대체율을 대폭 낮추고 대신 정부가 보조금을 지급하는 적립식의 민간 개인연금 제도를 새로 만들었다. 실리아 호이저만(취리히 대학교)은 산업 구조 변화로 사민당과 녹색당의 지지 기반이 바뀐 것을 '적녹연정'이 연금 개혁에 나설 수 있었던 이유[41]라고 설명한다. 제조업 노동자들이 주력인 노조에 속하지 않은 고숙련 '사회문화 전문가 계급'의 비중이 늘어났는데, 그들이 개인연금 등 대안을 선호했다는 것이다. 또 기존 연금 제도에서 배제되어 있었던 비정규직이나 여성 등의 노후 소득을 끌어올리는 제도들도 2001~2004년 도입됐다. 대기업 고임금 노동자들도 적립식 개인연금을 선호했다. 호이저만은 "연금 급여의 축소로 손해를 입은 주요 집단은 제조업 부문 노동조합의 주요 지지 세력인 저숙련 노동시장 내부자들"이라고 설명했다.

디지털, 사회계약의 해체 가속화

　IT 기술의 발전과 산업 전반의 디지털화는 경제와 일자리에만 영향을 미치지 않는다. 사회 구성원과 부문별 이해당사자들이 공유하고 있는 컨센서스가 제대로 작동하지 않게 할 정도로 변화의 폭이 넓고 그 강도도 세기 때문이다. 한국인들이 암묵적으로 맺고 있는 '사회계약'의 해체를 가속화하는 셈이다. 마리우스 부세마이어(독일 콘스탄츠 대학교)는 IT 기술 발전과 디지털화가 "복지국가의 발전에 대해 중대하고 지속적인 영향을 미칠 것"[42]이라고 설명했다. "분배 정책(특정 집단에 재화나 서비스, 이익과 기회 등을 제공하는 정책)과 재분배 정책 할 것 없이 지금도 영향을 받고 있"으며 "정치적인 갈등이 과거보다 훨씬 더 거세질 것이다"는 얘기다.

2023년을 기점으로 본격적으로 상용화되고 있는 인공지능 AI 기술은 앞 장에서 언급한 숙련편향적 기술 발전의 강도를 대폭 끌어올린다. 다시 말해 일상적이고 반복적인 업무에서 사람을 AI로 대체하고, 그런 종류의 노동이 많은 중숙련 일자리를 없애는 결과를 야기한다. 화이트칼라나 블루칼라 할 것 없이 중산층 일자리의 규모가 지금보다 더 빠르게 줄어들 수밖에 없다. 기술 발전으로 인한 생산성 향상의 수혜를 받게 될 고숙련 노동자 또는 전문직과 과거에 누릴 수 있었던 번듯한 일자리가 사라진 보통 사람들 간 간극이 커지게 된다. '뒤처진 사람들'이 더 많이, 더 빠른 속도로 생겨나는 것이다.

플랫폼 경제도 운송, 배달, 숙박 등에 국한되지 않고 빠르게 경제 전반으로 확산하고 있다. 생산자와 소비자를 한 곳에 모두 불러 모으면 '규모의 경제'를 달성할 수 있는 데다, 수집된 데이터를 분석·가공해 부가가치를 만들어낼 수 있기 때문이다. 법률, 의료, 세무, 회계 등에서 플랫폼 업체가 등장해 직역 단체와 갈등을 빚는 건 이제 일상적인 일이 됐다. 전통 산업에도 IT가 도입되면

6장　공동구매형 사회의 붕괴

서 플랫폼 경제가 진입할 수 있게 됐다. 10여 년 전만 해도 인터넷 뱅킹에 머물러 있던 금융산업에서 스마트폰과 대규모 데이터 분석·처리 기술을 바탕으로 새로운 기업과 서비스가 등장하고, 고객 데이터 분석을 통한 맞춤형 비교 판매가 시작된 게 대표적이다. 제조업 분야도 로봇, CNC(컴퓨터 수치 제어) 공작기계, 3D 프린터 등을 이용해 고객이 원하는 제품을 그때그때 만들어주는 '서비스로서의 생산Production as a Service, Paas(또는 '서비스로서의 제조Manufacturing as a Service, MaaS)' 비즈니스[43]가 성장하고 있다. 2013년 설립된 미국 회사 조메트리Xometry는 고객이 3D 도면 파일과 요청 사항을 웹사이트에 올리면, 회원으로 가입한 1만 곳의 기업 중에서 가장 적당한 곳을 찾아서 연결[44]해준다.

플랫폼 경제에서 일하는 사람들의 근로 행태를 살펴보면 노동자와 자영업자 어느 중간 즈음에 있다. "플랫폼 기업들은 공장이나 매장 같은 자산을 보유하지 않"으며, "고용도 마찬가지다".[45] 적어도 표면적으로는 '중개' 서비스의 형태를 취하고 있기 때문에 플랫폼 기업 외부에 있는 자본이나 노동을 끌어들인다는 것이다. 플랫폼 내 알고리즘으로 노동자의 근로 방식을 통제하긴 하지만, 직접적인 고용 관계와는 사뭇 다르다. 배달 등 일부 업종에서 노동자성을 인정받고, 직고용 관계에 따르는 여러 부담을 회피하지 못하도록 각국 정부가 플랫폼 업체를 규율하려 하지만 한계가 뚜렷하다. 한 노동 전문가는 플랫폼 기업이 품질관리라는 명목으로 고객과 발주처가 서로 감시하고 견제하게 만들면서도 자신들이 직접 나서지 않는다면서 "교묘히 노무관계를 건드리지 않는 선에서 (…) 영악"하게 행동한다고[46] 말했다. 부세마이어는 "경제의 디지털화가 진전되면서 늘어날 일자리 가운데 상당수는 자기고용 self-employment과 (고용주에) 종속된 노동dependent work 사이의 모호한 경계에 있을 것"[47]이라며, 전통적인 범주의 노동자로 분류할 수 없는 사람들이 늘어날 것이라고 전망했다.

현재의 사회복지 체계 상당수는 안정된 고용 관계를 전제로 한다. 제조업 중심의 산업화된 국가에서 노·사·정이 타협한 결과물이기 때문이다. 특히 연금, 건강보험 등 사회보험은 고용주와 피고용인이 명확하고 안정된 소득(즉 임금)이 발생하는 경우를 '표준'으로 설계돼 있다. 선진국에서 기업이 높은 세금과 사회보장분담금을 내는 이유는 노동자들이 장기적인 관점에서 숙련도를 높이고, 건강을 관리하며, 성실히 일하는 데 사회복지제도들이 도움이 되기 때문이다. 플랫폼 경제는 복지국가라는 사회계약이 가능할 수 있었던 토대를 무너뜨린다. 대신 불평등이나 실업, 불완전고용underemployment(일할 의사가 충분하지만 어쩔 수 없이 노동 시간이 짧은 일자리를 갖는 것) 위험은 이전보다 커진다. 또 이전보다 불안정해진 노동시장에서 사람들이 끊임없이 재교육을 받아야 하는 필요성이 커진다. 안정된 소득을 가진 사람들이 공공재를 함께 구매하는 '공동구매형 사회'는 더는 유지될 수 없다.

나아가 플랫폼 업체는 기존의 이해관계자들이 암묵적으로 맺었던 계약적 관계를 무너뜨린다. 플랫폼 업체가 얻는 수익은 그러한 사회계약을 없애고, 이해관계자들이 가져갔던 '지대'를 참가자와 업체가 나눠 갖는 데서 나오기 때문이다. 그리고 그 사회계약 과정에서 정부가 부과한 규제를 회피해 발생하는 이른바 규제 차익regulatory arbitrage도 사업 모델의 근간이다. 플랫폼 업체가 진입한 영역마다 '소비자 대 전통적인 사업자' 간의 대립이 발생하는 이유다. 캐슬린 텔렌(MIT)과 페퍼 컬페퍼(옥스퍼드 대학교)는 "플랫폼 사업자의 정치적 힘은 로비나 투자를 하지 않겠다는 위협이 아니라 플랫폼으로 이익을 얻는 소비자들의 충성에서 나온다"[48]고 분석했다. 플랫폼 사업자들은 정당성을 얻기 위해 전통적인 사업자들의 특권을 공격하고, 그들을 고립시키려고 노력한다. 덴마크 노동조합 3F는 우버가 세금을 회피해 사회복지 혜택을 받는 중저소득층에 부메랑으로 돌아올 것이라며, 이를 코믹하게 묘사한 '폴 우버맨Poul Uberman(Poul은 영어에서 Paul에 해당되는 이름)'이라는 동영상을 현직 개그맨을 출연시켜 제작해 배포[49]하기도 했다. 미국에서 우버나 에어비앤비에 대한 규제 방식과 그 정도는 도시마다 다른데, '정치'의 결과이기 때문이다.

'소비자 대 사업자'의 대립 구도가 벌어질 경우, 정치적으로 어떤 난제가 발생할지 보여주는 사례가 있다면 2022년 대선에서 윤석열 당시 후보가 내세운 광주 복합쇼핑몰 유치 공약[50]이다. 중앙정부가 아니라 지방자치단체 규제 사항인 복합쇼핑몰 유치를 국민의힘이 내건 것은 해당 이슈가 민주당 일색인 호남에서 소비자와 소상공인의 균열을 만들어낼 힘이 있기 때문이다. 저임금·미숙련 일자리이긴 하지만, 어쨌건 일자리를 대규모로 만들어내기 때문에 해당 이슈는 청년 세대의 호응을 얻을 수 있다. 거꾸로 호남에서 '모든 이의 정당' 역할을 하는 민주당 입장에서는 명확히 찬성이나 반대를 밝힐 수 없는 옹색한 상황에 몰릴 수밖에 없다. 각 정당은 플랫폼 문제를 다룰 때마다 기존 지지층의 엇갈리는 이해관계 속에서 딜레마적인 상황에 직면할 수밖에 없다.

플랫폼 경제는 독점을 지향한다. 규모의 경제를 달성할수록 수익성이 좋아지기 때문이다. 또 이용자를 넓힐 때마다 드는 한계비용marginal cost도 0에 가깝게 낮다. 텔렌은 "과거의 독점기업과 달리, 오늘날 거대 기술 기업은 이용자들과 그들이 주머니 속에 들고 다니는 기기를 통해 매일 직접적으로 연결"[51]되어 있다며, 소비자들의 반발이 독과점 규제를 어렵게 한다고 지적했다. 아마존, 페이스북 등이 정부 규제나 과세에 반발해 직접 대중을 설득하는 캠페인을 벌이거나 미국 캘리포니아주 같은 곳에서 면세 주민청원 운동을 후원하는 이유다. 이는 플랫폼 경제가 확산되면 될수록 기업과 정부, 노동자 간 힘의 균형이 기업에 유리한 쪽으로 옮겨갈 가능성이 높음을 시사한다.

벌어지는 생활 방식의 격차

불평등의 끝에는 소비가 있다. 소득과 자산의 격차는 소비 행위를 거쳐 사람들의 후생 격차로 나타난다. 한국은행은 2021년 소비 불평등이 심화했다는 분석을 내놨다.[52] 소득 상위 20%와 하위 20%의 격차는 1990년 2.9배에서 2016년 3.6배로 확대됐다. 특히 보고서는 2002년부터 2009년 사이 확대된 소득 불평등을 소비 격차의 주요 원인으로 지목했다. 앞서 2장에서 다룬 기업 간 격차 확대와 상위 중산층의 독주가 그대로 소비 불평등 확대라는 결과로 나타난 것이다.

그런데 소비 격차가 집중적으로 나타나는 곳은 문화, 서비스, 인적자본 투자다. 〈그림 6-5〉는 소득 상위 20%와 나머지 80%의 지출 비율을 품목별로 비교했다. '오락·문화 내구재'의 지출 격차(2010년 1.4배→2021년 11.7배)가 가장 크게 벌어졌고, '악기·기구'(1.6배→4.2배), '운동 및 오락 서비스'(2.6배→3.6배), '성인 학원교육'(2.3배→3.9배), '학원 및 보습교육'(2.4배→2.8배) 등의 지출액 차이도 벌어졌다. 코로나19 이전인 2019년 지출을 2010년과 견줘도 결과는 비슷했다. '어떻게 시간을 쓸 것인가'를 중심으로 계층 간 격차가 확대됐음을 보여준다. 다른 식으로 표현하면 생활 방식의 격차가 분명해졌다는 의미다.

코로나19로 대두된 문제 하나가 기초학력 저하다. 비대면 학습이 장기간 진행되면서 읽기, 쓰기, 셈하기 등 기초학력이 충분

〈그림 6-5〉 상위 20%와 나머지 80% 계층의 소비 격차가 확대된 품목들

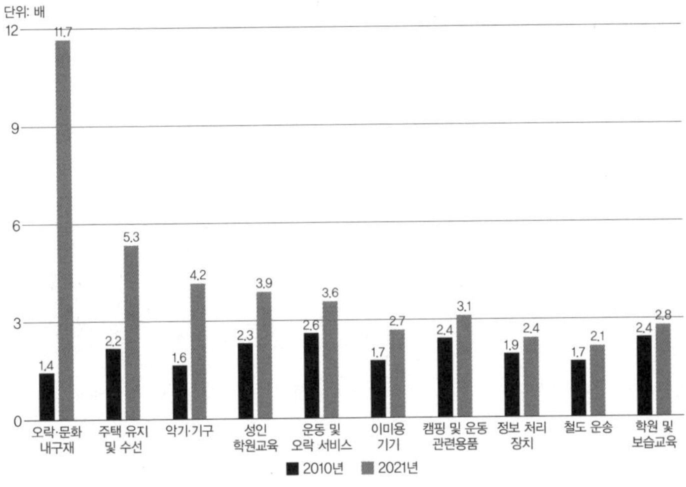

자료: 통계청 〈가계동향조사〉

치 못한 아동과 청소년이 급증했다. 기초학력을 충분히 배양해야 향후 추가 교육과 기술을 습득할 수 있다. 이 때문에 경제학자들은 아동·청소년기 인적자본 투자에 따르는 수익률이 나이가 어릴수록 높다고 본다. 기초학력 저하가 향후 심각한 불평등 문제로 발전할 수 있음을 시사한다.

사실 기초학력 격차는 코로나19 유행 이전부터 벌어져 있었다. 국가 수준 학업성취도 평가 결과가 마지막으로 공개된 2011년 서울 양천구 29개 초등학교 실태는 이를 잘 보여준다. '보통 학력 이상'(국어·영어·수학 평균) 학생 비율이 가장 높은 곳은 목동 신시가지 아파트 단지의 경인초등학교(95.7%)였다. 신서초·월촌초·영도초·목운초·서정초 등 목동 신시가지 소재 학교들이 95% 안팎의 비슷한 비율을 기록하며 뒤를 이었다. 그런데 경인고속도로 신월나들목 바로 옆 신원초는 66.1%에 그쳤다. 인근 신강초(68.0%), 양원초(68.3%)도 사정은 비슷했다. 목동 신시가지에서 외곽으로 갈수록 보통 학력 이상 학생 비율이 줄었다.

사실 코로나19는 확대일로였던 기초학력 격차에 쐐기를 박은 계기에 불과하다. 한국교육과정평가원은 2018년 국제학업성취도평가PISA 결과 분석 보고서를 2021년 발간했다. 부모가 고졸인 만 15살(중3)의 수학 성취도는 37점 하락(528점→491점)했는데, 부모가 대졸자인 학생의 성취도는 25점 하락(565점→540점)하는 데 그쳤다. 읽기 등 다른 과목도 비슷한 양상이었다. 중하위 계층을 중심으로 학력 저하 현상이 발생한 셈이다. 변수용(펜실베이니아 주립대) 교수는 "최근으로 올수록 빈곤층의 학업 성취가 큰 폭으로 떨어지고 (…) 계층 간 학업 성취 격차가 심화됐다"[53]고 설명한다.

새롭게 등장한 불평등은 공동구매형 사회가 더는 유지될 수 없음을 의미한다. 빗장 주거단지 안에 살아가는 사람들은 빠른 산업 발전과 기술 변화의 과실을 만끽한다. 이들과 '뒤처진 사람들'의 생활 방식의 차이는 점차 커지고 있다. 잘 교육받고 문화적 소양도 높은 '성안의 사람'들이 굳이 바깥에 있는 사람들과 공공재를 함께 구매해 소비하는 지금까지의 방식을 고수할 것으로 기대하기 어렵다. 지금의 사회복지를 유지할지, 또는 질서 있게 축소하거나 좀 더 필요한 사람을 겨냥하는 방식으로 '재조준'할지를 놓고 사회적 갈등은 커져만 간다. 그리고 경제의 디지털화는 사회 구성원들이 다면적인 갈등에 직면하도록 했다. 그 결과 가뜩이나 정치적으로 소외되었던 '뒤처진 사람들'의 목소리가 더욱 배제될 가능성이 크다. 여러 선진국이 보여주듯, 정치에서 배제된 이들이 급격히 늘어날 경우 나타나는 결과는 포퓰리즘이다. 한국 정치도 선진국 정치의 보편적 경향에서 예외가 아닐 것이다.

7

K-포퓰리즘의
어설픈 등장

한국 사회는 포퓰리즘 정치가 자라날 최적의 환경을 갖추게 됐다. 포퓰리즘이란 단어가 한국에서 가장 흔히 쓰이는 경우는 인기 영합적 정책, 특히 무책임하게 예산을 쏟아붓는 정책을 비판할 때다. 노무현 정부 시기 본격화된 복지 강화를 비판할 때 많이 쓰였다. 1980~1990년대 미국 경제학자들이 아르헨티나 등 고질적 외환위기를 겪던 남미 국가들과 후안 페론 등이 펼친 무분별한 재정 정책을 비판하면서 쓰였던 방식[1]이다. 하지만 전 세계적으로 보면 다른 의미로 사용되는 경우가 더 많다.[2] 남미 포퓰리즘 정치인의 이데올로기 범위도 알베르토 후지모리 전 페루 대통령 같은 신자유주의부터 우고 차베스 전 베네수엘라 대통령 같은 사회주의까지 넓다. 오히려 지난 몇 년간 포퓰리즘 정치가 급성장한 곳은 선진국이다. 유럽에서는 극우뿐만 아니라 좌파, 심지어 중도 성향의 포퓰리즘 정당이 상당한 세력을 구축했다. 2020년 미국 대선에서 조 바이든 현 대통령의 경쟁자였던 도널드 트럼프 전 대통령(공화당)과 버니 샌더스 상원의원(민주당)도 포퓰리즘 성향의 정치인이다.

정치학자들은 포퓰리즘을 '정치의 방식'으로 규정한다. 카스 무데(미국 조지아 대학교)와 크리스토발 칼트바서(칠레 디에고포르탈레스 대학교)가 2017년 옥스퍼드 대학교 출판부의 '아주 짧은 입문서 Very Short Introductions' 시리즈에서 포퓰리즘을 정의한 것이 대표적이다. 두 사람은 포퓰리즘이 "사회가 궁극적으로 서로 적대하는 두 진영, 즉 '순수한 민중'과 '부패한 엘리트'로 나뉜다 여기고 정치란 민중(또는 국민이나 인민)people의 일반의지의 표현이라고 주장하는, 중심이 얇은 이데올로기"[3]라고 썼다. 여기서 중심이 얇다는 표현은 다른 이데올로기와 얼마든지 결합할 수 있다는 의미다. 포퓰리즘은 완전한 세계관을 제공하지 않기 때문이다. 그래서 "다른 이데올로기에 들러붙는 것"[4]과 같은 형태를 띠게 된다. 포퓰리즘의 구체적인 양상이 나라별, 시대별, 정당이나 정치인별로 다른 이유다.

이 점에서 포퓰리즘은 정체성에 대한 규정에 가깝다. 현실 정치가 '민중'의 의사를 제대로 반영하지 못하고 있으며 그 이유는 '부패하고 비도덕적인 엘리트'가 다양한 수단을 써서 민중을 배제하고 있기 때문이라는 세계관에서 지지자들은 자신이 '민중'에 속한다고 생각하기 때문이다. 이 굴레를 벗어날 수 있는 것은 특정한 정치 지도자, 또는 정치 세력이 기득권을 몰아내는 방법밖에 없다. 기득권 세력이 강제하는 정치 질서나 법질서를 부수는 것도 중요하다. 하지만 구체적인 정치적 행위로 발전하기 위해서는 완전한 세계관이 필요하다. 부패한 기득권을 어떻게 규정할 것이고, 그들과 맞서 싸울 정치 세력은 누구이며, 어떻게 민중의 의지가 반영되어야 하는가를 설명해주는 다른 이데올로기와 결합되어야 한다. 포퓰리즘이 어느 정도 명확한 세계관을 공유하면서도 고정된 형태를 가지지 않는 이유다.

순수한 민중과 부도덕한 적의 끝없는 투쟁

포퓰리즘 정치의 핵심은 '적'에 대한 규정이다. 그동안 목소리를 낼 수 없었던 사람들이 특정 정치인 또는 정치 세력 덕분에 정치 전면에 나서게 된 이유는 '적'이 그들을 체계적으로 억압하고 배제하고 있기 때문이다. "가장 중요한 사람은 바로 당신입니다. 정부와 정치인은 엘리트나 기득권에 영합하지 않고, 평범한 사람들을 위해 일해야 합니다"라는 뉴질랜드제일당의 메시지가 이를 잘 보여준다.[5] 야스차 뭉크(존스홉킨스 대학교)는 "대부분의 포퓰리스트들은 (…) 기존 정당의 지도자들을 배신자로 몰아붙인다"[6]고 설명했다. "민중의 적에게 충성하며, 대다수의 운명보다 인기 없는 소수민족이나 종교적인 소수집단의 이익을 향상시키는 것에만 관심을 가지고 있다고 주장한다"는 것이다. '적'에 대한 서사가 중요한 이유는, 그들이 누구인지 규정해야만 '순수하고 선량한 다수'가 누구인지 도출되기 때문이다. 포퓰리즘 정치의 핵심은 독일 정치철학자 카를 슈미트가 말한 "적과 친구의 구별"[7]이며, 이를 통한 집합 정체성의 창조다. 포퓰리즘 정치인은 이 만들어진 정체성의 대변자를 자처하지만, 기실 '아我(우리)'와 '피아彼我(저들)'가 누구인지 해석하는 세속적 종교인에 가깝다. 차태서 성균관대 교수는 "선악 이분법과 일반의지 관념은 인민의 동질성을 해친다고 간주되는 모든 존재에 대한 비자유주의적 공격을 정당화"[8]한다고 설명했다.

통념과 다르게 포퓰리즘은 민주주의를 중요시한다. 그들의 핵심 서사는 '진짜 인민의 의지'를 정치 영역에서 관철시키는 것이기 때문이다. 뭉크는 "오늘날의 포퓰리스트들은 (…) 자신들이 민주주의를 심화시키려 한다"[9]고 강조한다. 가령 2016년 도널드 트럼프가 미국 대통령에 당선된 것에 대해 그들은 "미국이 '자유주의적 비민주주의'에서 '진정한 민주주의'로 이행"[10]했다고 생각한다는 것이다. 뭉크는 독일 극우정당인 '독일을위한대안AfD'(대안당) 집회에 참석했던 경험을 예로 든다. 참석자들은 이민자들에 대해서 공격적인 발언을 쏟아냈지만, 토론이 이루어지는 방식은 철저하게 민주적인 원칙에 따랐다. 대안당 고위 간부는 독일 민주주의가 기성 정치인에 의해 훼손되었다고 열변을 토했다. 정병기 영남대 교수는 최근 유럽의 포퓰리즘에 대해 "지도자 중심주의도 크게 약해져 개방적 조직 구조를 갖추고 대의 정치를 수용하면서 비판한다"[11]고 지적한다. 선거용 정당을 만들지 않고 기존 정당을 장악한 뒤, 해당 정당을 포퓰리즘 정당으로 바꾸는 사례도 여럿 나타나고 있다. 다만 민주주의의 적을 격멸하기 위해서는 수단과 방법을 가리지 않고 총력전을 벌여야 한다는 것이 여러 포퓰리즘 정치 세력이 가진 생각이다. 권력 분립, 법치주의, 다른 정치적 견해를 가지고 있는 집단에 대한 관용 등 전통적인 자유주의적 원칙은 무시된다.

진짜 민주주의의 대변자라고 주장하는 '지도자'들이 인민들과 격의 없이 직접 소통하는 건 포퓰리즘 정치 세력에게 당연한 덕목이다. 자이르 보우소나루 브라질 전 대통령의 경우 지난 2020년 9월 코로나19에 걸려 18일간 격리돼 치료를 받은 뒤, 맨 처음 한 일이 혼자 오토바이를 몰고 밖으로 나와 돌아다닌 것[12]이었다. 그는 경호원 없이 돌아다니며 지지자들과 허물없이 이야기하고, 카페에 들러 빵을 사고 커피를 마셨다. 그는 트위터를 통해 적극적으로 자신의 의견을 개진하고, 대통령으로서 자신의 이미지를 구축한다. 핵심은 평범한 브라질 사람 같으면서도 강력한 정치력을 갖고 있는 지도자상이다. 박정원 경희대 교수는 "보우소나루 전 대통령이 재현하는 평범한 사람의 이미지는 그가 지향하는 시민의 범주와 겹친다"[13]고 썼다. 그 결과 흑인, 원주민, 여성, 성 소수자 등 보우소나루 전 대통령이 배제하려는 '평범하지 않은 브라질 사람'을 부각시키는 효과가 있다는 것이다. '우리'와 '적'을 구분 짓는 집단 정체성 정치의 양면성이 '격의 없는 소통'과 '자비 없는 배제'라는 형태로 나타나는 것이다.

이러한 관점에서 보면 지난 몇 년 사이 국민의힘과 더불어민주당 양쪽 모두에서 포퓰리즘 정치가 메인스트림에 진입했다고 볼 수 있다. 보수에서 포퓰리즘의 선두 주자는 이준석 전 국민의힘 대표다. 그는 20대 남성의 대변자 역할을 자임하면서 대중적인 지지 기반을 확보했다. 인터넷 커뮤니티를 중심으로 젠더 갈등이 불거지던 2018년 그는 "젠더 이슈 두려워 말고 대안 제시하는 것이 바른미래당 살길"[14]이라는 입장에서 시작해, 2021년 "몰래카메라 문제나 페미니즘, 여성희망 복무제, 여경, 여성 할당제 등 각종 민감한 이슈"[15]를 계속해서 페이스북을 통해 거론하는 정도까지 발전했다. '공정한 경쟁', '능력에 따른 인정과 대우'를 주장하면서 청년들의 표심을 파고들었다. 〈한겨레〉는 2021년 국민의힘 당 대표 경선 결과를 해설한 기사에서 "이 대표가 사흘 만에 1억 5,000만 원 한도인 당 대표 경선 후보 후원금을 모두 채운 것도 엠제트MZ세대의 지지가 없이는 불가능했다"[16]고 설명했다.

이 전 대표와 가까운 김재섭 국민의힘 도봉구 갑 당협위원장은 그가 "기성 정치인들과 정치적 DNA가 다르다"라며 "'디지털 네이티브 세대'를 이끄는 정치인"[17]이라 설명한다. 먼저 "정치인 중 가장 많은 소셜미디어 팔로워를 보유하면서 주당 15회를 넘나드는 살인적인 방송 및 유튜브 촬영 스케줄을 소화"할 정도로 직접 소통에 열심이다. 또 "온라인 커뮤니티를 중심으로 실시간으로 주요 이슈들을 파악"한 뒤, "정치적 어젠다로 세련되게 구체화"하고 "해당 어젠다를 공론화해 다양한 온·오프라인 플랫폼을 통해 많은 지지자들을 결집"한다. 이를 위해 이준석 전 대표가 가장 신경 쓰는 건 온라인 이슈를 자신이 지지자를 결집시키는 방식으로 의제화하고, 밈meme(인터넷 공간에서 빠르게 유행하는 패러디 성격이 강한 콘텐츠)처럼 만드는 것이다.

민주당에서는 이재명 전 경기도지사가 대선 후보로 나선 데이어 국회의원 재보궐 선거에 출마해 원내에 진입하고, 당 대표자리까지 차지했다. 장덕진 서울대 교수는 이에 대해 "민주당은 좌파 포퓰리즘의 길을 향해 직진"[18]하게 됐다고 평가했다. 이 대표가 포퓰리즘 정치인임을 잘 보여주는 점 가운데 하나는 그의 정치 언어를 관통하는 '반기득권'이라는 단어다. 그는 2017년 2월 대선 직전 펴낸 《이재명은 합니다》에서 "국민 한 사람, 한 사람의 가슴에 똑같이 타오르고 있는 (…) 분노의 근원은 (…) 정경유착"[19] 이라고 주장했다. "70년 적폐와 강고한 기득권의 저항을 이겨낼 용기와 추진력의 문제"[20]라며 "스마트폰을 든 국민들이 서로 소통 연대하며 공통의 주장과 요구를 만들어 관철해낼 것"[21]이라고도 했다. 2022년 대선 출마 선언문에서도 "억강부약抑强扶弱(강자를 억 누르고 약자를 돕는다) 정치"와 "대동세상大同世上(모두가 함께 잘사는 유교 적 이상사회)"[22] 등의 기조는 여전했다.

이 대표는 정치 입문 당시부터 SNS를 이용해 지지자들을 규 합하고 직접 소통하는 것을 주된 정치 수단으로 삼았다. 강준만 전북대 명예교수는 "이재명은 팬덤의 창업자"이고 "팬덤의 구성 과 운영에 직접 개입한 '팬덤의 CEO(최고경영자)'"[23]라고 평가했다. 팬덤 형성과 운영에 직접 개입하고 적극 활용하는 게 다른 정치 인과 구별되는 "매우 독특하고 희귀한 유형"이라는 것이다. 이 대 표는 "부패한 권력과 언론은 언제나 거짓 정보를 퍼뜨려 국민을 길들이려고 했지만" "국민은 SNS를 통해 권력의 프레임을 거치 지 않은 진짜 정보를 공유하게 되었다"[24]고 2017년 책에 썼다. 또 SNS를 통해 하루에 수십만 명의 사람들과 대화를 나눈다고도 했 다. 방송작가 출신으로 진보 성향의 유튜브 채널 '헬마우스'를 운 영했던 백승호 씨는 "선비의 시대에서 누적된 답답함이 이재명을 호출했다"라며 "잘 고민하고 잘 구상하고 리스크가 있으면 머뭇 거리던 시대에서 쌓였던 체증"[25]이 그를 대선 후보로 끌어올린 원인이라 풀이했다.

하지만 두 사람 모두 정치적인 성공을 거두지 못했다. 이준석 대표는 보수정당에서 좀처럼 비주류에서 벗어나지 못했다. 2023년 당 대표 경선에서 그가 지원한 '천아용인'(천하람·허은아·김용태·이기인) 후보 가운데 유의미한 성과를 거둔 이는 일찍부터 독자적인 브랜드를 쌓아왔던 천하람 당협위원장(전남 순천·광양·곡성·구례 갑)뿐이었다. 20~30대 남성 일부를 제외한 다른 집단에서 확장성을 기대하기도 어려운 상황이다. 이재명 대표도 대선 패배 이후 우여곡절 끝에 당 대표를 맡았지만, 향후 전망은 불투명하다. 변방의 지자체장에 불과했던 그가 대선 후보가 될 수 있었던 이유는 민주당이 이미 포퓰리즘적 정당으로 바뀌었기 때문이다. 이 대표는 정치적 출구를 찾을 수 없었던 2021년 민주당의 거의 유일한 해결책에 가까웠다. 하지만 민주당의 포퓰리즘적 정치 방식은 안정적인 집권 연합을 구축할 수 없다는 근본적인 문제를 해결하기는커녕 더 악화시켰다.

이준석의 성공과 좌절: 상계동·목동발髮 정치의 한계

2022년 선거 국면이 끝난 뒤 국민의힘에서 간판 역할을 하던 이준석 전 대표는 힘을 잃고 변방으로 밀려났다. 근본적인 원인은 이대남(20대 남성)을 내세워서 유의미한 정치 세력을 만들 수 없었기 때문이다. 특정 유권자 집단을 기반으로 지지 연합을 만들기 위해서는 세 가지가 필요하다. 먼저 확장성이다. 다른 유권자 집단과 공통의 이해관계나 정체성을 구축해야 한다. 두 번째 는 한 덩어리로 광범위한 이슈에 한목소리를 낼 수 있는 응집성 이다. 마지막 조건은 특정 정당이나 정치인에 대한 높은 충성도 다. 이준석식 정치, 특히 젠더 갈등에 기반한 정치는 이 세 조건을 만족시키기 어렵다.

이대남 정치는 한국만의 현상은 아니다. 2010년 이후 등장한 유럽 극우 포퓰리즘 정당들은 반페미니즘을 전면에 내세운다. 대 표적인 사례가 독일 대안당이다. 대안당은 기존의 성 평등 확대 정 책들이 가족의 붕괴를 일으켰다고 주장한다. 가령 이른바 '젠더 이데올로기'에 기반한 교육이 아동이나 청소년의 건전한 성 정체 성 형성을 가로막고 동성애가 창궐하도록 했다는 식이다. 스페인 극우정당 복스VOX의 경우, 2019년 두 차례 총선 시기에 올린 인 스타그램 게시물(237건) 가운데 35건(14.8%)이 페미니즘을 공격하 는 내용[26]이었다.

독일 대안당의 지지 기반은 옛 동독 지역 남성들이다. 낙후 된 경제 상황에다 '이등 시민'이란 불만이 높다. 여기에 젊은 여 성들의 대규모 이주로 인한 극단적인 성비 불균형이 더해졌다. 2015년 옛 동독 지역 작센-안할트주의 경우 20~44세 성비는 여 자 100명당 남자 117.9명이다. 페트라 쾨핑Petra Köpping 상원의원(사 민당)은 반이슬람 이민자 운동 페기다Pegida 집회에서 만난 한 남성 으로부터 받은 엽서를 〈뉴욕 타임스〉[27]에 소개했다. "만약 당신 이 나를 결혼하게 해준다면, 페기다 시위에 나서는 걸 그만둘 것 입니다"라는 내용이었다. 쾨핑 의원은 분노하고 좌절한 남성들이 겪고 있는 "남성성의 위기a crisis of masculinity"가 극우 정치 성향을 갖게 만드는 과정을 단적으로 보여준다고 설명했다.

한국의 20대 남성이 처한 상황은 옛 동독 지역과 유사하다. 출생연도별 성비[28]를 보면 1984년생까지만 해도 여자 100명당 남자 104.7명이었던 게 1989년생은 111.4명, 1994년생은 116.2명으로 뛴다. 2000~2005년생의 평균 성비는 108.1이다. 경제 구조 변화에다 여성의 교육 기회 확대로 젊은 남성이 질 좋은 일자리를 얻을 수 있는 기회는 상대적으로 줄었다.

하지만 이들은 전통적인 가부장적 남성성을 거부한다. 정확히는 아버지 세대처럼 살 수 없기 때문에 '의무'도 지지 않겠다는 입장이다. 2019년의 한 보고서[29]에 따르면 '가족의 생계 책임은 남자가 진다'는 항목에 '동의하지 않는다'고 답한 비율이 40대(16.3%)와 30대(25%)에 비해 20대(41.3%)가 훨씬 높았다. 2020년 경제·인문사회연구원의 보고서[30]에 따르면 청년은 '강한 남성성 요구', '생계 부양 압력', '남성 비난·비하' 등의 항목에서 기성세대보다 사회적 압력을 더 심하게 느낀다고 답했다.

결국 낡은 '의무'를 강요하는 사회를 겨냥한 분노의 표출이 이대남 정치의 핵심이다. 군 복무나 여성가족부에 민감한 것은 부당한 차별을 받는다는 인식에서다. 따라서 실리적인 성격이 강하고, 문화나 가치 지향적 동기에 의한 것으로 보기 어렵다. 내적 응집력도 약하다. 특정 정치 세력과의 일체감도 낮다. 우파 성향 인터넷 커뮤니티 '에펨코리아'에서 이슈별 여론이 널뛰기하는 양상이나, 친민주당 성향의 인터넷 커뮤니티 '루리웹'이 젠더 이슈에서는 우파 성향 커뮤니티와 대동소이[31]한 것이 이를 잘 보여준다. 다른 유권자 집단과의 확장성도 떨어진다. 그들이 손해를 보는 것 같은, 거꾸로 누군가에게는 필요한 제도나 예산을 없애는 데 에너지를 집중하기 때문이다.

이 전 대표의 또 다른 상징인 '공정'은 20~30대의 공적 발화에서 가장 중심이 되는 개념 가운데 하나다. 성별 차이도 없다. 그들에게 가장 화가 나는 일은 노력하지 않는 자가 무언가를 얻어가는 무임승차다. 모두가 치열하게 게임에 참여하는데 누군가가 치트키(게임에서 특정한 조작을 해 자원을 더 많이 얻거나 승리하는 등 비정상적으로 진행하는 행위)를 쓰는 것만큼 불합리한 게 없다. 2020년 인천국제공항 정규직화 관련 논쟁 당시 진보 성향 여성 인터넷 커뮤니티 '여성시대'에서 "나는 어른들이 하라는 대로 공부 열심히 하고 시스템에 따른 죄밖에 없는데 그 어른들이 이젠 나보고 적폐래" 등 정규직화 대상에 대한 거부감을 나타낸 글이 호응을 얻었던 것이 이를 방증한다.

이 점에서 공정이란 개념보다 불공정한 상황이나 규칙을 위반한 사람을 대상으로 한 '분노'가 더 중요하다. 노동시장 진입과 초기 경력을 놓고 20~30대는 어느 때보다 치열한 경쟁을 벌인다. 번듯한 일자리가 제한되어 있기 때문이다. 상층과 중층 이하 그리고 상층 내부의 간극이 확대되고 있기도 하다. 노동소득으로 벌충할 수 없을 정도로 자산 격차가 심화되고, 그 속에서 부모의 경제력·사회 자본·문화적 소양·네트워크 등은 자녀들의 인적자본의 격차로 고스란히 전이된다. 합의된 가치가 희소하고 공동 해결책의 모색이나 타협이 어려운 저신뢰 사회에서 이러한 변화는 개인들에게 극단적인 생존 압력 증가로 나타날 것이다. 또 중층화되고 심화되는 격차 속에서 상위 중산층에 진입하는 게 불가능한 청년들은 기존에 존재하던 취업-연애-결혼-자산 축적의 생애주기 과업을 좀처럼 이행하지 못한다. 결국 이 '정상성'을 얻기 위한 투쟁과 정상성을 얻지 못하고 탈락하는 데서 따르는 '분노'가 오늘날 20~30대의 핵심적인 망딸리테mentalites(집단 심성)가 되었다고 할 수 있다.

공정함은 입시 제도에서의 경쟁 규칙과 거의 같은 것으로 인식된다. 사회적인 가치나 컨센서스에서 연원하지 않는다. 2021년 〈머니투데이〉의 20대 대담 기사[32]에서 참가자들이 "공정한 절차는 시험이 절대적이라고 본다. 모두가 납득할 수 있는 평가 기준이, 정량화된 기준이 시험밖에 없다", "그 평가가 공정하게 이뤄졌다고 생각되는 경험이 없는 거다"고 말한 게 이를 잘 보여준다. 그런데 입시가 평등해 보이지만 실제로 규칙을 이용하거나 때로는 적극적으로 해킹hacking하는 노력이 경주되는 것처럼, 규칙의 공정함이란 '극복' 또는 '이용'의 대상이다. 나아가 이해관계에 따라 자의적으로 바뀌고, 때로는 집단행동을 통해 변경할 수 있기도 하다. 그렇기 때문에 규칙을 어떻게 해석할 것이냐는 치열한 공적 투쟁의 의제가 된다. 가령 누군가가 규칙을 해킹했을 때, 그것을 정당한 것으로 봐야 할지 아니면 반칙을 저지른 것으로 간주할지는 향후 게임의 틀을 크게 바꿀 수 있다. 그리고 대가를 치르지 않고 부당하게 이득을 취하는 이들과 대비되는, 열심히 규칙을 지키는 이들은 피해자로 규정된다. 공정이나 페미니즘과 관련된 청년들의 논쟁이 늘 피해자와 가해자로 양분되는 데에는 이러한 논리가 내재되어 있다.

따라서 기실 '공정'을 놓고 벌어지는 공적 쟁투에서 '이해관계'와 '계급'은 상수다. 서울에 아파트 1~2채가 있고, 대기업 정규직이나 전문직으로 일하는 부모를 둔 상위 중산층이 공정을 외치게 되는 이유다. 특히 서울 강남 3구가 아니라 '능력' 외엔 동원할 수 있는 자원이 부족한 노원구 상계동이나 양천구 목동 학원가를 무대로 성장한 사람에게는 공정이야말로 최고의 가치다. 이전 대표는 "서울역 대우상사에서 근무하게 된, 상경한 20대 젊은 사람이 정착할 수 있는 곳은 당시 (지하철 4호선 종점으로 집값이 싼) 막 개발된 상계 신도시 정도"[33]였다면서 본인의 계급 지위를 '중산층 노동자의 자녀'[34]라고 말한다. 동시에 그는 본인이 공정한 경쟁을 배운 장소로 서울 목동에 소재한 월촌중학교를 들고 있다. "적어도 겉보기에는 비슷했어요. 회사 다니는 아버지가 많았고, 같은 학원에 다녔고, 똑같이 교육열이 대단했죠. (…) 친구들끼리 보여줄 수 있는 것은 공부뿐이었어요"[35]라는 것이다. 여기서 경쟁 규칙은 단순하게 '모두가 평평한 출발선'이면 된다는 식이다.

　　문제는 '공정'에 공감하지 않는 '뒤처진 청년들'이다. 이 전 대표가 다녔던 월촌중학교는 목동 1~2단지를 학구로 삼는 월촌초등학교와 5~6단지의 경인초등학교에서 진학한다. 앞 장에서 본 양천구 29개 초등학교의 2011년 학업 성취도 자료는 목동과 신월동 간의 심각한 학력 격차를 보여준다. 신월동 소재 신화중·신원중 학생들이 이 전 대표와 같은 중학교에서 정직하게 공부로 경쟁하는 분위기 가운데 성장하면서 공정이란 가치를 체화할 것이라 기대하기 어렵다. 여러 연구를 보면 계급에 따른 세계관의 차이는 보수-진보의 구분 등 추상적 구호에서는 드러나지 않지만, 사회적 비용을 어떻게 부담할 것인지 또는 약자의 몫을 얼마만큼 떼어줄 것인지 등 '밥그릇'과 관련된 문제에서 뚜렷이 실체가 드러난다. 또 '개인의 능력 차이를 인정해주는 사회'와 '능력 차이를 보완해주는 사회' 중 어느 쪽을 선호하는지에 대해 20대는 다른 세대보다 사회적·경제적 지위에 따라 상당한 격차를 보인다. 신월동에서 자란 청년들이 이 전 대표와 같은 능력주의적 세계관을 가질 수 없는 이유다.

이 전 대표가 지방 청년들을 적극적으로 만나는 것은 이러한 약점을 메우기 위한 정치적 행보로 보아야 할 것이다. 수도권과 지방의 격차가 커지고, 기존 정치권이 지방에 사는 평범한 이들을 제대로 대변하지 못하는 상황을 공략하는 것이기도 하다. 2023년 당 대표 경선 이후 전남 순천과 경남 진주에 몇 달간 거점을 두고[36] 지낸 것이 대표적이다. 같은 해 출간한 책의 북콘서트를 경기 남부 일대에서 진행한 것도 '경기도에 머무를 수밖에 없는' 20~30대를 의식한 행보다. 2022년 2월 전남 지역지 〈장흥신문〉이 이 전 대표가 용곡마을 선착장을 찾아 지역 현안을 청취한 것을 1면에 크게 게재[37]하는 등 긍정적인 반응을 얻고 있기도 하다. 하지만 과연 '상계동과 목동에서 자란 20~30대 남성'의 세계관이 다른 유권자 집단을 견인할 수 있을지는 미지수다.

이 전 대표에서부터 본격화된 보수 버전의 포퓰리즘 정치의 가장 큰 문제는 '부패하고 부도덕한 기득권'을 만들어내기가 쉽지 않다는 것이다. 이 전 대표는 공정과 자유를 내세우며 정치적인 방법을 앞세워 일종의 추월차선을 타는 이들을 타깃으로 삼는다. 그가 여성과 장애인 문제 등을 다루는 방식이다. 사회적 약자에 대해 "시혜적 배려나 측은지심의 영역으로 흘러 모든 사회적 책임과 의무에 대해 프리패스를 주거나 보편적 질서를 크게 훼손하는, 그들만을 위한 새로운 질서를 제공"[38]하는 이들이 문제라는 것이다. 따라서 페미니즘에 경도돼 남성을 부도덕한 방식으로 억누르는 사람들, 즉 명문대를 나오고 그럴듯한 직위가 있는 '주류교체'에 성공한 범진보 세력이야말로 진짜 문제라는 담론으로 확장된다.

문제는 이들을 '기득권'으로 규정하는 서사가 얼마나 '순수한 우리'를 만들어낼 수 있겠냐는 것이다. 가령 보수 일각에서는 "(진보 좌파들은) 상위 10% 조직 노동자, 40~50대 정규직의 기득권을 부추기며 산다"라며 "연봉 1억 원대의 민노총 소속 대기업 노동자, 전교조, 전공노, 공기업, 은행 종사자 같은 현대판 양반들"[39]을 '적'으로 규정하려고 한다. 하지만 그들이 새로운 보수 정치의 주체로 상정하는 20~30대는 대개 저 '현대판 양반'의 자녀들이다. 이들이 새로운 보수 포퓰리즘 정치가 상정하는 '평범한 청년'이 되기에는 너무나 가진 것이 많다. 상계동과 목동에서 자라난 이들의 생각에는 강남 3구 같은 '기득권'을 가지지 못한, 자신의 능력 빼면 아무것도 기댈 곳이 없는 이들이겠지만 말이다.

이재명이라는 탈출구, 또는 막다른 골목

이재명 전 지사는 2021~2022년 당시 민주당에서 유일하게 윤석열 국민의힘 후보와 경쟁이 가능한 인물이었다. 이른바 '친문親文'이라 불렸던 문재인 정부의 정치 엘리트들이 대중적인 소구력을 상실했기 때문이다. 문재인 대통령의 지지율은 임기 마지막 해 줄곧 40%를 넘었지만, 반대 비율도 50%를 넘긴 데다 정권 교체로 단단히 결집돼 있었다.[40] 대규모 대중 동원이 가능한 후보도 없었다. "노무현의 원혼을 달래줄 역사적 사명을 띠고 대통령에 차출"[41]된 문재인 대통령 이후, 그 유산을 계승할 수 있는 사람이 없었기 때문이다.

무엇보다 민주당 지지 연합을 유지할 수 있는 인물은 이 전 지사밖에 없었다. 2021년 조국 전 법무부 장관 임명과 조 전 장관 일가의 각종 범죄 의혹을 둘러싼 정치적 논란은 민주당이 마포구·용산구·성동구에 사는 상위 중산층의 당이라는 점을 분명히 드러냈다. 민주당의 또 다른 축인 가난한 호남과 충청 이주민으로 경기도의 제조업 단지나 신도시에 살고 있는 이들의 동요와 이탈을 막을 수 있는 이가 필요했다. 경기도에 살고 있는 중하층 노동자와 자영업자에게 소구력 있는 정치인은 비주류가 소멸되다시피 한 민주당 내에서 찾기 어려운 실정이었다. 또 이들의 이탈을 막을 수 있는 정치인이어야, 결국 될 법한 민주당 정치인을 밀어주는 방식으로 자신들의 지분을 챙겨가는 '호남 정치'[42]에서의 주도권을 쥘 수 있었다. 호남 출신 이주민으로부터 강한 로열티를 확보했던 야구단 기아 타이거즈의 경우 2019년까지만 해도 가장 좋아하는 팀을 물으면 서울(14%)과 인천·경기(11%)에서 1위였는데[43] 2023년이 되면 서울(6%)은 급락하고 인천·경기(10%)는 건재하다. '대이주'의 시대가 끝난 상황에서 서울과 경기도의 '분화'를 여실히 보여주는 셈이다.

2018년 경기지사 경선을 살펴보면 이 전 지사는 여론조사에서 앞섰지만, 당내 조직에서는 친문 직계인 전해철 의원에게 압도당했다. 4월 초만 해도 "'이재명 행사에 가지 말라'는 시그널이 위에서 날아오자 시도의원들이 겁먹고 불참"⁴⁴하는 게 다반사였다. 전해철 의원은 경기도에 지역구를 둔 민주당 의원 40명 중 30여 명, 도의원 66명 중 53명의 공개 지지를 받을 정도였다. 하지만 민주당 실세인 이해찬 전 총리가 최측근인 이화영 전 경기도 평화부지사를 이재명 캠프 총괄본부장으로 활동하게 하면서 기류가 바뀌었다. 이 전 총리가 2007년 대선 출마를 위해 만든 조직인 '광장'이 2021년 이 전 지사의 외곽 조직인 '민주평화광장'으로 바뀌어 활동⁴⁵하는 등 대선까지 이 후원 관계는 계속 이어졌다. '누가 선거에서 이길 만한 후보이냐'라는 질문에 대해 민주당의 대표적인 전략가이자 1974년 민청학련 사건까지 이어지는 운동권 출신 정치인의 대부인 이 전 총리의 답은 이재명이었던 것이다.

이 전 지사는 정당에 의존하지 않고 자신만의 조직을 만들어야만 하는 민주당의 정치 문법을 충실히 이행한 사람이었다. 〈한국일보〉가 2017년 주요 대선 후보의 인터넷 팬카페와 SNS, 트위터를 분석한 결과⁴⁶는 이를 잘 보여준다. "열성적이고 조직적인", 그래서 "공격성과 활동성이 가장 두드러지는" 집단은 '이재명과 손가락혁명군'(손가혁)이었다. '손가혁'의 회원 수(5,800명)는 문재인 당시 후보 팬카페 3곳 회원 수(4만 3,000명)⁴⁷의 6분의 1이었지만, 게시글(5,330개)은 문재인 당시 후보 팬카페(7,610개)의 70% 수준이었다. 심지어 박근혜 전 대통령 가결 전에는 하루 게시글 수가 손가혁 쪽이 앞설 정도였다. 회원은 주로 30~50대이고, 남성 비율이 여성보다 20% 정도 더 높았다. 한때 '재명학'의 교본으로 활용된 《인간 이재명》은 '혜경궁 김씨' 의혹('혜경궁 김씨'로 알려진 트위터 계정이 전해철 의원과 문재인 대통령의 아들 준용 씨를 상대로 허위사실을 유포한 사건)과 배우 김부선 씨와의 스캔들 의혹에 대해 "음모와 공작으로 이재명의 이미지를 조작하고 권력을 도둑질하려는 자들에 맞서 이재명의 원군들은 온라인에서 의기투합하고 오프라인에서 뭉쳤다"[48]고 비장하게 서술했다. 그리고 "무수저 출신의 비주류로 정당하지 않은 어떤 기득권과도 타협하지 않고 살아온 그가 감당해야 할 운명"이라며 "대한민국 99% 국민이 매일같이 당해온 멸시와 차별"[49]이라고도 했다.

손가혁의 과격성이나 이 전 지사의 '반기득권' 정치 행보가 무난하게 '주류'로 편입될 수 있었던 가장 큰 배경은 문재인 전 대통령이다. 문 전 대통령이 포퓰리즘 정치로 큰 성공을 거둔 상황이었기 때문이다. 2012~2016년 격렬했던 민주당계 정당 내부의 주도권 쟁탈전 속에서 '친노'라 불렸던 정치인들은 각종 SNS와 인터넷 커뮤니티, 팟캐스트 등을 적극적인 지지층 동원과 담론 전쟁의 수단으로 삼아 승리를 거뒀다. 덩치는 컸지만 제대로 된 구심점과 논리를 갖지 못한 '비노'를 상대로 노무현이라는 상징과 각종 '개혁' 담론을 내세워 '적폐'로 몰아붙인 결과였다. "인간 노무현과 대통령 노무현을 나누어 보길 거부하는, 대통령 노무현의 공과에 대한 어떤 비판과 토론도 거부한 채 무작정 '노짱'을 추앙하고 '그런 대통령은 또 없다' 말하는 사람들"[50]이라는 평가를 받으면서도 그들은 꿋꿋했다. 급기야 2015년 말 안철수 전 의원이 탈당하면서 당이 분열될 때 문재인 전 대통령은 "'친노 패권주의'가 문제라는 말을 들을 때면 "우리 당에 친노가 어디 있느냐. 그렇게 몰고 가는 언론 탓이 크다"라며 안일한 인식을 보였다. 자신들을 쳐낼까 불안해하는 비주류들을 어르고 달래며 함께 가는 정치력을 발휘하지 못한 채 "끊임없이 흔들어댄다며 노여워했다"[51]는 비판까지 〈한겨레〉로부터 받을 정도였다. 2016년 4월 총선에서 보수의 집권 연합이 심각한 균열을 보이지 않았다면, '친문'은 지금의 성공을 거두지 못했을 것이다.

민주당이 '친문' 일색이 된 데에는 2016년 하반기 박근혜 전 대통령의 국정 농단 사건과 대규모 퇴진 요구 집회가 발생한 에너지를 문재인 대통령이 전유했다는 데 있다. "모든 것이 대통령 선거를 중심으로 소용돌이치는 한국 정치에서 대통령 선거운동을 위해 조직되고 운영되는 캠프 정치"[52]의 결과다. 무데와 칼트바서는 "만천하에 드러나는 체계적인 부패 사례는 국민에게 포퓰리즘적인 태도를 불러일으키는 촉매"[53]라고 설명한다. "문재인이라는 플랫폼을 기반으로 펼쳐지는 민주정치에 대한 당파적 지지자의 총괄 개념"[54]이라는 '문파'(문 전 대통령에 대한 팬덤)에 대한 정의는 박 전 대통령 퇴진 집회가 어떻게 문 전 대통령을 중심으로 한 포퓰리즘적 정치 동원으로 이어졌는지를 잘 보여준다.

동시에 이 때문에 문재인 정부와 민주당은 끊임없이 '부패하고 비도덕적인 기득권'을 만들어내야 하는 과제를 안게 됐다. 절차적 민주주의 회복이라는 제6공화국이 전제로 하는 최소한의 합의만 가지고 문 전 대통령이 '순수한 인민'들의 대변자 역할을 계속해 나갈 수 없기 때문이었다. 문재인 팬덤에 대한 한 연구에 따르면 지지자들은 그가 "제도 정치권에 등장한 '정의'를 상징하는 인물"이면서 "부패한 기득권과 맞설 수 있는 강력한 제도적 행위자"라고 생각한다. 기득권과의 긴 싸움에서 그를 응원해야만 하고, 패배할 경우 "정치 보복 가능성을 인지하며 위기 의식"[55]을 갖고 있다. 그런데 여기에는 경제적·사회적으로 중상위층인 민주당 핵심 지지층의 이해관계를 건드리지 않는다는 전제도 깔린다.

따라서 '적폐'를 만들기 위해 역사와 민족이 동원되는 건 필연적인 귀결이다. 문재인 전 대통령이 정조를 거론하면서 세도정치에 대항하는 '개혁 정치'를 강조[56]하거나, 문 전 대통령 등을 독립운동가들과 합성해 '독립운동-민주화' 세력과 '친일파-군부독재' 구도를 만들어내는 민주당 지지자들의 양태가 나오는 이유다. 외국의 포퓰리즘 정치 세력은 '부패한 기득권'을 종족적으로 분리해내거나, 아니면 외세와 결탁한 매판買辦으로 규정하곤 한다. 2020년 4월 '총선은 한일전'이라는 구호가 유행하고, 조국 전 장관이 민정수석이던 2019년 7월 동학농민혁명을 소재로 한 노래인 '죽창가'를 소개[57]한 건 포퓰리즘 정치의 보편적인 문법을 그대로 따라가는 모습이었다. 문재인 정부 출범 초기 개헌에 열을 올렸던 것도 마찬가지다. 헝가리에서 빅토르 오르반 총리가 이끄는 청년민주동맹Fidesz은 2010년 총선에서 승리한 직후 개헌에 나섰다. 오르반 총리는 총선 결과에 대해 "투표함 혁명"[58]이라고 불렀다. 1989년 민주화 당시 부패한 민주화 엘리트가 공산당 세력과 결탁해 "우리가 1989년에 하려던 일을 할 수 없었다"는 이유에서였다. 2021~2022년 정권 교체가 이뤄지는 과정은 이 '부패한 기득권 서사'가 제대로 작동하지 않게 된 과정이기도 했다.

이재명 대표는 민주당 내 헤게모니를 장악하는 데는 성공했지만, '적'을 어떻게 창출할 것인가에 대해서는 역시 뾰족한 답을 내놓지 못했다. 이제 새로운 주류이자 보수가 된 80년대 학번-60년대생의 사회경제적 기득권을 건드리지 않는 '부패한 기득권'은 문재인 정부에서 일찌감치 적폐로 규정했기 때문이다. 유튜브 시대에 날로 힘이 빠지는 언론을 건드리는 건, 자신에 대한 공격을 막아내는 용도 이외에 별 쓸모가 없었다. 검찰과 기획재정부 관료를 건드리는 것도 마찬가지였다. '군부 독재' 또는 '친일파'는 너무 오래 쓰인 소재였다. 먹고사는 문제를 해결하는 데 적임자라고 주장하면서 '이재명은 합니다'라는 구호를 내건 상황에서 삼성이나 현대차 등 대기업을 문제 삼기도 겸연쩍었다.

더욱이 대장동 개발을 둘러싼 의혹은 '반기득권'을 내건 이대표의 핵심 서사를 무너뜨리는 문제였다. 이를 잘 보여주는 게 2021년 10월 민주당 대선 후보 경선 3차 일반당원·국민 선거인단 투표 결과다. 민주당은 당시 대의원 및 권리당원들이 참여하는 지역 순회경선과 국민·일반당원으로 구성된 선거인단 투표를 병행했는데, 선거인단 투표는 세 차례에 걸쳐서 지역 순회 경선과 함께 발표됐다. '슈퍼위크'라 불린 선거인단 투표에서 이 전 지사는 1차(51.09%)와 2차(58.17%)에서 과반 이상을 얻었다. 그런데 3차(28.3%)에서는 이낙연 전 총리(62.37%)에게 크게 패했다. '역선택이 있었던 것 아니냐', 또는 '이낙연 지지자들이 압도적으로 많이 유입됐던 것 아니냐' 등 여러 해석이 있지만 가장 설득력 있는 가설은 민심이반일 것이다. 대장동 사건은 경기도의 중하층 노동자나 영세 자영업자를 주 지지층으로 삼았던 이 전 지사가, 알고 보니 지역 개발 비리의 '몸통'일지도 모른다는 의혹이기 때문이다. 더구나 주택 가격 급등이 경기도까지 번진 상황이었던지라, 이 의혹은 실체적 진실과 무관하게 강한 인화성을 가졌다.

이 전 지사는 2018년 "무협지적 화법으로 말하자면 나는 '만독불침萬毒不侵' 경지"라며 "적진에서 날아온 탄환과 포탄을 모아 부자가 되고 이긴 사람"[59]이라고 자평하는 등 네거티브 공세에 끄떡없다고 자신해왔다. 하지만 대장동 의혹은 포퓰리즘 정치인은 창출된 '적'의 공격에 강할지 몰라도 '순수한 민중'의 이탈에는 여전히 취약함을 보여주었다. 이 전 지사 또한 '뒤처진 사람들'을 붙잡지 못해 발생하는 민주당 몰락의 법칙을 그대로 따를 수밖에 없는 셈이다.

이 때문에 '이재명 시대'는 아이로니컬하게 민주당의 포퓰리즘적 정치가 막다른 골목에 접어들었음을 보여준다. 이 대표의 정치 행태는 기실 문재인 정부와 비슷하면서도, 동시에 강도만 높아진 모습이다. 대표적인 게 열성 지지자들이 '진짜 민주주의'를 지키기 위해 민의를 제대로 반영하지 않는 국회의원들을 압박하는 행태다. 문 전 대통령 지지자들이 금태섭 전 의원에게 두 시간 동안 2만 개가량의 휴대폰 문자 메시지[60]를 보냈던 '문자 폭탄'이, 이재명 대표 체제에서도 비주류 의원들에게 '인민의 의지'를 보여주기 위해 사용되는 수단이 된 게 대표적이다. 한 3선 의원은 〈한겨레〉와의 인터뷰에서 "사실상 두 사람(문 전 대통령과 이 대표)이 적극적으로 부추긴 것이나 다름없다"[61]고 말했다. 연일 강성 주장을 내놓는 민주당 내 친명계(2022년 대선을 기점으로 친조국계에서 친이재명계로 전환) 초선모임인 '처럼회'는 "민주당의 브레인으로 자리 잡은 것 같다"[62]는 평가까지 받는다. 이 전 지사의 지지자인 '개딸(개혁의딸)'은 의원마다 별명을 붙여주고 환호한다. 지난 10여 년 간 민주당의 내부 정치에서 성공한 이들의 성공 공식이 무엇이었는지 잘 보여주는 사례다.

정체성 정치로서 팬덤 정치, 의사 결정 불능 국면의 도래

한국의 포퓰리즘 정치는 팬덤 정치의 형태를 취한다. 먼저 특정 개인을 인민의 의지가 반영된 인물로 만들기 위해서 그를 추앙하는 커뮤니티가 필요하기 때문이다. 포퓰리즘 지도자는 개인적인 특성과 행적을 통해 만들어지는 비범함, 막스 베버가 이야기하는 카리스마가 필요하다. 그런데 지도자의 카리스마는 본인이 무언가를 주장한다고 절로 만들어지지 않는다. 제이 콩고(미국 클레어몬트 맥키나 대학교)와 라빈드라 카눙고(캐나다 맥길 대학교)는 "카리스마적 리더십은 팔로워(추종자)들이 리더의 행동에 대한 인식을 해석한 결과에 기반을 둔다"라며 "카리스마적 리더는 그들의 행동을 통해, 그가 가지고 있는 비전이 특별하다는 인식을 팔로워들에게 심어주어야 한다"[63]고 말한다.

또 팬덤은 구성원들에게 집단으로서 정체성을 부여하고, 그 정체성을 유지하고 발전시키기 위한 행동을 취하게 한다. 팬덤은 단순히 특정 제품이나 인물을 좋아하는 게 아니다. 그것을 중심에 둔 활동에 참가하고, 다른 사람과 교류하여 사회적인 인정을 받는 행동이다. 조이 프라드블래너(뉴욕 대학교)는 "자신을 과시하기 위해 자기표현과 상호작용을 추구"하기 때문에 "팬덤은 본질적으로 사교를 위한 것"[64]이라고 지적한다. 정치인에 대한 팬클럽이 한국 정치의 기본 조직체가 된 것은 지지자들에게 아이덴티티를 부여하고, 이를 통해 그들을 적극적으로 동원할 수 있기 때문이다. 또 SNS와 스마트폰으로 누구나 '셀럽'(유명인celebrity의 줄임말로, 주로 인터넷 등에서 유행을 이끄는 사람들)이 될 수 있고, 카리스마적 영향력을 행사할 수 있게 됐다. "카리스마의 일상화"가 일어나고 "자발적이고 감정적인 가치지향적 공동체"[65]가 번성하게 된 상황에서 정치인들은 독자적인 팬덤을 확보하고자 노력하게 됐다.

인터넷 집단행동의 본질적인 측면은 이 '행동을 통한 정체성의 획득'이다. 2016년 1월 중국 최대 인터넷 커뮤니티 디바帝吧가 중국 내 방화벽을 뚫고 페이스북으로 '원정'을 가서 대만 독립을 옹호하는 정치인과 언론 계정에 대규모 댓글 시위를 벌인 사건에서 잘 드러난다. 이 사건은 한국 아이돌 그룹 트와이스 멤버 쯔위가 인터넷 방송(MBC 〈마이리틀텔레비전〉의 인터넷 방송분)에서 대만 국기인 청천백일기를 흔든 게 발단이 됐다. 류궈창刘国强(쓰촨 외국어 대학교)은 이 사건을 두고 집단적인 정체성과 유대감을 획득하고, 나아가 참가자들에게 정당한 일을 한다는 도덕심을 제공했다고 설명[66]한다. "집단행동에 참가한 개인들은 인정받고 역량이 강화된 느낌"을 받았을 뿐만 아니라, 디바 유저 또는 중국 국민이라는 "집단의 정체성과 결속력"을 갖게 됐다는 것이다. 또 민족주의에 기반한 분노라는 도덕심은 이 정체성에 사회적 가치를 부여했다.

결국 팬덤 정치는 일종의 정체성 정치로서 성격을 갖는다. 정체성 정치는 "인종, 민족, 문화, 종교, 젠더 등에 기반한 정치적·사회적 활동이며, 그들의 정체성 때문에 발생하는 갈등과 부당한 현실을 교정하기 위한 활동"[67]을 의미한다. 특정 정치인 팬덤에 참여하는 사람들은 팬덤을 통해 사회적인 정체성을 만들어 낸다. 저술가 임명묵 씨는 이에 대해 "스타와 집단은 하나로 움직이며 신화를 쓴다. 그리고 그 신화는 수많은 사람의 공통 기억이 되며 하나의 부족적 정체성을 이룬다"[68]고 표현한다. 그리고 이 정체성의 핵심은 다른 팬덤과의 '구별 짓기'와 스타의 성공이다. 격렬한 경쟁이 벌어질 수밖에 없다. 임 씨는 "팬덤에게는 가수의 노래는 어떤 면에서는 핵심이 아니다"라고 지적했다. "진짜 핵심은 내가 사랑하는 가수가 노래를 불렀고, 팬들의 도움으로 음악 방송 1위를 했다는 사실 그리고 그를 통해 느끼게 된 집단적 고양감과 성취감"이라는 것이다. 이게 정치 영역에서는 "정치인이 승리하여 환하게 웃는 모습과 상대방 정치인이 패배하여 절망하는 모습을 보는 것 그리고 그 위대한 서사에 자신들이 참여하는 일"이 될 수밖에 없다.

　　팬덤 정치의 특징 중 하나는 정당을 매개로 한 양극화가 아니라 팬덤 간 대립을 통한 양극화가 나타난다는 것이다. 실제로 아이돌 팬덤 내에서는 자신이 응원하는 스타와 경쟁 관계인 타스타 및 팬덤과 상당한 경쟁 관계에 있다. 게다가 정치권의 팬덤은 타 정치 세력을 '부패하고 부도덕한 기득권'으로 규정 내리는 것이 기본적인 서사다. "특정 정치인을 열정적으로 따르는 '빠'라고 불리기도 하는 일종의 '컬트적cultist' 운동"이 "강고한 결속력과 공격성을 핵심"[69]으로 한국 정치를 지배하기 시작한 것은 필연적인 결과에 가깝다. 문 전 대통령의 팬들에게 그를 반대하는 네트워크를 물었을 때 이재명 전 지사의 팬덤이 언급됐으며, "일부 문재인 대통령 지지자들은 일부 이재명 전 경기도지사 지지자들이 문재인 대통령을 지지하지 않을 뿐만 아니라, 문재인 대통령 지지자들의 네트워크를 와해시키기 위해 조직적 개입을 시도한다고 의심"[70]하기도 했다. 그 결과 정당은 여러 팬덤이 경쟁하는 '무대' 정도의 지위일 수밖에 없다. 정당 지도부의 권력이 줄면서 정당 간 타협은 어려워진다. 또 정당 내부의 안정성이나 민주성도 흔들리게 된다.

정치 팬덤 간 경쟁은 현실을 어떻게 해석하고 의미를 부여할지를 놓고 벌어진다. "정보사회에서 의미의 생산과 경쟁이 현대 사회 갈등의 중심이 된 듯하다"[71]는 알베르토 멜루치의 말이 그대로 적용된다. 정치 팬덤 참여자들이 일상에서 가장 많은 참여 행위가 "인터넷과 네트워크를 활용해 정보를 검증하고 의제를 형성하는 것"[72]이 될 수밖에 없다. '프레임'이라는 단어를 입에 달고 다니면서, 언론 보도를 비판적으로 받아들이고 경우에 따라 자신들의 팬덤에 맞는 '사실 관계'를 새롭게 구축하기도 한다. 스타에게 부정적인 사건이 발생했을 때 팬덤의 일반적인 반응도 비슷하다. 스캔들이 발생했을 때 팬은 ①먼저 자신의 아이돌을 무조건 받아들이고 신뢰하며, ②몇 가지 증거를 들어 적극적으로 방어에 나서고, ③조용히, 하지만 무조건적으로 지지[73]하기도 한다. '여론을 형성할 때 객관적 사실보다 개인적 신념과 감정에 호소하는 것이 더 큰 영향력을 발휘하는 현상'[74]인 포스트 트루스(탈진실)는 팬덤 정치가 벌어지는 기본적인 양상에 가깝다.

문제는 현재 누구도 정치 팬덤을 위한 거대 서사를 갖고 있지 않다는 점이다. 산업화의 서사는 박근혜 전 대통령에서 끝났고, 노무현 시대의 후광은 문 전 대통령으로부터 이어받을 사람이 없다. 2021년 대선 캠페인이 본격화될 무렵 민주당 정치인들에게서 "이재명 후보는 민주당의 정체성을 가장 잘 구현하고 있는 후보"[75](강금실 전 법무부 장관), "《인간 이재명》을 인간 이재명과 심리적 일체감을 느끼며, 아니 흐느끼며 읽었다"[76](정청래 의원) 등의 반응이 나왔던 원인은 민주당 내에서 '팬덤 정치'를 위한 강력한 서사가 없다는 위기감의 발로라고 보아야 할 것이다. 임명묵 씨는 정치 팬덤이 도약하는 요소로 '한恨을 먹는다'는 아이돌 팬덤의 법칙을 끌어온다. "자신이 지지하는 아이돌이 잘 안 풀리거나, 무언가 문제가 생기면 자꾸 속에 한을 품게 된다는 데서 나온 표현"[77]이다. 강대한 '적'에게 억압을 받고, 심지어 '우리'가 지켜주지 못하는 사태가 발생하면 팬덤이 강성해진다는 것이다. 강력한 박근혜와 문재인 팬덤에 각각 박정희와 노무현의 죽음이 짙게 깔려 있는 이유일 것이다. 그리고 두 사람 이후 누구도 비슷한 수준의 팬덤을 갖추기 어려울 것임을 시사하는 것이기도 하다. 즉 고만고만하고, 인위적인 팬덤 정치 양상이 앞으로 전개될 가능성이 크다.

한국 정치에서 팬덤 정치와 포퓰리즘적인 행태는 상수가 될 것이다. 하지만 정치 지도자들이 확보하는 팬덤의 규모는 이전보다 훨씬 줄어들 것이다. 또 정당 내 엇비슷한 팬덤을 가진 정치인들이 경쟁을 벌일 가능성도 높다. 절대 강자와 거대 서사가 없는 국면에서 변동성이 높고 극히 유동적인 양상을 띨 것이다. 하지만 이것이 국민의힘과 더불어민주당 간의 경계가 허물어진다는 걸 의미하지는 않는다. 치열한 정당 내 경쟁은 역설적으로 당내 정치에서 이기기 위해 정치인들이 선명성과 당파성을 강조하는 방향으로 움직여야 함을 의미한다. 상대 세력과의 협상과 타협은 곧 우리 편 진영 내에서의 이해관계 조정과 양보이기 때문에, 당 내 정치에서 누군가를 '적'으로 돌리는 결과를 낳는다.

중소 '부족'들의 경쟁 속에서 정치적 양극화 국면이 굳어지는 상황은 한국 정치가 사회경제적 집단들의 이해관계를 조정하는, 정치 본연의 역할을 수행할 수 없게 됨을 의미한다. 사회적 타협은 개별 집단이 장기적인 이익을 위해 단기적인 손해를 감수해야만 가능하다. 포퓰리즘적인 정치인의 군웅할거 속에서 자신의 지지 기반이 타격을 받는 행위를 용인할 수 있는 사람은 없다. 하지만 '집권 세력' 입장에서 통치를 하기 위해서는 안정적인 과반수 이상의 지지가 필요하다. 정권을 잡기 위해서는 대립과 갈등에 올라타 지지자들을 동원해야 하지만, 막상 정권을 잡으면 중도층(경우에 따라서 자신의 당에 속한 불만 세력)까지 포함한 거대한 불만 세력에 둘러싸이는 양상이 반복될 수밖에 없다는 얘기다. 막강한 세력을 자랑하던 '촛불 정부'가 5년 만에 정권을 내주고, 이어 등장한 윤석열 정부가 60%가 넘는 부정 평가를 받는 건 특이한 현상이 아니라, 앞으로 한국 정치의 일반화된 형태가 될 가능성이 크다.

따라서 여러 포퓰리즘 정당이 각축전을 벌인 2013년 이후 이탈리아 정치와 비슷한 모습이 펼쳐질 가능성이 크다. 이탈리아는 베를루스코니 전 총리가 구성한 세 번째 우파 정부(2008~2011년)가 재정 위기[78]와 베를루스코니의 미성년자 성매매 스캔들로 무너진 뒤 유럽연합 경쟁담당 집행위원이던 마리오 몬티가 총리를 맡았다. 이탈리아는 내각제이지만 대통령에게 총리 임명과 의회 해산 권한이 있고, 선거 없이 주요 정당의 동의를 얻어 테크노크라트 출신이 정부를 이끌곤 한다. 이듬해 몬티 내각은 베를루스코니가 이끄는 자유국민당PdL(2008년 전진이탈리아와 국민동맹이 통합한 정당)이 지지를 철회하면서 무너졌다.

2013년 2월 치러진 선거의 승자는 코미디언 출신 베페 그릴로Beppe Grillo와 IT 기업가 잔로베르토 카살레조Gianroberto Casaleggio가 2009년 창당한 인터넷 기반의 중도좌파 포퓰리즘 정당인 오성운동이었다. 오성운동은 그릴로의 블로그와 '루소'라 불리는 인터넷 웹사이트를 통해 정책 선택, 후보자 선정 등 주요 의사 결정을 내렸다. 오성운동은 창당 후 첫 총선에서 하원 109석(총득표율 25.6%), 상원 54석(23.8%)을 얻으며 제1야당의 자리를 차지하게 됐다. 민주당(하원 297석)[79]이 이끄는 중도좌파연합은 상원에서 단독으로 내각을 구성할 수 없어 자유국민당(98석) 등과 연정을 했다.

2018년 총선 결과는 우파연합 대 좌파연합이라는 진영 구도 자체를 무너뜨렸다. 오성운동(하원 227석, 32.7%)이 제1당이 됐기 때문이다. 우파에서는 동맹(125석, 17.4%)이 전진이탈리아(104석, 14%, 2013년 자유국민당이 해산되고 직후 재창당)를 제쳤다. 베를루스코니의 시대가 끝난 셈이었다. 좌파에서도 민주당(112석, 18.8%)의 세가 확 줄었다. 민주당에 대한 '심판' 여론이 오성운동 지지로 귀결됐기 때문이다. 오성운동은 동맹과 연정을 구성하고, 루이지 디 마이오 오성운동 대표의 개인 변호사이자 피렌체대 민법 교수인 주세페 콘테를 총리로 선출했다. 콘테 총리는 이전에는 이렇다 할 정치 경험이 없는 신인 중의 신인이었다.

오성운동과 동맹 모두 강경한 반이민·반유럽연합 기조를 갖고 있었고, 세금에 적대적이었으며, 복지 확대를 강하게 주장했다. 두 정당이 집권 이후 소득세 세율 단일화(즉 누진세제 폐지) 및 변형된 기본소득제를 추진했던 이유다. 하지만 정체성 정치를 추구하는 포퓰리즘 정당의 연정이 원만히 계속될 수는 없었다. 1년 만에 오성운동의 지지율이 급락하고, 동맹은 결별을 선언했다. 오성운동은 민주당을 새 연정 파트너로 삼아 2021년 1월까지 정권을 유지했지만, 정당 지지율이 급락하고 당내 이질적인 분파들의 갈등이 심화됐다.

2022년 총선 결과 국민동맹 출신들이 2012년 만든 이탈리아의형제들(하원 119석, 26%)이 우파연합을 이끌게 됐다.[80] 동맹(66석, 8.8%)[81]과 전진이탈리아(45석, 8.1%)는 의석을 잃었다. 베니토 무솔리니를 추종하는 이탈리아사회운동의 후예가 100년 만에 집권한 셈이다. 이탈리아의형제들은 국민동맹 시절부터 파시스트 정권을 정당화하려고 하기보다는 중도우파 유권자를 붙잡기 위한 노력을 경주해왔다. 러시아–우크라이나 전쟁에서도 확고히 미국 및 다른 유럽 국가들과 같은 의견을 내고 있다. 하지만 조르자 멜로니 총리의 정책이 극우에 기반하고 있다는 것은 분명하다. 오성운동은 의석수가 4분의 1토막(52석·15.4%) 나면서 쪼그라들었다. 하지만 민주당(19.0%)은 이전과 비슷했다. 이전 선거에서 민주당 등 기존 정당을 이탈해 오성운동을 찍었던 유권자들이 다시 돌아오지 않고, 포퓰리즘 정당으로 향했다는 것을 시사하는 결과다. 누구도 주도권을 쥐지 못하고, 누구도 안정된 의석수나 지지율을 유지할 수 없는 정치 구조가 계속되는 양상이다.

지금까지 여러 차례 보았듯이 정치가 자신들의 삶의 문제를 해결해주지 못한다고 생각하는 비당파들이 증가하고 있다. 이들은 언제든지 투표용지라는 '종이 짱돌paper stone'[82]로 무능한 기성 정치인을 심판할 준비가 되어 있다. 정치인이 정당에 의존하지 않고 유권자들을 동원하고 조직해내는 대중정치의 방식도 우호적이다. SNS와 팟캐스트·유튜브 등이 주류가 된 정치 커뮤니케이션 방식도 직접 소통을 통한 동원과 조직화를 쉽게 하는 기술적 토대다. 따라서 그들의 분노와 실망이 쌓여 만들어낸 정치적 에너지를 누가 가져갈 것인지가 몇 년 뒤 정치적인 이슈가 될 가능성이 있다. 그들을 정치의 장으로 끌어내기 위해서는 적합한 정치 언어를 갖추고, 상징성을 확보할 서사를 갖춰야 하겠지만 말이다. 다만 '뒤처진 사람들'의 동원이라는, 한국 민주주의의 '성배'를 찾는 데 성공한 정치인이 과연 자유민주주의 원칙에 충실할지 아니면 지금보다 훨씬 거센 포퓰리즘을 등에 업고 있을지는 미지수다.

나가며

'사회계약'을 새로 쓸 수 없는 사회에서
벗어나기 위해

1987년 노동부는 '근로자 중산층화 기반 조성' 계획을 작성한다. 1984년께부터 전두환 정권이 적극적으로 주문하던 중산층 육성을 위한 구체적인 정책 방안이었다. 여기서 노동부는 중산층을 "안정된 직장에 취업하여 적정한 소득과 저축을 보유"한 집단, 10년 정도 일한 35세 전후면 20평 정도의 자가를 소유할 수 있는 능력을 갖춘 사람으로 정의했다. 또 2명 정도 자녀에게 고교 수준의 교육을 시킬 정도가 되어야 한다고 규정했다. 적정 수준 이상의 안정된 소득을 버는 일자리, 집 한 채 정도의 자산, 결혼·양육 등 생애주기 과업의 원만한 수행을 국가가 보장하겠다는 것 등이 계획의 골자였다.

당시 정부가 나서서 중산층을 만들겠다고 한 것은 이 개념이 한국 사회계약의 핵심에 있기 때문이다. 구해근 미국 하와이대 명예교수는 "많은 국민이 '잘살아보세'라는 구호 아래 너도나도 중산층이 될 수 있다는 꿈을 품었던 것은 일종의 사회계약social contract으로 작용했다"라며 "이 암묵적 계약은 사회적 안정을 도모하고 모든 국민으로 하여금 기꺼이 경제 발전에 기여하게 만드는 역할을 했다"[1]고 설명했다. 1970년대까지만 해도 가난에서 탈출하는 게 시대정신이었다면, 1980년대부터는 지금보다 개선된 삶으로 목표가 옮겨지게 됐다.

중산층이라는 개념은 모호하지만, 소득·자산[2]뿐만 아니라 귀속의식이나 생활양식·교육수준·직업 등 사회적 지위 등이 연계되는 게 보통이다. 그리고 여러 학자들은 중산층이라는 주관적 의식의 핵심에는 안정된 생활을 이어가고 삶을 개선하겠다는 열망이 있다는 데 동의한다. "많은 사람들이 현재 소속감을 느끼거나 혹은 가까운 미래에 속하기를 원하는 '사회적 정체성'을 제공해준 개념"[3]이라는 것이다. 선진국도 마찬가지다. 미국 상무부의 2010년 보고서는 중산층이 미래를 계획하는 강력한 성향, 삶전반의 통제력, 근면과 교육을 통한 사회경제적 상향 이동, 잘 조율된 자녀 교육 등의 가치관을 갖고 있다고 설명한다.[4] 한국의 경우 고도성장 속에서 삶의 여러 조건을 개선시킬 수 있다는 일종의 '목표지점'으로서 중산층이라는 개념이 있었다는 것 그리고 그 열망이 '선진국으로의 추격'을 위한 국가적 동원을 위한 연료이자 내부의 갈등을 봉합하는 사회적 접착제 역할을 했다는 게 특징일 것이다.

대규모 중산층 집단이 등장한 건 1980년대다. 경제기획원의 사회지표 조사에 따르면 자신이 중산층이라고 생각하는 가구주는 80년대 들어 크게 늘어났다(1981년 41%→1986년 54%→1988년 61%).[5] 1970년대 후반 중화학 공업화의 영향으로 대기업이 성장하고 안정된 일자리가 늘어난 결과다. 또 경제 구조 고도화로 관리직·사무직과 전문직 종사자가 늘어났고, 높아진 소득 수준

265

에 맞춰 소비 수요가 분출했다. 한국노동연구원에 따르면 전문직·기술직 종사자는 폭발적으로 늘어났고(1973년 28만 명→1980년 55만 명→1989년 120만 명),[6] 사무직 종사자 역시 크게 늘었다(67만 명 →127만 명→218만 명). 고가 내구 소비재 시장이 급성장하면서 과소비를 비판하는 기사도 이때부터 등장한다. 1986년 서울 백화점에서 10만 원이 넘는 장난감이 날개 돋친 듯 팔리고, 전세 세입자가 자신의 벌이는 생각하지 않고 자동차를 사고 있다고 전하는 〈경향신문〉 기사[7]가 대표적이다.

하지만 '목표로서의 중산층'을 모두가 달성할 수는 없었다. 1975~1995년 4개 일간지 아파트 분양 광고를 분석한 결과에 따르면 "1990년대 전반에 확립된 중산층 가정성의 원형이 1980년대 전반 서울 강남 지역의 도시 가족, 그중에서도 대단지 대형 아파트에 살던 중간계급 가정에서 유래했음을 확인할 수 있"[8]었다고 한다. 그 핵심은 현대화된 교외 주거지의 쾌적한 삶의 질 그리고 비슷하게 급이 맞는 사람들끼리 모여 산다는 '고급 지위재'로서의 속성이었다. 이는 상위 중산층이나 상위 중산층의 생활양식을 따라 할 수 있는 이들을 겨냥한 아파트 분양 광고에서 두드러지게 나타났다. 하지만 서울 밖 중소형 아파트에서는 메시지가 사뭇 달랐다. 계층적 지위보다 "단란한 가정생활"이 강조됐다. 이들에게 일산이나 분당의 신도시에 진입해 살아가는 '진짜 중산층'의 삶은 불가능했기 때문에, 그 이전 단계인 안정된 삶의 조건이 강조된 셈이다. 하지만 이들도 안정된 삶을 그럭저럭 꾸려갈 수 있고, 열심히 일해 삶의 조건을 향상시킬 수 있다는 점에서 스스로를 중산층의 일원이라고 느꼈다.

정부의 중산층 만들기 계획은 고도성장에 따른 더 나은 삶에 대한 기대를 어떻게 안정적으로 제도화할 것이냐는 정치적 고민의 산물이었다. 1988~1989년 주택과 토지를 둘러싼 청와대와 행정부, 여당인 민주정의당 내에서 분양가 상한제라는 '중산층 사다리'를 놓고 갈등이 벌어졌던 게 대표적[9]이다. 박해천 동양대 교수는 "신도시 건설과 짝을 이룬 분양가 상한제는 표준화된 아파트 모델의 박리다매식 공급으로 주거의 평등주의를 실현할 뿐만 아니라, 이후 도시 성장 과정에서 발생할 집값 상승분을 분양권 보유 무주택자의 몫으로 보장해주는 것"[10]이었다고 설명한다. 1989년 정부는 아파트 공급을 급격히 늘리기 위해 건설사의 이익을 보장하는 변형된 분양가 상한제인 분양원가연동제(택지비와 건축비에 맞춰 분양가를 조정하는 제도)를 도입했다. 그리고 1989년 주택수(640만 호)의 3분의 1에 육박하는 214만 호를 1991년까지 짓는데 성공[11]했다.

1989년 토지공개념(공급이 물리적으로 제한된 토지에서 발생하는 이득은 공동체 발전의 결과물이라는 철학)을 둘러싼 논쟁은 청와대와 경제기획원·건설부 대 민정당과 내무부(현 행정안전부)의 구도로 벌어졌다. "땅값 상승과 부동산 투기에 대한 사회적인 불만이 대단"했던 상황에서 "중산층의 지지를 붙잡을 수 있는 효과적인 수단이 될 수 있다는 생각"[12]에서 토지공개념과 그에 입각한 제도(개발부담금제·토지초과이득세·택지보유상한제)를 도입하겠다는 게 청와대와 경제 관료들의 구상이었다. 1980년대 급격히 증가한 베이비붐 세대 화이트칼라·전문직들이 장기적인 삶의 전망을 가질 수 있게 하자는 게 당시 부동산 정책의 핵심이었다.

한국 정치가 안고 있는 근본적인 문제는 중산층이라는 사회계약이 깨어졌다고 모두가 인식한다는 데 있다. 그리고 사회계약의 붕괴는 한국이 선진국에 진입했기 때문에 벌어진 일이나 마찬가지다. 2000년대 진행된 한국 기업의 고부가가치화는 대규모로 자본과 노동을 투입하는 공격적인 양적 확대 전략과의 결별을 의미했다. 그리고 글로벌 경쟁력을 갖춘 기업들은 효율적으로 노동력 등 자원을 관리하고, 소수의 고급 인력을 채용하고 그들에게 이전보다 훨씬 높은 임금을 줬다.

2010년대 이후 기술 발전은 이러한 경향을 가속화했다. 억대 연봉을 받는 대기업 직장인이 될 수 있는 장벽은 날로 높아졌으며, 영유아기에서 시작되는 치열한 교육 투자 경쟁은 '세습 중산층'의 사회를 낳았다. 〈국민일보〉가 2023년 영어유치원이라 불리는 유아 대상 영어 학원에 보내는 학부모를 대상으로 한 설문조사에 따르면 이들의 월평균 가구 소득은 801만 원[13]이었다. 부유층이 아니라 상위 중산층이 주라는 의미(2021년 국세청 통합소득 상위 1%에 들어가기 위한 경계값은 월 1,590만원, 상위 5% 경계값은 월 800만원[14]이다)다. 변수용 미국 펜실베이니아 주립대 교수는 "사회경제적 지위가 높은 부모들은 세간에 회자되는 것처럼 영어유치원을 시작으로 사립초-특목고·자사고로 이어지는 엘리트 코스를 설계"하고 있다며, "교육 불평등과 계층 재생산의 시작점"이라고 말했다. 창의력 수학 등 수학과 과학 분야 영재 교육도 대치동이 맡는다. 2021년 서울과학고(55%), 경기과학고(51%), 한국과학영재고(53%)의 입학생 절반 이상이 서울 대치동의 한 학원 출신[15]인 이유다.

서울 및 수도권을 중심으로 한 주택 가격 앙등을 이끈 건 '투기 세력'이 아니라 삼성전자와 현대자동차에 다니는 이들이었다. 그리고 2010년대 후반 부동산 가격 급등이 문제가 되는 건 오를 대로 오른 '번듯한 주택'을 소득을 모아 살 수 있는 이들이 한정돼 있다는 것이다. 급격한 상승폭이 세대 간 그리고 '자산에 따른 계급 간' 격차를 의미한다는 건 두말할 나위도 없다. 이재열 서울대 교수는 영국 경제학자 프레드 허쉬의 논의를 빌려서, 경제 성장으로 인한 풍요가 단일한 중산층이라는 개념을 무너뜨렸다고 설명한다. '자동차'라는 물질재의 중요성은 줄어드는 반면, '어떤 자동차'라는 지위재의 중요성이 증대해지면서 경쟁이 치열해지고, 중산층이라는 의식도 허물어졌다는 것이다.

1989년 한국갤럽 여론조사(20~60대)에서는 한국인 75%가 '당신은 중산층입니까?'라는 질문에 "그렇다"고 답했다. 그런데 2022년 2월 〈한국경제신문〉이 실시한 설문조사(30~59세 대상)[16]에서는 해당 대답을 선택한 이가 53.7%에 불과했다. 2020년(57.5%)보다도 3.7%포인트 줄어든 수치다. 45.6%는 하위층이라고 답했다. 특히 30대는 55.6%가 자신을 하위층이라고 생각했다. 응답자들이 생각하는 중산층의 월평균 소득은 686만 원, 부동산을 포함한 자산 규모는 평균 9억 4,500만 원이었다.

박근혜 전 대통령 시절만 해도 누구나 중산층이 될 수 있는 사회는 주요 정당의 공통된 목표였다. 박근혜 전 대통령은 "경제 정책의 최상 목표는 중산층 70% 복원과 고용률 70% 달성"[17]이라면서 대선 공약으로 내세운 '중산층 70% 복원'을 국정과제로 계속 이어갔다. 노태우 전 대통령의 경제 가정교사로 당시 보건사회부장관과 경제수석비서관을 역임했던 김종인 전 의원이 박근혜 대선 캠프 영입을 계기로 다시 정계의 중심에 서게 된 것도 따지고 보면 중산층 문제와 연관된다. 중산층 복원이라는 사회계약의 갱신을 '어떻게 설득력 있게 보여줄 수 있는가'라는 문제가 보수와 진보 가리지 않고 과제가 된 상황에서, 줄곧 '경제민주화'를 외쳐온 김 전 의원만큼 상징성을 갖춘 이가 없기 때문이다. 그는 2023년 〈이코노미스트〉와의 인터뷰에서 프랭클린 루즈벨트 전 미국 대통령이 언급한 '빈곤(또는 결핍)으로부터의 자유freedom from want'를 언급하면서 "저소득 계층 사람들이 민주주의 사회에서 편안하게 살기 위해서는 정부가 조치를 잘 해줘야 한다"라며 "내가 말한 경제민주화란 그런 것"[18]이라고 말했다. 김 전 의원이 2021년 대선 캠페인 이후 이전과 같은 '결정적인 영향력'을 발휘할 수 없는 이유는 평범한 사람들이 중산층의 꿈을 꿀 수 없는 사회에 진입했기 때문일 것이다.

민주당에서 이탈한 여러 집단의 공통점이 있다면, 이제는 지향점으로서의 '중산층'이 될 수 없다는 걸 자각한 이들이라는 점이다. 신도시의 30대가 대표적이다. 그들에게 민주당은 과거의 사회계약을 어떻게든 이행할 의지가 있는 정당이 아니라, 자신들의 경제사회적 기득권을 양보하지 않기 위해 기꺼이 '사다리'를 걷어찰 수 있는 집단이다. 조국 전 법무부 장관을 둘러싼 일련의 사건들과 조 전 장관을 옹호했던 논리들은 마포구·용산구·성동구의 정당이라는 민주당의 정체성을 여실히 드러냈다. 그렇다고 정권을 5년 만에 되찾은 국민의힘, 나아가 보수정당도 뚜렷한 대안을 내놓는 것도 아니다. 정확히 말해 보수는 더는 중산층이 될 수 없는 '뒤처진 사람들'이 왜 민주당에서 이탈했는지 직시하기를 꺼린다. 1989년 토지공개념 도입 과정에서 여당인 민정당은 "혁명적 토지공개념이 오히려 혁명을 부를 수 있다"[19](박준규 당시 민정당 대표)라며 이례적으로 청와대와 각을 세우며 반대했다. 그들의 계급적 이익을 침해받을 뿐만 아니라, 토지공개념 도입에 따른 각종 규제가 지지 기반의 이탈을 야기할 것이라는 우려에서였다. 2022년 대선 승리 이후 보수 진영에서 즐겨 이야기되는 '자유'에서 '결핍으로부터의 자유'로 묶일 수 있는 부분이 거의 없다시피 한 이유다.

극우가 배출한 마오주의 혁명가, 트럼프와 그의 친구들

2016년 미국 대선에서 도널드 트럼프 공화당 후보가 승리하자, 몇몇 언론과 전문가들은 공산당을 이끌고 중국을 장악한 마오쩌둥과의 유사성을 지적했다. 홍콩 신문인 〈사우스차이나모닝포스트〉가 2017년 1월 마오쩌둥의 집권 전략 및 통치 스타일과 트럼프 당선인이 흡사하다는 분석 기사[20]를 낸 것이 대표적이다. 오빌 쉘 미국 아시아협회 미중관계센터 소장은 "마오쩌둥은 혁명가이자 포퓰리스트였다"라며 "'파괴하지 않으면 건설도 할 수 없다'며 기존 질서를 뒤집어 버리는 걸 목표로 집권했다"고 말했다.

마오쩌둥은 국가 권력이 좀처럼 제대로 기능하지 못하던 중국에서 반외세와 토지개혁을 앞세워 국민당과의 투쟁에서 승리했다. 기존 공산당 노선과 다르게 농촌에서 도시를 포위하는 전략을 세운 것이 주효했다. 근대화 과정에서 성장하던 부유한 도시를 가난하고 불평등한 토지 분배에 농민들이 고난을 겪던 농촌을 '해방'한 뒤 에워싼 것이다. 번영을 구가하던 뉴욕과 샌프란시스코 등을 쇠락한 공업지대·중소 도시·농촌의 백인들을 규합해 장악한 트럼프의 선거 전략과 닮았다. 또 두 사람 모두 인민 전체에 호소했다. 중국공산당이 1943년 공식화한 마오쩌둥 사상은 "무산 계급은 물론이고 지주와 민족 자본가 일부까지 망라하는 중국의 모든 사회 계층의 이익을 똑같이 표현할 수 있는 순수 중국적 이념을 창출"하려는 시도였다. 마이클 카진(조지타운 대학교)은 기존 미국의 포퓰리즘이 계급에 기반해 '인민'을 규정했던 것과 달리, 트럼프 전 대통령은 백인이라는 인종을 기반으로 한 것이 차이점이라고 지적[21]했다. 트럼프주의는 그 때문에 '백인'이라는 인종적 정체성이 규정하는 '진짜 미국 사람' 전체의 정당이 된다.

무엇보다 두 사람 모두 국가와 정당의 관료 기구가 인민의 정치적 의사를 왜곡한다고 봤다. 따라서 직접 소통을 강조하며, 경우에 따라 인민이 의지를 표명하고, 경우에 따라 관료 기구를 전복시키는 직접 행동도 필요하다고 옹호했다. 2020년 대선 패배에 불복해 이듬해 1월 미국 의회를 점거한 트럼프 전 대통령 지지자들의 행동이 대표적이다. 이 사건은 미국 의회의 대선 결과 공식 발표일에 맞춰 발생했는데, 트럼프 전 대통령은 지지자들에게 시위 참여를 독려했다. 이러한 '실천'은 민주당뿐만 아니라 공화당의 기득권 정치인을 겨냥해서도 일어났다. 또 트럼프 전 대통령은 전통적인 온건 보수 정치인인 존 매케인 전 상원의원을 계속해서 비난하는 등 '당내 보수'에 대한 공격을 멈추지 않았다.

브래드 드롱(UC 버클리)은 공화당이 '트럼프당'이 되는 과정을 마오가 문화대혁명을 통해 정권을 잡았던 과정에 비유하기도 했다. 《실천론》에서 마오는 프롤레타리아트가 무한한 모순에 대항해 세계를 개조하는 실천(즉 투쟁)을 무한히 지속할 것을 주문했다.[22] 이 때문에 중국사학자 조너던 스펜스는 마오를 '무질서의 지배자Lord of Misrule'(중세 유럽에서 크리스마스 연회를 주관하는 평민이나 노예가 왕처럼 처신하는 것을 지칭)라고 불렀다. 마오는 "무질서라는 한정된 개념을 크게 확장한 뒤 (…) 장구한 격변의 모험 속에 끌어들이는" 방법으로 정치에 활용했고, "그들(예전의 군주들)이 자신보다 나은 존재라고 여기지 않았으며, 그들을 제거함으로써 사회가 해방되었다고 믿었"[23]다. 그리고 "민족을 위해 자신이 대신 사고하는 불가능한 위업을 이루려 했"다. 포퓰리즘이 민주주의를 내세우지만 권위주의로 변질되고, 기존 정치제도를 존중하지 않고 나아가 파괴하는 메커니즘을 선구적으로 보여주는 사례다.

게리 거슬은 미국의 전통적인 보수 진영이 무너지고 트럼피즘(트럼프주의)이 등장한 배경에 사회계약의 붕괴가 있다고 지적한다. 그는 "신자유주의 질서의 붕괴는 그것이 약속했던 것을 더는 줄 수 없다는 게 명확해졌기 때문"이라고 지적했다. "1970년대가 되자 뉴딜 질서는 완전고용과 준수한 소득, 번영하는 경제라는 비전을 달성할 수 없다고 다수의 미국인들이 생각하게 되면서 허물어졌다. 신자유주의 질서도 불평등 확대, 양질의 일자리 감소, 노동시장의 불안정성 심화 때문에 무너졌다"[24]는 얘기다. 사회계약의 문제는 단순히 경제적인 차원의 문제가 아니다. 사회적·문화적·심리적 문제다. 그리고 그로 인한 불만과 분노는 체제 자체를 뒤엎어야 한다는 구호로 폭발하기 쉽다. 트럼프에게서 '혁명성'이 발견되는 이유일 것이다.

이탈리아 북동부의 대도시 토리노는 20세기 초반부터 자동차 회사 피아트FIAT를 중심으로 한 제조업이 발전한 곳이다. 한국으로 비교하면 현대의 도시였던 울산광역시와 비슷하다. 대규모 공장이 들어서면서 가난한 남부 지역 이주민들이 일자리를 찾아 대거 이주했다. 그리고 이들은 노동운동의 선두에 섰다. 1969년 단체협약 갱신을 둘러싸고 500만 명의 노동자들이 대규모 파업을 벌였던 '뜨거운 가을'은 남부 출신 이주 노동자들의 전투성[25]을 언론, 정치권, 학계에 깊이 각인시킨 사건이었다. 피아트는 1966년까지만 하더라도 경력자를 기존 노동자 추천을 통해 뽑았었다. "피아트에서 일한다고 하면 (남부의) 고향에서 특권 있는prestigious 일자리를 찾은 운 좋은 사람"이라는 이야기를 들었다. 1967년 이후 급격히 생산량이 늘어난 피아트는 2만 명에 가까운 남부 출신 노동자를 뽑았다. 이들은 높은 기대를 갖고 입사했지만 열악한 생활 조건과 각종 차별에 직면해야 했다. 그런데 이들의 자녀 세대는 북부 분리주의에서 출발한 극우정당인 '동맹'(2018~2020년 진행된 정당 개혁 이전에는 북부동맹)을 비롯한 포퓰리즘 정당을 지지하게 된다.

이탈리아 역사가 파비오 레비는 남부 이주자 자녀 세대의 정체성 변화에 주목한다. 이주자 1세대는 남부 출신이라는 정체성을 어느 정도 갖고 있었으며, 여전히 남부에 사는 가족이나 친지와 교류했다. 그런데 자녀나 손자 세대가 되면 낮은 사회경제적 지위로 취업이나 교육 시장에서 차별받으면서도 스스로 피에몬테(토리노가 속한 주) 사람이라고 생각했다. 그래서 "더욱 전형적인 피에몬테적 수단이나 담론을 통해 욕구 불만이나 저항 의지"[26]를 표출하게 됐다. 장문석 서울대 교수는 "피아트 노동자 거주 지구인 미라피오리 수드에서 벌어진 일은 노동계급의 해체를 여실히 보여준다"[27]고 설명한다. 1970년대 중반까지만 해도 공산당 득표율이 50%가 넘던 지역이었는데, 1984년부터 베를루스코니의 전진이탈리아 후보가 당선되기 시작했다. 원래 중앙난방을 하던 곳인데, 연료비가 오르면서 주민 간 갈등이 심해져 속속 개별 난방으로 전환했다. 한 공장에서 일하고, 생활공간을 공유하며, 문화적 동질성을 갖는 노동계급은 해체됐다. 그리고 그들의 정치적 욕구는 포퓰리즘 정당이 대변하게 됐다. 노동자들을 상대로 각축전을 벌이는 우파정당 동맹과 좌파정당 오성운동이 모두 '이탈리아 우선'을 외치면서 반이민 정책을 펴는 이유이기도 하다.

한국도 탈공업화와 옛 제조업 중심지의 몰락 그리고 '번듯한 일자리'와 그렇지 않은 일자리를 가진 사람들이 겪는 다층적 격차 확대에서 예외가 아니다. 이탈리아 토리노의 남부 이주자들 자녀와 비슷한 이들은 경기도 안산과 성남, 인천 부평구와 계양구의 이주자 가정일 것이다. 2022년 선거는 이들의 민주당 이탈이 본격화되었다는 것을 보여준다. 그렇다고 그들이 국민의힘 등에 정당 일체감을 가질 가능성은 낮다. 앞으로 도래할 포퓰리즘 정당과 그 지도자 중 누군가가 이들을 주된 지지 기반으로 삼을 것으로 보이는 이유다. 그리고 옛 제조업 지역의 청년들은 자신들의 억눌린 목소리를 대변하는 정치인에 강한 동질감을 느낄 것이다.

〈르몽드〉는 극우정당 국민연합 소속 마리 르펜 후보가 2위로 결선 투표에 올라간 2022년 대통령 선거에서 그가 1위를 차지했던 북부 노르망디주를 찾아 그곳의 유권자들 여러 명과 인터뷰했다. 26세 싱글맘인 클로에 르메트르 씨는 "르펜은 우리와 같은 존재이고, 우리같이 말한다"라며 "우리의 상황을 이해하고 있는 사람"[28]이라고 말했다. 다수의 사람들은 기성 정당, 특히 좌파 정당에 환멸을 느끼면서 자신들을 대변하지 못한다고 답했다. 한국에서 벌어질 일을 예고하는 듯한 발언들이다. 그리고 '뒤처진 사람들'의 분노와 불만이 혁명적으로 터져 나오는 순간 기존 정치제도의 붕괴는 가속화될 것이다. 이탈리아가 그랬듯이 말이다.

'정치의 복원'은 어떻게 가능할 것인가

체제 전환을 위한 정치는 선택의 문제가 아니다. 한국이라는 공동체가 존속하기 위해서는 더는 믿는 이들이 없는 기존 사회계약을 어떻게든 다시 써야만 할 것이다. 극한의 초저출산 국가가 된 것은 자녀 양육에 많은 부담이 가서만이 아니다. 개인이 직면한 여러 위험은 높은데, 이를 막아주는 사회는 미덥지 않고, 그렇다고 누구 하나 의존할 데도 없는 무규범 상황이 됐기 때문이다. 그 결과 누군가와 가정을 꾸리고, 아이를 낳고, 함께 시간과 비용을 들여가며 미래를 준비하는 과정은 사치처럼 되어버렸다. 여기서 벗어나기 위해서는 다양한 이해관계자들이 조직적으로 참가해 갈등을 해결하고 타협안을 찾는 과정, 즉 진짜 '정치'의 복원이 필요하다.

첫째, 원론적 이야기이지만 정치 과정의 '규칙'에 대한 합의가 필요하다. 정당 간의 경쟁에 기반한 민주주의를 운영하고 있지만, 경쟁의 규칙은 없고 오히려 반칙이 장려되기까지 한다. 대표적인 것이 공기업이나 공공기관장을 누가 임명하느냐를 놓고 벌이는 쟁투다. 한국의 고위 공직 임명이 엽관제(정치권력을 확보한 집단이 임명권을 행사)로 운영된다는 걸 모르는 사람은 없다. 중앙부처의 경우 '1급(고위공무원 가급)'이라 불리는 옛 차관보급은 물론 국장급까지 '사실상' 청와대가 임명권을 쥐는 것이나 마찬가지다. 그런데 어떤 자리가 정무직으로 임명되고, 또 어떤 자리에 직업 공무원이 임명되는지 그리고 아예 독립적으로 인사위원회가 구성된 직위는 무엇인지 사실상 경계가 명확하지 않다. 정치권력 입장에서는 이런 모호함이 영향력을 키울 수 있다. 딴생각을 품는 정치인 대신 자신들에게 코드를 맞추는 관료를 선택해 고위직을 주는 '거래'[29]가 더 낫기도 하다. 중앙부처 밖 각종 공기업이나 공공기관에 낙하산이 투하되는 과정도 어느 정당이 정권을 잡건 불투명하게 유지된다. 선거를 통한 정권 교체가 시작된 지 25년이 넘었지만, 정권 교체의 규칙은 없는 것이나 마찬가지다. 미국의 경우 '플럼북Plum Book'(자주색 표지에서 유래한 별명)이라 불리는 책자로 대통령이 임명할 수 있는 공직 명단 및 그 자격 요건이 문서화되어 있다. 차관보 이상은 상원의 인준이 필요하다.

국회 운영이라든가, 정당 간의 협상 내용을 이행하는 과정도 규범이 없다 보니 파행적으로 운영된다. 2020년 총선에서 준연동형 비례대표제(정당 득표는 많지만 지역구 의석이 적은 정당을 위해 비례의원 의석 중 절반을 가중 조정해 배분하는 방법)를 도입하기로 했으면서, 국민의힘과 더불어민주당이 모두 별도의 비례위성정당(지역구 의석이 없어서 비례의원을 더 많이 받을 수 있는 정당)을 만든 게 대표적이다. 2022년 민주당은 검찰 수사권 축소 입법을 위한 '관문'인 법제사법위원회 내 안정조정소위원회 통과를 위해 민형배 의원을 탈당시킨 뒤, 무소속으로 안건조정위에 참여시켰다. 민주당의 논리대로 검찰 권력 축소가 중요하다 하더라도 그것이 국회 내 법안 논의 절차를 사실상 무시해도 되는 이유인지 이해하기 어렵다. 이렇게 정치의 규칙이 없다 보니, 사법부에게 심판 역할을 맡기는 경우가 늘 수밖에 없다. 이른바 '정치의 사법화'다. 정치의 사법화는 검찰이나 재판부를 자기편으로 만들려는 '사법의 정치화'로 이어지게 된다. 정치의 무규범이 결국 3권 분립 원칙을 무너뜨리고, 모든 걸 정치적 싸움의 영역으로 끌어들이는 결과를 낳는 것이다.

이탈리아 정치학자 노르베르트 보비오는 프랑스 정치사상가 알렉시 드 토크빌에 대해 논하면서 "권력은 항상 하나의 질병"이라며 "중요한 정치적 문젯거리는 누가 권력을 가지고 있느냐가 아니라 권력을 통제하고 제한하는 방식과 관계가 있다"[30]고 말했다. 또 15~16세기 이탈리아 피렌체의 귀족과 상업 엘리트들의 정치 쟁투를 아주 밀접하게 관찰했던 니콜로 마키아벨리는 "제도가 잘 정비되어 있지 않은 도시들은 (…) 자유와 억압 사이가 아니라 억압과 방종 사이를 번갈아 오가며 자주 통치자와 정부 행태를 바꾼다"고 일갈했다. "방종의 대리인인 평민popolo(피렌체의 시민 계층으로, 길드와 상업 활동을 주로 영위했다)이나 억압의 대리인인 귀족이 모두 찬양하는 것은 오직 자유라는 이름뿐이지만, 그들 누구도 법이나 통치자한테 기꺼이 복종하려 들지 않기 때문"[31]이라는 것이다. 정치는 상이한 이해를 가진 집단들이 의회에서 벌이는 '합법적인 전쟁'이다. 하지만 이 전쟁을 통해 상대를 말살할 수는 없으며, 따라서 적은 비용을 들여 원만하게 타협하는 것이 중요하다.

둘째, 정당의 혁신이 필요하다. 한국 정치가 제대로 작동하지 않는 건 소선거구제-대통령제라는 선거 규칙 때문이 아니다. 민주주의를 돌아가게 하는 핵심적인 정치 조직인 정당이 제대로 구성되고 운영되지 않기 때문이다. 2000년대 한국의 주요 정당은 유권자와 긴밀하게 접촉하는 대중정당으로서 취약성을 극복하기 위해 정치인들이 직접 대중을 동원하는 정치 방식을 개발했다. 대선이나 총선 후보 경선에서 국민 누구나 참여할 수 있도록 하는 개방형 예비선거제(오픈프라이머리)에 준하는 개방형 국민경선제를 '정당 개혁'이라는 이름으로 도입하기도 했다. 역설적이게도 이러한 '개방'과 '참여'는 정치 활동에 적극적인 집단의 목소리가 과대 대표되는 결과를 낳았으며, 가뜩이나 불안정했던 정당 지지 연합 내 균열을 가속화했다. 또 정당 내 정치 방식은 정치적 양극화를 조장하는 방식으로 이루어졌다.

정치권, 특히 소수 정당의 경우 선거제도가 문제라고 흔히 지적한다. 그런데 선거제도를 계속 바꾸지만, 좀처럼 정치 개혁이 이루어지지 않는 나라가 바로 이탈리아다. 이탈리아는 1992년까지 개방형 정당명부식 비례대표제(정당이 제시한 의원 명단에서 유권자가 선호를 표시할 수 있는 방식)[32]로 선거를 치렀다. 하원은 32개 선거구를 기반으로 절충하는 방식이었다. 프랜시스 로젠블루스와 이언 샤피로(예일 대학교)는 이탈리아 정치의 핵심 문제는 당내 세력 확대를 위한 경쟁과 파벌화라고 설명한다. 거대 여당이던 "기민당 내 파벌들은 정부 지원금, 세금 혜택, 규제 완화 같은 인기 정책으로 표심을 잡으려고 경쟁"[33]했다. 기민당과 공산당 양쪽이 모두 대규모 정치 부패 수사를 계기로 몰락했고, 개헌이 이루어지면서 소선거구제가 도입(전체 의석 가운데 4분의 1은 비례의원이고 그 외 소수 정당을 위한 여러 장치가 존재)됐다. 그런데 소선거구제로 치러진 1994년 선거의 승자는 실비오 베를루스코니가 이끄는 신생 정당 전진이탈리아였다. 2006년 총선에서는 가장 득표를 많이 한 선거연합이 전체 의석의 54~55%를 가져가는 폐쇄형 정당명부 비례대표제(비례의원 순번은 정당이 작성하며, 유권자는 어떤 정당에 투표할지만 결정하는 방식)를 도입했다. 선거에서 패배할 가능성이 높아진 베를루스코니 당시 총리와 보수정당들의 이해관계가 반영된 결과였다. '보너스 의석'에 대한 규정은 2013년 12월 헌법재판소로부터 위헌 판결을 받았다. 마테오 렌치 총리(민주당)는 1차 투표에서 40% 득표율을 넘기는 다수당(또는 선거연합)에 55%의 의석을 주고, 1차 투표에서 어떤 정당도 득표율 40%를 넘기지 못하면 결선투표를 하도록 하는 개헌안을 냈다. 그런데 2017년 이탈리아 헌재는 결선 투표를 규정한 조항을 위헌이라고 판결했고, 이탈리아 선거제도는 폐쇄형 정당명부식으로 운영되게 됐다.

　여기서 정당의 혁신은 단순히 중앙당 조직을 강화하자는 것이 아니다. 당 지도부의 권한만 키운다고 정당이 바뀌지 않는다. 한국의 정당은 여당은 대통령, 야당은 유력한 대통령 후보를 중심으로 전개되었다. 이들이 가진 막강한 유권자 동원 능력이 정치의 원동력이다. 특정 지역구를 방문하거나 사진을 같이 찍어주면서 선거전에 나선 특정 후보자의 지지율을 2~3%포인트 높일 수 있는 정치인은 극소수다. 또 당내 경선에서 그가 가진 '팬덤'을 동원할 수 있는 건 일종의 '물리력'이라 할 수 있을 만큼 막강한 힘이다.

기초의원 수준의 풀뿌리 민주주의에서부터 시작해 단계별로 당원들의 참여를 활성화하고, 유권자와의 커뮤니케이션을 강화해야 한다. 몇몇 정치 지도자가 핵심이 되는 동원의 정치가 아니라 정당 조직을 통해 상시적으로 이루어지는 참여의 정치를 구축해야 한다. 이를 위해서는 기초의원부터 시작되는 지역 정치의 자생력을 키우고, 유권자에 대한 '반응성'과 '책임성'을 높여야 한다. 토호라는 멸칭으로 불리기도 하는 소수의 지역 엘리트의 영향력을 줄이고, 대신 시민들의 폭넓은 참여를 보장해 지역 정치의 문호를 개방하고 투명성을 높이자는 것이다. 지역 조직 강화는 선거 승리에 필수적이기 때문에, 정당 입장에서도 유인이 있다. 가령 총선을 치르는 데 지방의원의 조직과 선거구에 대한 지식은 필수다. 한 민주당 시의원은 "동별 공약은 사실상 시·구의원이 짜오고, 회의에서 어떤 것을 선택할지 다 같이 모여서 정한다"고 말했다.[34] 지역 내 정치 조직이 없이 '바람'만으로 선거에서 이기는 건 불가능에 가깝다.

지자체의 권한과 영향력은 확대일로다. 원인은 복합적이다. 사회복지를 중심으로 지자체의 역할이 확대됐다. 사회복지 분야 비중은 글로벌 금융위기 이후 2배 가까이 뛰었다(2008년 17.5%→2014년 26.1%→2021년 32.2%). 이 밖에도 지방자치제가 성숙하면서 중앙정부에서 이관되는 사무는 늘어나는 추세다. 지역 정치 엘리트의 힘은 강화되는 반면 이를 견제하는 구실을 했던 지자체

행정조직은 하위 파트너로 위상이 추락했다.

다른 한편에서 전통적인 지역의 경제 성장 방식은 더는 유지되기 힘들어졌다. 오히려 대규모 실패 사례만 계속해서 발생하고 있다. SOC 중심의 개발 사업과 그에 따른 낙수효과를 기대하기 어려워지면서 상대적으로 드러나지 않았던 지역 내부의 이해관계 갈등이 수면 위로 떠 오르고 있다. 권한은 커졌지만, 그 권한을 어디에 써야 할지 갈피를 잡지 못하고 있는 게 지역 정치의 현주소다. 정치 구도를 바꾸기 위해 지역 정치까지 고려한 변화가 필요한 이유다.

이탈리아의 경우 선거제도 개편이 정당 정치의 발전을 이끌어내지 못했다. 하지만 대규모 정치제도 개편은 정치하는 방식을 바꾸는 '충격'으로 유효해 보인다. 다만 선거구제 개편 등 소규모 개혁이 아니라, 정치 체제를 근본적으로 바꾸는 대규모 개편을 모색할 필요가 있다. 가령 대통령제에서 내각제 또는 이원집정부제(대통령제와 내각제의 절충안)로 전환하고, 동시에 비례대표를 늘려 다당제를 유도하는 방식이 가능하다. 이를 통해 현실의 복잡하게 얽힌 이해관계를 대변하는 여러 정당이 나타나 협상을 하고, 나아가 언제든 의회를 해산해 다시 선거를 치를 수 있다는 점은 여야 모두 유권자에 대한 반응성을 높일 것이다. 정치제도 개편은 선거구제 등 작은 범위의 개편이라도 정당 안팎의 복잡한 이해관계를 반영해야 해 지지부진할 수밖에 없고 추진 동력을 어디서 찾을 것이냐는 문제가 있다. 차라리 대중정치에서 원동력을 찾을 수 있는 대규모 개혁에 나서는 게 현실적일 수 있다.

주요 정치 세력이 아예 이를 의제로 삼을 수도 있을 것이다.

앞서 언급한 지역 정치의 점진적 역할 강화는 1995년 도입된 지방자치제의 산물이다. 지방자치제는 아예 지역의 정치 구도를 바꾸어놓기도 했다. '정치 1번지'라 부르는 서울 종로구는 원래 보수 텃밭에 가까웠던 곳이다. 토박이가 많고, 고소득자와 중산층이 모여 살았기 때문이다. 수도권 민주당 지지세의 등뼈 구실을 했던 호남 이주민은 서울 동대문역 옆 창신2동에 몰려 살았는데 수도 적고 조직력도 약했다. 그런데 2012년 이후 세 번의 총선에서 내리 민주당 후보가 당선된 지역으로 정치 지형이 바뀌었다. 종로구 지역 정치 내부자 중 한 명인 이병기 씨의 논문[35]에 따르면 1998년 지방선거에서 호남 이주민과 충청 이주민의 선거연합이 결성된 것이 결정적 계기였다. 이 종로구 민주당원 집단은 조금씩 지역 정치에서 자신의 지분을 늘려갔다. 가령 각종 직능단체에 자파 성향의 새로운 인물을 대거 끌어들여, 보수 성향의 전통적 지역 유지에게 대항하는 방식이다. 그 결과물이 2010년 이후 3선을 한 김영종 전 종로구청장이다. 그는 건축사 출신으로 종로구 창업지원센터장을 비롯해 바르게살기운동 종로구 회장과 종로구 탁구연합장 등을 역임했다. 지역 정치 구도의 자생적 변화가 총선 구도를 바꿔버린 셈이다. 대통령제에서 내각제로 이행하는 등의 대규모 권력 구조 변화는 이와 비슷하게 현재의 정당 구도를 뒤흔들 수 있을 것이다.

마지막으로 정당의 정치하는 방식, 특히 의제를 발굴하고 유권자를 설득하는 방식을 바꿀 필요가 있다. 먼저 중도적인 성향의 유권자가 존중받는 정치가 이루어져야 한다. 요컨대 뜨뜻미지근한 유권자가 정치인들의 핵심 고객으로 대우받아야 한다는 얘기다. 평소에 목소리를 내지는 않지만, 승패에 큰 영향을 미치는 유권자 집단에 속하는 이들이 정당 정치에 참여할 수 있도록 배려해야 한다. 가령 대기업 정규직 노조나 직능단체 대신 비정규직 노동자나 영세 자영업자가 안정적으로 참여할 수 있어야 한다. 정당 내부에서 온라인 투표를 맹신하는 대신 심의 또는 숙의 민주주의를 강화하는 것도 대안이 될 것이다. 미국 정치학자 엘머 샤츠슈나이더는 정치적 갈등에서 "대개의 경우 구경꾼이 싸움의 결과를 결정"[36]한다고 지적했다. 갈등의 당사자들이 아니라, 갈등을 지켜보고 이를 해석하는 사람들이 중요하다는 얘기다. 따라서 "대중이 갈등의 확산에 참여하는 방식 및 대중과 갈등 간의 유동적인 관계를 관리하는 과정"이 정치의 핵심이다.

당내 정치에서 선명성 경쟁을 벌이는 게 중요해지면서 중도층은 배제되고 있지만, 선거에서는 여전히 '편을 정하지 못한' 유권자가 중요하다. 최준영 인하대 교수는 2022년 대선에서 윤석열 대통령이 승리하는 데 특정한 정치 성향을 갖고 있지 않고, 나아가 탈정치화되어 있는 듯해 보이는 중도적 유권자가 결정적인 역할을 했다고 분석[37]했다. 중도적 유권자가 정권 심판론에 손을 들어준 게 승패를 좌우했다는 것이다. 스티브 레비츠키와 대니얼 지블리(하버드 대학교)는 2017년 트럼프가 미국 대통령에 당선되고 나서 민주당이 공화당처럼 싸워야 한다고 주장한 이들에 대해 "여당 내 반대파조차 야당의 강경한 태도에 맞춰 단결하게 함으로써 친정부 세력을 집결하는 역할"을 하고 "중도 진영을 위협함으로써 야당의 지지도를 떨어뜨린다"고 비판했다. 정당들의 선명성 경쟁은 여러 차례 지적했지만 정당 내 경쟁에서 이기기 위한 수단이지, 정당 간 경쟁에서 우위에 설 수 있는 방법이 아니다. 양쪽에서 모두 마음 둘 곳을 찾지 못한 중도층의 '유동성'은 정치의 불안정성과 불확실성을 높이는 결과만 낳을 뿐이다.

또 정당은 일종의 '현장성'을 확보해야만 한다. 유권자들의 사회경제적 이해관계가 걸린 현안에 목소리를 높이고, 적극적으로 이슈를 발굴하자는 것이다. 그리고 이념적으로 유연한 태도를 갖춰야 한다. 2022년 6월 진보당이 지방선거에서 광역의원 3명, 기초의원 17명을 당선시키는 데 성공한 건 좋은 참고 사례다. 진보당이 가장 괄목할 만한 성과를 거둔 전라남도의 경우 지방자치단체가 농어민에게 지급하는 일종의 기본소득인 농민수당 도입 운동을 전개하고 '농어촌 파괴형' 신재생에너지 문제를 집중적으로 거론한 게 원동력이 됐다. 특히 신재생에너지 문제의 경우 "모두가 저희 목소리에 귀 기울이지 않을 때 오직 진보당에서만 저희와 뜻을 함께했다"[38]는 평가를 받았다. 한국에너지공단에 따르면 2020년 말 기준 태양광·풍력 발전 용량이 가장 많은 곳은 전남(3,967메가와트MW), 그다음이 전북(2,987MW), 경북(2,455MW), 충남(2,203MW) 순이었다. 대개 태양광인데 다수가 농지를 전용했다. 땅값이 싸기 때문이다. 그로 인해 농민들이 쫓겨나는 태양광판 '인클로저'(16~18세기 영국에서 양 방목지 등을 만들기 위해 농민을 내몰았던 행위)가 발생했다. 도시 중산층의 세계에서는 단순히 신재생에너지가 찬반으로 끝날 사안이지만, 발전소를 짓는 농촌에서는 친환경 정책 기조 속에 유연하게 주민들의 생존권 요구를 대변해야 하는 문제가 된다. 한국의 정당 가운데 이를 유일하게 의제화한 정당은 진보당이다. 진보정당이 위축되고 있는 상황에서, 해산된 통합진보당의 후신만이 승리를 거두는 건 그들이 유권자들에게 '정치 효능감'을 주는 세력이기 때문일 것이다.

마키아벨리는 《로마사 논고》에서 "자유가 보장된 모든 도시와 지방들은 세계의 어느 곳에서나 매우 커다란 번영을 누린다. 이는 무엇보다도 인구가 증가하기 때문이다"[39]고 썼다. "자신의 가산을 빼앗길 것이라는 두려움이 사라져 아이들을 기꺼이 낳아 키우기 때문"이고 "아이들이 노예가 아닌 자유인으로 태어난다는 사실뿐만 아니라, 자신의 능력을 통해 뛰어난 인물이 될 수 있었다는 사실도 알게 되기 때문"이다. 여기서 '자유'를 현대적으로 풀이하면 단순히 신체적 자유 등 소극적인 자유가 아닐 것이다. 자신의 삶을 주체적으로 개척해 나갈 수 있는 사회경제적 여건으로 보는 게 타당하다. 현재 한국의 정치가 이렇듯 진정한 자유의 조건을 평범한 사람들에게 보장해주려고 노력하는지 질문을 던졌을 때, 답은 회의적이다. 지금의 정치가 의사 결정을 내리지 못하는 위기에 빠져 있는 근본적인 원인은 겉보기에 그럴듯한 민주주의에 머물러 있을 뿐, 사람들의 정치적 욕구를 반영하는 조직(즉 정당과 정당 간 경쟁 방식)들이 제대로 구성·운영되고 있지 않기 때문이다. 사회가 만성적 위기로 미끄러져 가는 국면에서 정치의 근본적인 재구성이 필요한 이유다.

나가며 '사회계약'을 새로 쓸 수 없는 사회에서 벗어나기 위해

들어가며

1 "2016 마지막 촛불집회, 연인원 1,000만 명 돌파", 〈한겨레〉, 2016년 12월 31일.

2 장우영, 〈정치참여와 사회통합: 태극기집회 참가자 조사에 의거해서〉, 《선거연구》 9(2018).

3 "정부, 5·18 선택적으로 써먹고 던져", 〈조선일보〉, 2021년 5월 17일.

4 《이해찬 회고록: 꿈이 모여 역사가 되다》, 돌베개, 2022년, 510~511쪽.

5 "[박성민의 법문정답] 법조 정치인 시대의 개막", 〈법률신문〉, 2022년 6월 20일.

6 김동연 당시 경제부총리 겸 기획재정부 장관, "경제위기 아닌 정치적 의사 결정의 위기", 〈한겨레〉, 2018년 11월 7일.

7 "[박성민의 정치 포커스] 한국 정치, 아무것도 결정할 수 없는 늪에 빠졌다", 〈조선일보〉, 2022년 10월 11일.

8 새뮤얼 헌팅턴, 《정치발전론: 변혁사회에 있어서의 정치질서》, 을유문화사, 1971년.

9 David Plotke, Building a Democratic Political Order: Reshaping Americanism in the 1930s and 1940s, New York: Cambridge University Presss, 1996; 안병진, 〈이행기 정치 질서? 바이든 행정부의 성격과 전망〉, 《동향과 전망》 111호, 2021년, 10쪽.

10 김종엽 엮음, 《87년체제론: 민주화 이후 한국사회의 인식과 새 전망》, 창비, 2009년.

11 Gary Gerstle, The Rise and Fall of the Neoliberal Order: America and the World in the Free Market Era, Oxford University Press, 2022.

12 Paul J. DiMaggio and Walter W. Powell, "The iron cage revisited: Institutional isomorphism and collective rationality in organizational fields", American Sociological Review (1983): 147-160.

13 유창선, "국민을 약탈하는 이권 카르텔과 일전불사의 각오로 싸워야 한다", 〈시사저널〉, 2023년 4월 7일.

14 폴 태가트, 《포퓰리즘》, 한울아카데미, 2017년, 160~162쪽; 카스 무데·크리스탈 로비라 칼트바서, 《포퓰리즘》, 교유서가, 2019년, 15~16쪽.

15 Marco Tarchi, "Italy: the Promised Land of Populism?", Contemporary Italian Politics 7.3 (2015): 273-285.

16 Federal Reserve Bank of St. Louis, Real GDP at Constant National Prices for Italy, Economic Resources and Data, https://fred.stlouisfed.org/series/RGDP-NAITA666NRUG.

17 Jon Cohen and Giovanni Federico, The Growth of the Italian Economy: 1820~1960, Cambridge University Press, 2001. p.88.

18 Com´era essere giovani in Italia negli anni Ottanta, Vice. 2015.11.20.

1장

1 소비 절약 추진 범국민대회 치사(1979년 3월 27일). 김종태, 《선진국의 탄생》, 돌베개, 2018년, 168쪽.

2 문재인 대통령 퇴임 연설(2022년 5월 9일), 대한민국 정책브리핑, https://www.korea.kr/archive/speechView.do?newsId=132034359.

3 퇴임 연설에 사용된 단어 수는 764개다.

4 2017년 더불어민주당 대선 후보 경선 당시 디지털혁신특보, 2022년 대선 당시 사회대전환위원회 수석부위원장으로 활동했다.

5 "선진국 지하철 안전운행 뒤엔 성숙한 시민의식 있다", 〈동아일보〉, 1997년 6월 26일.

6 이상록, 〈민주주의는 개발주의에 어떻게 잠식되어 왔는가—1960년대 한국 지성계의 '발전'에 대한 강박〉, 《역사비평》 134(2021), 184쪽.

7 김종태, 앞의 책, 29쪽.

8 박태웅, 《눈 떠보니 선진국》, 36쪽.

9 위의 책, 52쪽.

10 김건희, "타국·타문화 혐오 유발하는 유튜브 '국뽕' 바람", 〈신동아〉 2020년 12월 호; 인터넷 웹사이트 나무위키 '국뽕' 항목, https://namu.wiki/w/%EA%B5%AD%EB%BD%95 (2023년 2월 11일 기준).

11 장휘, 송경호 〈코로나19와 한국 민족주의의 분화: '국뽕' 유튜브의 사례를 중심

으로〉, 《시민과 세계》 39(2021), 89쪽.

12 이세희, 〈'국뽕코인'의 등장 : 국민됨의 감정을 추동하는 유튜브 인프라스트럭처의 정치〉, 서울대학교 석사학위 논문, 2022년.

13 위 논문, 29쪽.

14 Patricia Apps and Ray Rees, "Household production, full consumption and the costs of children", Labour Economics 8.6 (2001): 621-648.

15 Richard Easterlin (1978), "What Will 1984 be Like? Socioeconomic Implications of Recent Twists in Age Structure", Demography 15(4), 397-432.

16 이철희, 〈출생아 수 변화요인 분석과 장래전망〉, 《한국경제의 분석》 25, no.1(2019), 37.

17 같은 기간 연령대별 유배우 여성의 출산율은 20대 초반은 0.315→0.444, 20대 후반은 0.222→0.276, 30대 후반은 0.018→0.049로 각각 올랐다.

18 Wolfgang Lutz et al. "The Low-Fertility Trap Hypothesis: Forces That May Lead to Further Postponement and Fewer Births in Europe", Vienna Yearbook of Population Research, vol. 4, 2006,

19 피터 자이한, 《붕괴하는 세계와 인구학》, 김앤김북스, 2023년. 미국에서는 2022년 6월 출간됐다.

20 위의 책, 74쪽.

21 W. A. Arts & J. P. T. Gelissen (2010), "Models of the welfare state", In F. G. Castles, S. Leibfried, J. Lewis, H. Obinger, & C. Pierson (Eds.), The Oxford Handbook of the Welfare State (pp. 569-583), Oxford Handbooks in Politics & International Relations, Oxford University Press.

22 Maurizio Ferrera, "The 'Southern model' of welfare in social Europe", Journal of European Social Policy 6.1 (1996): 17-37.

23 Maurizio Ferrera, "The South European Countries", in Daniel Béland and others (eds), The Oxford Handbook of the Welfare State, 2nd edn, Oxford Handbooks (2021; online edn, Oxford Academic, 8 Dec. 2021.

24 금현섭, 《비교사회정책학적 관점과 한국의 현실. 안상훈 등. 한국 사회의 이중구조와 생애주기적 불평등》. 2015년. 집문당, 49쪽.

25 Paolo Barbieri et al. "The rise of a Latin model? Family and fertility consequences of employment instability in Italy and Spain", European societies 17.4 (2015): 423-446.

26 Paolo Barbieri "Italy: No country for young men (and women): The Italian way of coping with increasing demands for labour market flexibility and rising welfare problems." Globalized Labour Markets and Social Inequality in Europe

(2011): 108-145. p. 138.

27   Javier García-Manglano, Javier, Natalia Nollenberger, and Almudena Sevilla
     Sanz. "Gender, time-use, and fertility recovery in industrialized countries"
     (2014).

28   Francesca Barigozzi, Cesare Di Timoteo, and Chiara Monfardini, "The Gender
     Gaps in Time-Use Within Italian Households During 2002~2014", Italian
     Economic Journal (2022): 1-34.

29   "[경단녀를 줄여라]④ 스웨덴 성공 비결은 '아버지 의무 육아휴가제', 여성 경제
     활동 늘리니 출산율도 높아져", 〈조선비즈〉, 2017년 10월 9일.

30   Kimberly J. Morgan, "The political path to a dual earner/dual carer society: Pit-
     falls and possibilities", Politics & Society 36.3 (2008): 403-420.

31   최성은·양재진, 〈미국 중산층 여성 일-가정양립 경로의 역사적 형성과정에 관
     한 연구〉, 《한국사회정책》 23, no.3(2016) 79.

32   오경환, 〈저출산의 정치경제학: 프랑스 제3공화국 전반기의 인구위기와 '프랑스
     인구증가를 위한 국민연합'〉, 《서양사연구》 43(2010) 5~31.

33   전광희, 〈이탈리아의 초저출산과 정책부재의 원인〉, 《사회과학연구》 28,
     no.3(2017), 68쪽.

34   Chiara Saraceno (1998), Mutamenti della famiglia e politiche sociali in Italia.
     Bologna: Il Mulino; 전광희, 위 논문에서 재인용.

35   OECD, OECD data. Gross Domestic Product. https://data.oecd.org/gdp/
     gross-domestic-product-gdp.htm.

36   Alberto Martinelli, Antonio Chiesi, and Sonia Stefanizzi. Recent Social Trends
     in Italy, 1960-1995. Vol. 7. McGill-Queen's Press-MQUP, 1999. p.17.

37   Newell, James L., and Martin J. Bull. "The April 1996 Italian general election:
     the left on top or on tap?." Parliamentary Affairs 49.4 (1996): 616-648.

38   Newell, James L. Parties and Democracy in Italy, Routledge, 2018, p.78

39   James L, Newell, Italy's Contemporary Politics, Routledge, 2020.

40   정병기, 〈이탈리아 정치적 지역주의 생성과 북부동맹당의 변천〉, 《한국정치학회
     보》 34, no.4(2001), 410쪽.

41   장문석, 〈정상국가를 향하여〉, 진태원 편, 《포퓰리즘과 민주주의》, 2017년, 소명
     출판, 172쪽.

42   Richardson, John E., and Monica Colombo. "Continuity and change in an-
     ti-immigrant discourse in Italy: An analysis of the visual propaganda of the
     Lega Nord." Journal of Language and Politics 12.2 (2013): 180-202.

43   Stefano Fella and Carlo Ruzza, Re-inventing the Italian Right: Territorial Poli-

tics, Populism and 'Post-Fascism'. Routledge, 2009. p.142.

44   Stefano and Ruzza, ibid, p.4~5.

45   정병기, 〈이탈리아 정치사회변동과 중도-좌파정부(1996~2001) 정책〉,《한국정치학회보》37, no.3(2003).

46   Newell, 2020, ibid, p.114.

47   Mario Pianta, "Italy's political upheaval and the consequences of inequality", Intereconomics 55.1 (2020): 13-17.

48   Francesco Bloise, Daniela Chironi, and Mario Planta. "Inequality and voting in Italy's regions", Territory, Politics, Governance 9.3 (2021): 365-390.

49   Kim Byung-Yeon, and Jukka Pirttilä, "Political constraints and economic reform: Empirical evidence from the post-communist transition in the 1990s", Journal of Comparative Economics 34.3 (2006): 446-466.

50   Ms. Lusine Lusinyan and Mr. Dirk Muir. "Assessing the macroeconomic impact of structural reforms the case of Italy", International Monetary Fund, 2013, p.4~5.

51   이냐시오 비스코 이탈리아 중앙은행 총재가 2020년 9월 유로사이언스 오픈포럼에서 '경제성장과 생산성: 이탈리아와 지식의 역할'이란 주제로 한 강연은 이탈리아 경제의 근본 문제가 복합적 원인에 의한 낮은 생산성임을 잘 보여준다. Ignazio Visco, "Economic growth and productivity: Italy and the role of knowledge", EuroScience Open Forum 2020, Banca d'Italia.

52   Lorenzo Codogno and Giampaolo Galli, Meritocracy, Growth, and Lessons from Italy's Economic Decline: Lobbies (and Ideologies) Against Competition and Talent. Oxford University Press, 2022.

53   양상훈, "[양상훈 칼럼] 처음 겪어보는 대통령", 〈조선일보〉, 2023년 2월 16일.

54   성한용, "문 대통령의 목표 '대한민국 주류 교체' 가능할까요?", 〈한겨레〉, 2018년 3월 2일.

2장

1   강준만,《한국 현대사 산책 2000년대편》1권, 인물과사상사, 2011년, 4쪽.

2   전영기, 〈주류세력의 혁명적 교체〉,《관훈저널》86(2003년).

3   위의 책.

4   아래와 같은 기사들이 이를 잘 보여준다. "한국사회 '권력대이동' 시작", 〈한국일보〉, 2003년 11월 4일.

5   김종엽, 〈분단체제와 87년체제〉,《87년체제론》, 창비, 2009년, 33~34쪽.

6   새뮤얼 헌팅턴, 강문구·이재영 역,《제3의 물결: 20세기 후반의 민주화》, 인간사랑, 2011년.

7   Gary Gerstle, The Rise and Fall of the Neoliberal Order: America and the world in the free market era, Oxford University Press, 2022, p.2.

8   David Plotke, Building a Democratic Political Order, Cambridge University Press, 1996, p.59.

9   Gerstle, Gary. The rise and fall of the neoliberal order: America and the world in the free market era. Oxford University Press, 2022. p.115

10   ibid. p.5.

11   ibid. p.74.

12   김용호, 〈인터넷 커뮤니티와 정치: '노사모' 사례 연구〉,《한국사회학회 사회학 대회 논문집》, 2003년, 21쪽.《노사모 길잡이》(노사모 상임운영위원회 지음, 노무현을 사랑하는 사람들의 모임, 2002년)에서 재인용.

13   강원택, 〈인터넷 정치 집단의 형성과 참여〉,《한국과 국제정치》 20, no.3(2004), 165쪽.

14   장훈, 〈민주화 20 년의 정당정치: 회색지대 속의 현실과 이론의 전개〉,《한국과 국제정치》 26, no.1(2009).

15   최장집,《민주화 이후의 민주주의》, 후마니타스, 2002년, 146~147쪽.

16   "국민공천, 이렇게 해야 '제2의 노무현' 만든다", 〈오마이뉴스〉, 2015년 10월 7일.

17   장훈,《20년의 실험: 한국 정치개혁의 이론과 역사》, 나남, 2010년, 147쪽.

18   장우영, 〈ICTs와 정당의 '적응': 정치인 팬클럽의 역할을 중심으로〉,《현대정치논총》 47, no.1(2007), 112쪽.

19   이재명 전 대표는 2005년 8월 열린우리당에 입당해, 2006년 지방선거에서 성남시장 후보로 출마했다가 낙선했다.

20   "노사모가 분기탱천한 농민군이라면 정통들은 정예 기병부대", 〈민중의 소리〉, 2007년 10월 23일.

21   "여권 경선은 '친노'끼리 치고받기였다", 〈시사IN〉 5호, 2007년 10월 15일.

22   "박 전 대통령 '싸이월드 미니홈피'…최순실 일가가 관리했나", 〈중앙일보〉, 2017년 3월 19일.

23   "박사모 – 한나라 소장파의원 날선 공방", 〈경향신문〉, 2005년 5월 13일.

24   "사이버 정치 너무 심한 것 아냐", 〈조선일보〉, 2005년 5월 14일.

25   "[박대표가 지적한 소장파는] 원희룡, 재·보선날에 인터넷 게임", 〈조선일보〉, 2005년 5월 17일.

26   "박근혜 '박사모 총동원령' 논란", 〈조선일보〉, 2005년 10월 20일.

27   장훈, 앞의 책, 124쪽.

28   박찬표, 〈국민참여경선제의 제도 차이의 발생 배경에 대한 연구〉, 《미래정치연구》 5, no.1(2016), 83쪽.

29   박수형, 〈대통령 후보선출제도 변화 연구〉, 《한국정치학회보》 48, no.4(2014).

30   "인물만 남고 '정당'은 없는 정치…비례 중심 선거제로 바꿔야", 기사 중 박상훈 국회미래연구원 초빙연구원의 발언, 〈경향신문〉, 2017년 3월 20일.

31   김영배, "참여정부와 삼성의 끈적끈적한 5년", 〈한겨레21〉, 687호, 2007년 11월 29일.

32   심상정 의원실, 〈참여정부 '삼성의존도' 심각하다〉, 2005년 10월 11일.

33   싱크탱크 전문가인 홍일표 경제·인문사회연구회 사무총장(전 청와대 선임행정관)의 발언. "삼성의 성공 뒤에 세리의 '문화 정치' 있다", 〈시사IN〉 300호, 2013년 6월 17일.

34   "손님들 북적이는 '권력 정거장'", 〈시사IN〉 300호, 2013년 6월 17일.

35   "애니콜 이어 갤럭시 신화…삼성폰 '성공 스토리'는 계속된다", 〈한국경제신문〉, 2012년 3월 8일.

36   제프리 케인, 《삼성 라이징》, 저스트북스, 2020년, 194~195쪽.

37   "윤종용 고문이 털어놓은 '삼성전자 CEO 12년'", 〈조선일보〉, 2010년 2월 20일.

38   현영석·정규석, 〈현대와 도요타의 품질 위기와 극복〉, 《품질경영학회지》 42, no.1(2014), 95쪽에서 재인용.

39   "현대車, 비약의 힘=품질 경영", 〈머니투데이〉, 2005년 2월 1일.

40   "정몽구의 현대차 왜 강한가… 5가지 비결", 〈한국경제신문〉, 2011년 1월 11일.

41   "油化계열사 '이젠 우리가 그룹 주력'", 〈한국경제신문〉, 2006년 3월 14일.

42   두 사람은 서울대 출신으로 대학교 1학년 당시 대전 향우회에서 만나 연을 맺었다. 서울대 경영대 뉴스룸, 《IMM인베스트먼트 대표, 지성배 동문이 걸어온 길》, 2021년 4월 29일.

43   "IMM서 독립, PE·VC '쌍끌이 성장'", 〈더벨〉, 2018년 8월 7일.

44   "한미FTA, 저항 때문에 못 가는 일 절대 없어야", 〈연합뉴스〉, 2006년 2월 16일.

45   청와대, 〈양극화, 함께 풀어갑시다: 국민과의 인터넷 대화 주요 내용〉, 2006년 3월 24일.

46   송원근, 《재벌 개혁의 현실과 대안 찾기》, 후마니타스, 2008년, 177쪽.

47   NHN은 이해진 라인 회장 등이 1997년 삼성SDS 사내 벤처로 시작한 네이버와 같은 회사 출신인 김범수 카카오 미래이니셔티브센터장 등이 1998년 만든 한게임이 합병한 회사다. 김 센터장은 2006년 다시 스타트업을 창업해 카카오 그룹을 일구는 데 성공했다.

48　홍민기, 〈최상위 소득 비중의 장기 추세(1958~2013)〉, 《경제 발전 연구》, 2015년. 2018년도 추정치까지 포함한 데이터는 https://sites.google.com/site/hminki00/minki-hong에서 입수.

49　구해근, 《특권 중산층》, 창비, 2023년.

50　박해천, 〈지펠과 디오스의 냉장고 디자인 연구: 1990년대 후반부터 2000년대 중반까지〉, 《Archives of Design Research》 34, no.4(2021).

51　황지수, 〈부모의 교육수준에 따른 자녀 돌봄 시간〉, 《노동경제논집》 45, no.3(2022).

52　마티아스 도프케 & 파브리지오 질리보티, 김승진 역, 《기울어진 교육》, 메디치미디어, 2020년.

53　박배균·심한별·한윤애·강수영, 〈대치동의 지역지리 2: 대치동은 어떻게 대한민국의 사교육 1번지가 되었나?〉, 《한국지역지리학회 정기 학술대회 발표문》, 2017년.

54　장석준, 《근대의 가을: 제6공화국의 황혼을 살고 있습니다》, 상현글방, 2022년, 86쪽.

55　"[긴급진단 '과열 부동산시장'] (上) 묻지마 열풍", 〈한국경제신문〉, 2002년 1월 9일.

56　경향신문 특별취재팀, 《민주화 20년의 열망과 절망》, 후마니타스, 2007년, 35쪽.

57　조기숙·박혜윤, 〈광장의 정치와 문화적 충돌: 2008 촛불집회에 대한 경험적 분석〉, 《한국정치학회보》. 42, no.4(2008).

58　송경재, 〈사회적 자본과 한국의 시민참여: 관습적? 비관습적 참여와 사회적 자본〉, 《한국정당학회보》. 1,.no2 (2013)

59　장훈, 앞의 책, 159쪽.

60　Thomas D. Snyder, Charlene M. Hoffman and Claire M. Geddes, Digest of Education Statistics, 2007, US Department of Health, Education, and Welfare(1997), p.18.

61　최장집 명예교수는 일본에서 여전히 자민당 독주가 계속되고, 진보적인 정당들이 제대로 힘을 얻지 못하며, 이합집산을 거듭하는 이유를 노동 없는 민주주의에서 찾는다. 최장집, 〈노동 없는 민주주의로의 전환: 일본사회당의 실패에 관한 한 해석〉, 《아세아연구》 49, no.2(2006년).

62　장덕진, 〈한국의 보수 그들은 누구인가?〉, 《보수와 진보의 대화와 상생》, 한반도선진화재단, 2008년, 54쪽.

63　"삼팔육의 십팔번은 실용주의?", 〈한겨레21〉 526호, 2004년 9월 7일.

64　문우진, 《한국 민주주의의 작동원리》, 고려대학교 출판문화원, 2018년, 100쪽.

65　한귀영, 〈노무현·이명박의 어젠다 정치- 갈등과 통합의 딜레마〉, 《역사비평》

101(2012), 25쪽.

66   보건복지부, 〈한국의 사회복지지출〉, 각 연도.

67   조귀동, 《전라디언의 굴레》, 생각의힘, 2021년, 133쪽.

68   강원택, 〈지역주의는 변화했을까〉, 이현우 외 지음, 《변화하는 한국 유권자2》, 동아시아연구원, 2008년, 79쪽.

69   민주통합당 대선평가위원회, 〈18대 대선 평가 보고서: 패배 원인 분석과 민주당의 진로〉, 2013년, 33쪽.

70   정재헌, 〈빅데이타 분석을 통한 자동차산업에서의 클러스터 형성과 생태계 연구〉, 《산업경제연구》 30, no.5(2017), 1631쪽.

71   오지윤·엄상민, 〈법인 노동소득분배율의 추이 및 변화 요인 분석〉, 《KDI 경제전망》 36, no.2(2019).

72   "똘똘 뭉친 한국 보수진영의 '역습'", 〈신동아〉 2003년 9월.

73   "자만·과욕·혼돈 '新 권력' 뉴라이트", 〈신동아〉 2008년 9월.

74   윤종승, 《뉴라이트운동의 이념, 조직 및 대응양식에 관한 연구》, 고려대학교 석사학위 논문, 2012년, 61쪽.

75   윤민재, 〈뉴라이트의 등장과 보수의 능동화〉, 《시민과세계》 13(2008), 55쪽.

76   김일영, 〈한국에서 보수와 진보의 의미 변화와 현 위상〉, 《철학연구》 100(2006).

77   정상호, 〈미국의 네오콘과 한국의 뉴라이트에 대한 비교 연구〉, 《한국정치학회보》 42, no.3(2008) 173쪽.

78   박성민·강양구, 《정치의 몰락》, 민음사, 2012년, 78쪽.

79   "[진보개혁의 위기] '대한민국 선진화 전략' 신보수 정치인 필독서", 〈경향신문〉, 2006년 11월 14일.

80   박세일, 《대한민국 선진화 전략》, 21세기북스, 2006년, 90쪽.

81   위의 책, 127쪽.

82   "좌파적 역사관, 포퓰리즘적 경제정책…", 〈조선일보〉, 2007년 10월 19일.

83   신진욱, 〈보수단체 이데올로기의 개념 구조, 2000~2006: 반공, 보수, 시장 이데올로기를 중심으로〉, 《경제와 사회》 78(2008).

84   강준만, 앞의 책, 17쪽.

85   〈조선일보〉 경제부, 《재계의 인재들》, 동광출판사, 1984년, 21쪽.

86   양원보, 《1996년 종로, 노무현과 이명박》, 위즈덤하우스, 2018년, 92쪽.

87   양원보, 위의 책, 95쪽.

88   양원보, 위의 책, 164쪽.

89   허만섭, 《이명박 절반의 정직》, 디오네, 2008년, 229~230쪽.

90   한국정책방송원 e영상역사관, 대통령기록영상.

91   김헌태, 《분노한 대중의 사회》, 후마니타스, 2010년, 149쪽.

92 김호기, "강남 좌파, 그들은 누구인가?", 〈프레시안〉, 2011년 4월 14일.

93 김헌태, 앞의 책, 151쪽.

94 김종인, 《왜 대통령은 실패하는가》, 21세기북스. 2022년, 265쪽.

95 김일영, 〈한국 보수에게 미래는 있는가?〉, 《'한국의 보수를 묻는다' 심포지엄 발표문》, 한반도선진화재단, 2008년.

96 위의 책, 66쪽.

97 "청와대 무엇이 문제인가 – 李明博 대통령에겐 '忠臣'이 없다", 〈월간조선〉 2009년 2월 호.

98 홍영림, "[조선데스크] '집권세력 심판' 또 먹힐까", 〈조선일보〉, 2012년 2월 29일.

99 강우진, 《박정희 노스탤지어와 한국민주주의》, 아연출판부, 2019년, 218쪽.

100 미디어리서치의 조사 결과 "국민 50%, 박근혜 대통령 되면 정권 교체", 〈조선일보〉, 2011년 6월 13일.

101 "아버지의 궁극적인 꿈은 '복지국가' 건설", 〈뉴시스〉, 2009년 10월 26일.

102 김부겸·고기석, 《캠페인 전쟁 2012》, 폴리테이아, 2011년.

103 동아시아연구원EAI 패널 자료 분석 결과, 강원택, 〈쟁점 부재 선거에서의 투표 선택: 2016년 국회의원 선거를 중심으로〉, 《한국정치연구》 25.no.3(2016), 116쪽.

104 "열린우리당은 '100년 정당'이 될 수 있을까?", 〈프레시안〉, 2006년 7월 3일.

3장

1 대한민국 정책브리핑, "조국 민정수석, 권력구조 부분 헌법개정안 발표", 2018년 3월 22일, https://www.korea.kr/news/policyNewsView.do?newsId=148849056.

2 "2010~2022, '리버럴 벨에포크'의 종언", 〈한겨레〉, 2022년 6월 8일.

3 2006년 4회 선거에서부터 정당 소속으로 출마했다.

4 허진재, 〈한국 대선의 흐름과 유권자의 변화〉, 《한국조사협회 창립 30주년 기념 세미나 '2022 대선 여론조사와 출구조사 진단' 발표문》, 2022년.

5 류제헌·김정숙·최유리, 〈인천시 아이덴티티 형성의 인구·문화적 요인〉, 《인천학연구》 13(2010).

6 경기도는 유권자 중 40대 비중(20.1%, 2021년 기준)이 서울(17.8%)이나 6개 광역시(18.7%)보다 높다.

7 Woo Chang Kang and Sunkyoung Park, "When do homeowners feel the same

as renters? Housing price appreciation and subjective well-being in South Korea," Cities 134 (2023): 104153.

8   위의 논문. 서울시가 실시한 서울서베이 자료를 이용해 2008~2013년과 2014~2018년으로 기간을 나누어 분석했다.

9   김민규, 《모두가 기분 나쁜 부동산의 시대: 문재인 정부 부동산 백서》, 빅피시, 2021년.

10   정한울, 〈왜 180석 거대 여당은 2년 만에 심판받았나: 이탈민주의 선택을 중심으로〉, 동아시아연구원, 2022년.

11   더불어민주당 서울시당, 〈서울시 유권자 정치 지형과 대선 전략 함의〉, 2022년, 48쪽.

12   위의 책, 44쪽.

13   이주영, 〈중고령자 재취업 결정 요인 분석: 임금 및 비임금 일자리 경쟁 모형을 중심으로〉, 《한국인구학》 44, no.3(2021), 11쪽.

14   Cho J. & Chun H. & Kim H. et al., "Job Creation and Destruction: New Evidence on the Role of Small Versus Young Firms in Korea", JER 68, 173~187 (2017).

15   2015~2019년 사이의 일자리 변동을 분석했다. 신동한·전현배, 〈기업 규모와 청년 고용: 종사자 연령별 일자리 창출구조에 대한 분석〉, 《한국경제의 분석》 28, no.2(2022).

16   강창희, 〈최저임금 인상이 근로자 고용규모에 미치는 영향: '경제활동인구조사' 자료를 이용한 분석〉, 《노동경제논집》 44, no.1(2021).

17   한국신용데이터, 《코로나19와 소상공인의 삶: 2020년 소상공인 매출 빅데이터를 이용한 코로나19 피해 분석》, 국회 소상공인정책포럼, 2021년.

18   통계청 〈가계금융복지조사〉의 시장소득 지니계수.

19   통계청 〈지역별고용조사〉(2013, 2017, 2021년 하반기).

20   International Federation of Robotics, World Robotics 2022, 2022년, 248쪽.

21   "[르포] 구미공단의 눈물…삼성·LG 떠나고 中企 가동률 32.2%로 추락", 〈조선비즈〉, 2019년 7월 14일.

22   Chung, Jongwoo, and Chulhee Lee, "Technological Change, Job Characteristics, and Employment of Elderly Workers: Evidence from Korea", Bank of Korea WP 2022-14 (2022).

23   조윤구·김보경·김현태, 〈기업 간 시장지배력의 양극화 확대와 이에 따른 통화정책 효과의 이질성 분석〉, 《경제학 연구》 70, no.3(2022).

24   박문수·한창용·박진, 〈미시자료를 이용한 기업 생산성 및 임금 격차 간 관계 분석〉, 산업연구원(2021).

25 이종하·오상일, 〈산업 간 임금격차 확대 분석〉, 《조사통계월보》 2023년 1월호, 한국은행, 3쪽.

26 오상일·이종하·안희주, 〈구직기간별 실업자 분포를 이용한 자연실업률 추정〉, 《BOK이슈노트》, 2021년.

27 Jong-Suk Han and Jiwoon Kim. "Reassessing the Inflows and Outflows of Un-employment in Korea." Korean Economic Review 35.1 (2019): 25-59.

28 홍장표, 〈소득주도성장 5년을 되돌아보며〉, 소득주도성장특별위원회 편, 《소득주도성장, 끝나지 않은 여정》, 메디치미디어, 2022년, 14쪽.

29 국정기획자문위원회, 《문재인 정부 국정운영 5개년 계획》, 진한엠앤비, 2017년, 175쪽.

30 "기재부 초과세수 전망 의도적 축소…소득주도성장 역행", 〈한겨레〉, 2018년 12월 5일.

31 심혜정, 〈세수오차가 재정운용에 미치는 영향과 개선방안〉, 《재정학연구》 8, no.2(2015).

32 손익계산서의 계속사업손익법인세비용 수치를 사용했다.

33 이강국, "[세상읽기] 소득주도성장이 분배를 망쳤나", 〈한겨레〉, 2020년 1월 13일.

34 소득 하위 11~20% 가구주 연령은 59.1세, 21~30% 가구주 연령은 55.2세다.

35 윤석명, 〈노인복지 예산의 현황과 과제〉, 《보건복지포럼》 256권, 2018년.

36 강신욱, 〈가구소득 불평등의 동향과 특징〉, 《한국보건사회연구원 소득분배의 현황과 정책대응 토론회 자료집》, 2018년, 49쪽.

37 "노인 일자리, 서울·경기도 초·중학교에서 많이 늘었다", 〈조선비즈〉, 2019년 9월 17일.

38 이원진 외, 《소득분배 변화와 원인 분석 연구》, 보건사회연구원·소득주도성장특별위원회, 2022년 159쪽.

39 정한울, 〈당원조사 분석 보고서〉, 한국리서치·열린민주당, 2020년.

40 2020년 기준 통합소득 실효세율은 상위 1%가 28.0%인 데 비해, 2~5%는 13.1%이고 6~10%는 8.1%인 데 그쳤다.

41 이총희, 《2014년 연말정산 파동의 두 가지 불편한 진실-낮은 실효세율과 낮은 소득수준》, 경제개혁연대, 2015년.

42 "대통령과 수시로 대화…주목받는 '친문 의원 6인방'", 〈한국경제〉, 2017년 8월 31일.

43 경제정의실천시민연합, 《여당이 정부의 재건축사업 정상화대책 발목 잡나?》, 2018년 3월 19일.

44 "[썰: 기사보다 더 솔깃한 이야기] 민주당 전세살이 공격에 박병석·장철민·황운

하 '나 떨고 있니?'", 〈중도일보〉, 2022년 5월 23일.

45 백승욱, 《1991년 잊힌 퇴조의 출발점》, 북콤마, 2022년, 15쪽

46 이동연, 〈세대정치의 문화와 힘〉, 《문화과학》 33(2003), 97쪽.

47 "강경파 '4세대 정당론'/'새 세대가 신당 이끌어야', 〈한국일보〉, 2003년 5월 7일.

48 에즈라 클라인, 황성연 옮김, 《우리는 왜 서로를 미워하는가》, 월북, 2002년, 37쪽.

49 백승욱, 앞의 책 15쪽.

50 "집토끼의 변심…생산직도 소년공 李 대신 보수 대통령 택해", 〈매일경제신문〉, 2022년 3월 24일.

51 정한울, 〈5년 만의 정권 교체와 탄핵 정치연합의 해체 요인 분석〉, 《동향과 전망》 115(2022).

52 앞의 책 253쪽. 한국일보·한국리서치 대선 인식조사 중 2020년 민주당을 지지했던 907명을 대상으로 2022년 2월 재조사

53 시사인·한국리서치 대선 인식조사 중 869명 대상으로 2022년 3월 실시한 자료를 분석한 결과.

4장

1 석동현, 《그래도, 윤석열》, 글마당, 2022년, 63쪽.

2 "기획·공안→특수·형사…윤석열의 검찰 권력 확 바뀌었다", 〈중앙일보〉, 2019년 9월 7일.

3 강준만, 《권력은 사람의 뇌를 바꾼다》, 인물과사상사, 2020년.

4 강준만, "[강준만 칼럼] 마주 보며 달리는 기차는 세워야 한다", 〈한겨레〉, 2022년 12월 11일.

5 "[사설] 이전투구 '나경원 밀어내기', 국민 보기에 낯 뜨겁다", 〈한국일보〉, 2023년 1월 16일.

6 "[사설] 영문 모를 '나경원 사태'", 〈조선일보〉, 2023년 1월 14일.

7 한국갤럽, 〈한국갤럽 데일리오피니언 532호 2023년 3월 1주〉 3쪽.

8 "'친윤 지도부' 완성된 奧…비윤 '전멸', '투톱'은 영남", 〈연합뉴스〉, 2023년 3월 8일.

9 박성민 대표(정치컨설팅 민)의 발언. "尹, 자신이 앉은 의자 다리 스스로 톱으로 잘라…역대 정권 대선연합 해체하며 붕괴", 〈주간동아〉, 2022년 7월 16일.

10 김헌태, 《분노한 대중의 사회》, 후마니타스, 2009년, 120쪽.

11 "'여야 관심사에 청년은 없었다'… 1년 전 대선 '구애 경쟁'과 딴판", 〈한국일보〉, 2023년 5월 3일.

12 이숙종 외,《2020 한국인의 정체성: 지난 15년간 변화의 궤적》, 동아시아연구원, 2020년.

13 강원택,〈2017년 대통령선거에서의 보수정치: 몰락 혹은 분화?〉,《한국정당학회보》16, no.2(2017).

14 정수현,〈당원들의 이념 성향과 정책 이슈에 대한 태도〉, 미래정치연구소,《한국의 당원을 말하다》, 푸른길, 2019년.

15 이용마,〈2000년대 이후 한국 사회 계층균열 구조의 등장〉,《한국정치학회보》48, no.4(2014).

16 복지패널 자료를 이용한 분석. 박선경·이내영,〈경제적 불평등은 어떻게 개인의 복지선호로 이어지는가? 한국인의 복지선호형성의 세부단계에 대한 유형화〉,《현대정치연구》11, no.3(2018).

17 동아시아연구원과 한국리서치의 패널 조사. 정한울,《왜 180석 거대 여당은 2년 만에 심판 받았나: 이탈민주의 선택을 중심으로》, 동아시아연구원, 2022년.

18 2015년 물가수준으로 실질화.

19 사업체노동력조사 기준.

20 '금융인력 기초 통계', 한국금융연구원,《금융인력 기초통계 분석 및 수급 전망》, 2021년.

21 지역 고용조사 마이크로데이터.

22 고제이 외,《사회보장 재정 위기 감지 및 대응을 위한 분석적 기반 연구》, 한국보건사회연구원, 2021년.

23 "노무현 키드 20%, 윤석열로 잠시 이탈하다",〈신동아〉753호, 2022년.

24 정지혜·윤영관·윤왕희,〈한국의 스윙보터는 누구인가?: 2017년 대선과 2021년 서울시장 보궐선거를 통해 본 무당파 유권자 분석〉,《의정논총》16, no.2(2021).

25 매주 결과를 평균값으로 계산.

26 Beckman, Christine M. Beckman, "The influence of founding team company affiliations on firm behavior", Academy of Management Journal 49.4 (2006): 741-758.

27 양상훈, "다음 차례는 검사들의 국회 대거 진출일 것",〈조선일보〉, 2023년 3월 2일.

28 "윤 '검찰 멤버' 임명 1년 새 70여 명…밥 총무에 카풀 인연까지",〈한겨레〉, 2023년 3월 9일.

29 근무연은 "말 그대로 함께 근무를 하며 쌓은 인연"인데, 학연, 지연 및 조직 내부 평판과 맞물려 검사 인사에서 중요한 역할을 한다. 이순혁,《검사님의 속사정》,

씨네북스, 2011년, 86쪽.

30 "'수석 아닌 실무진만…이런 물갈이 처음 본다' 커지는 분노", 〈중앙일보〉, 2022년 9월 1일.

31 "'50여 명 사직 권고' 대통령실, 현재까지 10명 그만뒀다", 〈경향신문〉, 2022년 10월 19일. 2023년 3월 17일 자 관보 자료까지 반영된 자료는 https://url.kr/81lfi9.

32 리처드 E. 뉴스타트, 《대통령의 권력》, 다빈치, 2014년, 132쪽.

33 중앙선거관리위원회, 〈정당의 활동개황 및 회계보도〉 연도별 자료, 중앙선거관리위원회.

34 "奧선거인단 영남 과반 깨졌다… 영남 40% 수도권 38%", 〈조선일보〉, 2023년 3월 2일.

35 윤왕희, 〈공천제도 개혁과 한국 정당정치의 변화에 관한 연구〉, 서울대학교 박사학위 논문, 2022년, 270쪽. 윤왕희 씨는 새누리당 당직자 출신이다.

36 윤왕희, 같은 자료.

37 박근혜 전 대통령은 2004년과 2011년 두 차례 한나라당 비상대책위원장을 맡는다.

38 윤왕희. 〈'비호감 대선'과 정당의 후보 경선에 관한 연구: 경선 방식과 당원구조 변화를 중심으로〉, 《한국정당학회보》 21, no.2(2022), 115쪽.

5장

1 런던, 뉴욕 등 세계적인 대도시의 경우 인근 지방자치단체까지 하나의 생활권으로 묶을 정도로 양적으로 팽창해 대런던Greater London, 대뉴욕Greater New York 등의 표현이 쓰이곤 한다. 한국에서도 김시덕 교수가 《대서울의 길》 등에서 서울과 인근 생활권을 지칭하는 용어로 사용했고, 용례가 늘고 있다.

2 미셸 부커, 이주만 옮김, 《회색 코뿔소가 온다: 보이지 않는 위기를 포착하는 힘》, 비즈니스북스, 2016년.

3 한국고용정보원이 2006년부터 격년마다 조사하는 〈고령화 연구 패널〉.

4 〈고령화 연구 패널〉.

5 같은 기간 70대의 경제활동참가율도 13.7%에서 24.4%로 증가했다.

6 "노인 보수화, 필연이 아니다", 〈한겨레21〉 1105호, 2016년에서 재인용.

7 2022년 2월 28일~3월 2일 전국지표조사(엠브레인퍼블릭·케이스탯리서치·코리아리서치·한국리서치 공동 실시.

8 David Weakliem, "The effects of education on political opinions: An international study", International Journal of Public Opinion Research 14.2 (2002): 141-157.

9   "이준석, 장애인단체 시위 또 저격…'비문명적, 불법 시위'", 〈연합뉴스〉, 2022년 3월 28일.

10 이종구 외, 《서울특별시 성북구 도시노인의 건강상태에 대한 심층조사와 예방관리를 위한 중재연구》, 질병관리청 정책연구용역보고서, 2022년, 74쪽.

11 국민건강보험공단, 〈2021 노인장기요양보험통계연보〉, 2022년, 48쪽

12 "[금융의 새 질서]① 굿하트 LSE 명예교수 '인구구조 보라…인플레와 고금리는 필연적'", 〈조선비즈〉, 2023년 1월 1일.

13 內閣府, 令和4年版高齡社會白書, 內閣府 出版社, 2022年, p.33

14 OECD.

15 2019년 경제활동인구 2,818.6만 명에 3.1%를 곱해 계산.

16 이철승·정준호, 〈세대 간 자산 이전과 세대 내 불평등의 증대: 1990~2016〉, 《동향과전망》 104(2013).

17 구인회 외, 《행정자료를 활용한 다층노후소득보장체계 심층분석》, 보건복지부 용역보고서, 2021년.

18 김윤영·백승호, 〈생애 불안정 노동 이력, 젠더와 연금급여의 관계 분석〉, 《비판사회정책》 76(2022).

19 퇴직연금은 수급 자격이 있는 사람 96.7%가 일시금으로 수급해 사례가 적어 분석에서 제외됐다. 2019년 300인 이상 사업장은 90%가 퇴직연금을 도입했는데, 5인 미만 사업장은 10.7%에 불과하다.

20 심철재, 《고양시 지역의 소득수준별 건강불평등에 관한 연구》, 인제대학교 박사학위 논문, 2020년.

21 한국건강형성학회, 〈지역별 건강격차 프로파일〉, 2018년, 209쪽.

22 더불어민주당 새로고침위원회, 《이기는 민주당 어떻게 가능한가》, 2022년. 3,000명을 대상으로 한 여론조사와 102명을 대상으로 한 표적집단심층면접FG, Focus Group Interview를 실시했다.

23 위의 책, 10쪽.

24 천현우, "'지방 총각들'도 가정을 꿈꾼다", 〈조선일보〉, 2022년 9월 19일.

25 "'팽창 가속' 수도권 '소멸 직전' 지방, 두 번째 분단", 〈경향신문〉, 2021년 10월 6일.

26 Olugbenga Ajilore, The Role of Rural Communities of Color in the 2020 Election, Center for American Progress, 2020.

27 데이비드 굿하트, 김경락 역, 《엘리트가 버린 사람들》, 원더박스, 2019년.

28 조귀동, 《전라디언의 굴레》, 생각의힘, 2021년.

29   도로는 1960년 총 100만 킬로미터에서 1980년 1,560만 킬로미터로 15.5배 늘었다. 2000년 6,730만 킬로미터는 1980년 대비 4.3배 증가한 규모다. 그런데 2020년의 9,870만 킬로미터는 2000년 대비 1.5배 늘어난 데 불과하다. 3,140만 ㎞라는 큰 규모의 새 도로가 만들어졌지만 '증가율'은 과거보다 훨씬 낮다.

30   "광주전남 지역이슈 여론조사(1차) 결과", 〈무등일보〉, 2021년 9월 2일, http://www.mdilbo.com/detail/weqZ43/653559.

31   조갑제, "경북고 인맥의 한국 경영", 〈월간 조선〉, 1990년 5월.

32   최한수·이창민, 〈정부의 암묵적 보증이 공기업 신용등급에 미치는 효과〉, 《재무관리연구》 34, no.2(2017).

33   행정안전부 집계.

34   2010년에서 2021년까지 분석했다. 하병규, 〈지방출자·출연기관 설립에 미치는 영향요인에 관한 연구: 기초자치단체를 중심으로〉, 《한국공공관리학보》 36, no.2(2022).

35   Ashwini K. Agrawal and Daniel Kim, Municipal bond insurance and the US drinking water crisis, LSE Financial Markets Group, 2021.

36   행정안전부, 지방재정365, https://lofin.mois.go.kr/.

37   법무부, 〈출입국·외국인 정책 통계연보〉, 각 연도.

38   행정안전부, 〈2019 지방자치단체 외국인주민 현황〉, 2020년 11월.

39   2019년 11월 기준.

40   "[5%의 한국]⑥'샐러드볼'의 도시에서-다양성·동화 그리고 평행적 삶…'이주노동자의 도시' 음성", 〈경향신문〉, 2022년 4월 13일.

41   "무극시장은 국제시장 …'외국인' 주고객", 〈뉴데일리〉, 2019년 3월 25일.

42   우춘희, 《깻잎 투쟁기》, 교양인, 2022년, 131~134쪽.

43   엄진영 외, 《농업 고용환경 변화에 따른 외국인근로자 활용 정책 방안》, 한국농촌경제연구원, 2020년, 50쪽.

44   위의 책, 45쪽.

45   장유정·정예슬, 〈농촌 이주노동자 유입과 농촌성의 재구성: 포천시 소흘읍을 사례로〉, 《한국도시지리학회지》 23, no.3(2020).

46   "전교생 449명 중 한국인 초등생은 여섯 명뿐…", 〈동아일보〉, 2022년 1월 17일.

47   배주현·김강영, 〈지방 중소도시 외국인 밀집 주거지 형성 과정: 영천시를 사례로〉, 《한국도시지리학회지》 22, no.2(2019).

48   이창원·허설화·조하영, 《청년층 중국동포 한국사회 편입과정과 정책과제》, 이민정책연구원, 2020년.

49   교육부·한국교육개발원, 〈교육통계연보〉, 각 연도.

50   순진학률 기준. 한국여성정책연구원·여성가족부, 〈2021년 전국다문화가족실태

조사〉, 2022년.

51 厚生勞動省, 外國人雇用狀況(令和4年10月末現在), 2023年.

52 日本の外国人就勞制度にある深い闇,〈웨지Wedge〉2023년 2월.

53 김유휘·이정은,〈한국 돌봄서비스의 이주노동자 실태 분석〉,《보건복지포럼》
    2022년 2월 호, 한국보건사회연구원, 2022년, 71쪽.

54 강정향 숙명여대 교수, "'헤어질 결심' 속 탕웨이처럼…중국동포 간병인 20만
    명",〈연합뉴스〉, 2022년 7월 17일.

55 "김은혜 '국내 중국인 10만여 명 투표권 가지는 건 불공정'",〈뉴스1〉, 2022년
    4월 13일.

56 통계청,〈2019년 다문화 인구동태 통계〉, 2020년.

57 법무부,〈2019 이민자 체류실태 및 고용조사〉, 2020년.

6장

1 요스타 에스핑-안데르센, 박시종 옮김,《복지 자본주의의 세 가지 세계》, 성균관
   대학교 출판부, 55쪽.

2 김도균,《한국 복지자본주의의 역사》, 서울대학교출판문화원, 2018년, 136쪽.

3 김형구,〈한국 중등사학의 성장〉,《교육학 연구》41, no.2(2003).

4 보건복지부.《보건복지 통계연보》. 보건복지부. 2022. 262쪽.

5 박형수,〈국가재정과 사회보험재정, 문제없나?〉, 성균관대 경제학과 세미나 발
   표문, 2019년.

6 박정수,《해외 주요국 공공기관 평가 및 관리방안》, 국회예산정책처 용역보고
   서, 2020년, 34쪽.

7 스웨덴의 경우 지방정부 산하 준정부기관이 수백 곳(874개)에 달하지만, 공공주
   택 건설사업체나 사회복지서비스 제공 기관이었다.

8 제이콥 해커·폴 피어슨, 조자현 옮김,《부자들은 왜 우리를 힘들게 하는가: 승자
   독식의 정치학》, 21세기북스, 2012년, 88쪽.

9 김지연·정규철·허진욱,〈장기성장률 전망과 시사점〉,《KDI 경제전망》2022년
   하반기, 2022년, 6쪽.

10 Jeong Hyeok, "Korea's growth experience and long-term growth model", World
    Bank Policy Research Working Paper 8240 (2017).

11 고용노동부,〈중장기 인력수급전망〉, 2022년, 2쪽.

12 한국언론재단 신문기사 데이터베이스 빅카인즈 http://bigkinds.or.kr.

13 "어제의 말말말…",〈헤럴드경제〉, 2004년 6월 2일.

14   발레리 줄레조, 길혜연 옮김,《한국의 아파트연구 : 서울지역 7개 아파트단지의 경관분석을 중심으로》, 고려대학교 아세아문제연구소 출판부, 2004년.

15   발레리 줄레조, 길혜연 옮김,《아파트 공화국: 한국의 아파트연구 : 서울지역 7개 아파트단지의 경관분석을 중심으로》, 후마니타스, 2007년.

16   통계청〈인구주택총조사〉내에서 '행정구역/거처의 종류/점유형태별 가구' 통계표에서 '점유 형태' 가운데 무상을 제외했고 '주택 형태' 중에서 비주택 등을 제외해 계산했다.

17   임희지·양은정,《다세대·다가구 주택지 재생을 위한 슈퍼블록단위 통합·연계형 가로주택정비사업 추진 방안》, 서울연구원, 2020년, 6쪽.

18   2006~2019년 서울 강남구 아파트 매매 결과 분석. 이창무·유송지·김재희·송영선,〈시기별 아파트 질적 특성요인의 향상에 따른 가격효과 분석: 서울특별시 강남구를 중심으로〉,《주택연구》31, no.1(2023).

19   2002~2016년 사이 수도권 대상. 한승혜·배현회,〈대규모 재개발에 따른 소득계층별 주거 분포의 변화에 관한 연구〉,《한국정책학회보》30, no.2(2021). 129쪽.

20   "'이웃서 자녀 짝 찾아요' 강남 아파트 그들만의 혼맥",〈한국일보〉, 2018년 4월 20일.

21   박시내,〈결혼하면 어떤 집에 살고, 왜 이사를 갈까?〉,《KOSTAT통계플러스》, 2018년 4월 호, 17쪽.

22   "'내 지역구에 또 임대주택을?' 정청래 등 여당 일부 인사 반발 '빈축'".〈한겨레〉, 2020년 8월 4일.

23   Teresio Poggio, The hosing pillar of the Mediterranean welfare regime: relations between home ownership and other dimensions of welfare in Italy, Beyond Home Ownership, Routledge, 2011, p.60.

24   Castles, Francis G. Castles and Maurizio Ferrera, "Home ownership and the welfare state: is Southern Europe different?", South European Society and Politics 1.2 (1996): 163-185.

25   "尹대통령 '포퓰리즘이 건강보험 근간 해쳐' 文케어 폐기 선언",〈연합뉴스〉, 2022년 12월 13일.

26   김영순,《한국 복지국가는 어떻게 만들어졌나?》, 학고재, 2021년, 220쪽.

27   "건강보험 내년부터 적자·28년엔 바닥…건보료 계속 오른다",〈연합뉴스〉, 2022년 10월 16일.

28   박한슬,《노후를 위한 병원은 없다》, 북트리거, 2022년, 132쪽.

29   위의 책, 7~8쪽.

30   이은혜,《공공의료라는 파랑새》, 기파랑, 89쪽.

31 양재진, 《복지의 원리》, 한겨레출판, 2020년, 146쪽.

32 위의 책, 150쪽.

33 신윤정 외, 《미래 인구구조 변화에 따른 보건복지 대응》, 보건사회연구원. 2021년, 272쪽.

34 사회보장위원회, 〈제4차 중장기 사회보장 재정추계 결과〉, 2020년, 위의 책에서 재인용.

35 폴 피어슨, 박시종 역, 《복지국가는 해체되는가: 레이건, 대처, 그리고 축소의 정치》, 성균관대학교 출판부, 2006년.

36 키스 반 커스버겐·바바라 비스, 남찬섭 옮김, 《복지국가 개혁의 도전과 응전》, 나눔의집, 2017년, 49쪽.

37 김사현 등, 〈한국인 복지태도의 변화양상-집단 중심 다중궤적모형의 적용〉, 《사회복지정책》 48, no.1(2021).

38 양재진·윤성원·장우윤 등, 〈한국인의 복지 및 기본소득 관련 증세 태도 연구〉, 《예산정책연구》 10, no.2(2021).

39 윤홍식, 《한국 복지국가의 기원과 궤적 3》, 사회평론아카데미, 2019년, 605쪽.

40 피어슨, 앞의 책, 388쪽.

41 실리아 호이저만, 남찬섭 옮김, 《복지국가 개혁의 정치학》, 나눔의집, 2015년, 274쪽.

42 Marius R. Busemeyer, et al., eds. Digitalization and the Welfare State, Oxford University Press, 2022, p.6

43 Daniel Kupper et. al., Boosting Resilience with Production as a Service, Boston Consulting Group, 2022.

44 조메트리 웹사이트, https://www.xometry.com/how-xometry-works/ .

45 남재욱, 〈플랫폼 노동과 사회계약의 재구성〉, 《시민과세계》 40(2022).

46 위의 책, 29쪽.

47 Marius R. Busemeyer, ibid, p.374

48 Pepper D. Culpepper, and Kathleen Thelen, "Are we all Amazon primed? Consumers and the politics of platform power", Comparative Political Studies 53.2 (2020): 288-318.

49 Strange campaign says Uber is damaging Danish welfare, The Local dk, 2016년 5월 6일.

50 "2022 대선, 지역구도를 묻다: 조귀동 인터뷰", 〈ㅍㅍㅅㅅ〉, 2022년 5월 6일.

51 Culpepper, Pepper D., and Kathleen Thelen. ibid. p.7

52 김찬우, 김철주, 《우리나라의 소비 불평등 추정 및 주요 특징 분석》, 한국은행,

2021년.

53   변수용·이성균,《부모의 사회경제적 지위와 자녀의 교육 결과》, 박영사, 2021년

7장

1   가령 경제학자 뤼디거 돈부쉬와 세바스티안 에드워즈는 1991년 남미 포퓰리
      즘을 연구한 논문에서 "성장과 소득 재분배를 강조하지만 인플레이션, 재정적
      자, 외생적 제약, 공격적인 비시장 정책에 대한 경제 주체들의 반응에 대해서는
      무시하는 경제학적 접근"이라고 정의한다. Rudiger Dornbusch and Sebastian
      Edwards, The Macroeconomics of Populism in Latin America, University of
      Chicago Press, 1991. 7-13.

2   카스 무데 & 크리스탈 로비라 칼트바서, 이재만 역,《포퓰리즘》, 고유서가,
      2019년, 12쪽.

3   위의 책, 15~16쪽.

4   위의 책, 16쪽.

5   Robert G. Patman, Populism from the Brexit and Trump playbooks enters the
      New Zealand election campaign—but it's a risky strategy, The Conversation,
      2020.8.24.

6   야스차 뭉크, 함규진 역,《위험한 민주주의》, 와이즈베리, 2018년, 55쪽.

7   카를 슈미트, 김효전·정태호 역,《정치적인 것의 개념》, 살림, 2012년.

8   차태서,〈자유주의와 민주주의의 불화: 한국에서 포퓰리즘적 계기의 출현〉,《정
      치·정보연구》24, no.3(2021), 147쪽.

9   뭉크, 앞의 책, 72쪽.

10   위의 책, 71쪽.

11   정병기,〈포퓰리즘의 개념과 유형 및 역사적 변화: 고전 포퓰리즘에서 포스트포
      퓰리즘까지〉,《한국정치학회보》54, no.1(2020), 104쪽.

12   박정원,〈우파 포퓰리즘의 세계화와 열대의 트럼프: 브라질 보우소나루의 퍼포
      먼스 정치와 백래시〉,《시민과세계》37(2020).

13   위의 책, 20쪽.

14   "이준석 "종교·젠더 이슈 두려워 말고 대안 제시하는 것이 바른미래당 살길"",
      〈한국일보〉, 2018년 9월 11일.

15   "'이대남' 대변자 자처 이준석…당내 "말초적 장사" 비판도",〈중앙일보〉, 2021년
      5월 6일.

16   "깜짝 세대교체 뒤엔…4연속 선거참패 '폐허의 역설'",〈한겨레〉, 2021년 6월

14일.

17 김재섭, "이준석 후배가 밝힌 '당 대표 거머쥔 이준석의 영업기밀'", 〈주간조선〉 2662호, 2021년 6월 11일.

18 장덕진, "[장덕진의 퍼스펙티브] 기득권 증오 부추기는 민주당의 좌파 포퓰리즘", 〈중앙일보〉, 2022년 11월 21일.

19 이재명, 《이재명은 합니다》, 위즈덤하우스, 2017년, 225쪽.

20 "70년 적폐와 강고한 기득권의 저항을 이겨낼 용기와 추진력의 문제", 〈뷰스앤뉴스〉, 2016년 9월 6일.

21 "이재명, '기성정치는 가라..국민혁명의 시대가 왔다'", 〈헤럴드경제〉, 2016년 10월 9일.

22 제20대 대통령선거 민주당 후보경선 출마선언, 이재명 대표 유튜브 계정, https://www.youtube.com/watch?v=bgHdPY2QK1g

23 강준만, "'재명학' 일군 이재명의 15년 팬덤 관리술", 〈신동아〉, 2022년 1월 24일.

24 이재명, 앞의 책, 143쪽.

25 백승호, "선비의 시대에서 누적된 답답함이 이재명을 호출했다", 북저널리즘, https://www.bookjournalism.com/soupbaek/476.

26 Asuncion B, Bernardez-Rodal et. al., "Radical right parties and anti-feminist speech on Instagram: Vox and the 2019 Spanish general election", Party Politics 28(2), 2022, p.272~283.

27 "One Legacy of Merkel? Angry East German Men Fueling the Far Right", The New York Times, 2018년 11월 5일.

28 통계청, 〈인구주택총조사〉, 연령별/성별/혼인상태별 인구, 2020년.

29 마경희, 〈변화하는 남성성과 성차별〉, 《2019 변화하는 남성성을 분석한다 세미나 발표 자료집》, 한국여성정책연구원, 2019년.

30 경제·인문사회연구원, 《청년 관점의 '젠더갈등' 진단과 포용국가를 위한 정책적 대응방안 연구》, 2020.

31 김학준, 《보통 일베들의 시대: '혐오의 자유'는 어디서 시작되는가》, 오월의봄, 2022년.

32 "'시험 말고 공정한 평가 받아본 적 없거든요'…20대의 본심", 〈머니투데이〉, 2021년 7월 7일.

33 고재석, 《세습 자본주의 세대》, 인물과 사상사, 2023년, 268쪽.

34 이 전 대표의 아버지는 1958년생으로 경북고와 서울대 경제학과를 졸업했다. 이후 대우상사(현 대우인터내셔널)를 거쳐 쌍용투자증권, 굿모닝신한증권 등에서 국제금융전문가로 일했다. "박근혜 위원장이 '20대 벤처사업가' 이준석 대표에

끌린 이유", 〈한경비즈니스〉 2012년 1월 11일.

35 이준석, 《공정한 경쟁》, 나무옆의자, 2019년, 202쪽.

36 "[단독] 이준석, '순천 머물며 정원박람회 통역봉사 하겠다'", 〈남도방송〉, 2023년 3월 5일.

37 "국민의힘 이준석 대표 장흥방문", 〈장흥신문〉, 2022년 2월 11일.

38 이준석, 《거부할 수 없는 미래》, 21세기북스, 2023년, 124쪽.

39 동양철학자 임건순 씨의 발언, "文정권, 좌파 10%의 놀이터였다… 尹, 세금탕진 인간들 쳐내야", 〈조선일보〉, 2023년 2월 22일.

40 한국갤럽 주간 대통령 국정수행평가 기준.

41 강준만, 《정치전쟁》, 인물과사상사, 2022년, 194쪽.

42 여기에 대한 자세한 논의는 《전라디언의 굴레》(조귀동, 생각의힘, 2021년)을 참고.

43 한국갤럽, 〈프로야구에 대한 여론조사〉, 2019년과 2023년 자료.

44 "비문 대선주자 vs 친문 실세 대충돌…'민심 대 당심' 승자는", 〈중앙일보〉, 2018년 4월 4일.

45 "이해찬의 마음은 이재명에게로?", 〈한겨레〉, 2021년 5월 14일.

46 〈한국일보〉가 데이터 기반 컨설팅회사 아르스프락시아에 의뢰한 조사. "문빠, 힘인가 독인가, 이재명 '손가락혁명군' 충성도·조직력 으뜸", 〈한국일보〉, 2017년 2월 18일.

47 당시 조사 대상인 문재인 대통령 팬클럽 문사모, 문팬, 젠틀재인 세 곳 회원 수를 단순 합산한 것. 문사모는 2004년 만들어진 뒤 활동이 미미했다가, 2009년 다시 활성화됐다. 이어 젠틀재인이 2010년, 문팬(과거 명칭 문풍지대)가 2012년 각각 창립됐다. 이들은 2016년 한때 통합 논의를 했지만 결렬됐다.

48 김민정·김현정, 《인간 이재명》, 아시아, 2022년, 367쪽.

49 위의 책, 352쪽.

50 김규항, "[김규항의 혁명은 안단테로]사랑의 결핍", 〈경향신문〉, 2015년 6월 2일.

51 "뻔히 예고된 파국도 못 막고…문재인 '무한책임론'", 〈한겨레〉, 2015년 12월 13일.

52 최장집, 〈다시 한국 민주주의를 생각한다: 위기와 대안〉, 《한국정치연구》 29, no.2(2020), 12쪽.

53 무데 & 칼트바서, 앞의 책, 160쪽.

54 박구용, 《문파, 새로운 주권자의 이상한 출현》, 메디치미디어, 2018년, 37쪽.

55 조은혜, 《'팬덤 정치'라는 낙인》, 오월의봄, 2023년, 81~82쪽.

56 이해찬 전 총리가 "우리 역사의 지형을 보면 정조 대왕이 1800년에 돌아가십니다. 그 이후로 220년 동안 개혁 세력이 집권한 적이 없어요. 조선 말기는 수

구 쇄국 세력이 집권했고, 일제강점기 거쳤지, 분단됐지, 4·19는 바로 뒤집어졌지, 군사독재 했지, 김대중 노무현 10년 빼면 210년을 전부 수구보수 세력이 집권한 역사입니다."라고 말한 것은 왜 민주당의 역사관이 정조에서부터 시작되는 보여준다. "[이해찬 독점 인터뷰 1] 나는 왜 20년 집권을 말했나", 〈시사IN〉, 2020년 9월 14일.

57   "조국 수석, 동학농민혁명 '죽창가' SNS에 올려", 〈한겨레〉, 2019년 7월 14일.

58   Gábor Halmai, "Is there such thing as 'Populist Constitutionalism'? The case of Hungary", Fudan journal of the humanities and social sciences 11 (2018): 323-339.

59   "'바람 피운 거 같아도 일은 잘 한다'는 평가 받으면 된다", 〈뉴스1〉, 2018년 11월 1일.

60   "[그사람] 금태섭, 그가 정치를 하는 이유", 〈SBS〉, 2021년 1월 23일.

61   "팬덤에 갇힌 '그들만의 정치'…민주당은 왜 민심과 멀어졌나", 〈한겨레〉, 2022년 6월 7일.

62   최혜정, "[아침햇발] 여의도 '뉴 노멀', 윤초선과 처럼회", 〈한겨레〉, 2022년 9월 13일.

63   Jay A. Conger, Rabindra N. Kanungo, and Sanjay T. Menon. "Charismatic leadership and follower effects", Journal of Organizational Behavior 21.7 (2000): 747-767.

64   조이 프라드블래너 & 애런 M. 글레이저, 윤영호 역, 《슈퍼팬덤》, 세종연구원, 2018년, 61쪽

65   박창호, 〈베버의 지배 개념-인터넷 사회에서도 가능한가?〉, 《사회이론》 2020.

66   류귀창, 〈집합행동: 사이버 공간에서의 상호작용 의례〉, 류하이룽 편, 김태연 등 역, 《아이돌이 된 국가》, 갈무리, 204~212쪽.

67   브리태니커 백과사전의 'identity politics' 항목, https://www.identity politicscom/topic/identity-politics.

68   임명묵, "盧·文서 이재명·이준석으로… 팬덤정치 이렇게 민주정 파괴한다", 〈중앙일보〉, 2022년 3월 29일.

69   최장집, 앞의 책, 12쪽.

70   조은혜, 앞의 책, 109쪽.

71   Alberto Melucci, "A Strange Kind of Newness: What's 'New' in New Social Movements?", Enrique Larana et. al., New Social Movements: From Ideology to Identity, Temple University Press, 1994, p.101~130

72   조은혜, 앞의 책, 135쪽.

73   류하이룽 외, 앞의 책, 113쪽.

74 김호기, "[김호기 칼럼]포스트트루스 시대와 한국 민주주의", 〈경향신문〉, 2020년 2월 18일.

75 "'1일 1이재명' 독후감 SNS에 올린다…민주당 '재명학' 열풍", 〈중앙일보〉, 2021년 11월 25일.

76 "'인간 이재명' 독후감 쓴 정청래 '흐느끼며 읽었다'", 〈파이낸셜뉴스〉, 2021년 12월 14일.

77 임명묵, "'재명 아빠'와 '개딸', 정치 팬덤은 어떻게 만들어지는가", 〈시사저널〉, 2022년 4월 10일.

78 국제금융시장에서 이탈리아가 과도한 국가 채무를 상환하지 못할 가능성이 대두되면서 국채금리가 급등하고, 그 결과 금융시장을 비롯한 경제 전반이 큰 충격을 받는 것을 의미한다. 재정위기 대응은 큰 폭의 지출 삭감, 특히 사회보장과 관련된 항목에서 지급액을 줄이는 개혁 조치가 수반된다.

79 당시 선거법은 득표율이 가장 높은 선거연합에 하원 의석수 55%를 배정해 민주당의 득표율 25.4%보다 훨씬 많은 의석 배정.

80 이탈리아의형제들의 과거 선거 득표율은 각각 2013년 1.9%, 2018년 4.4%에 불과했다.

81 동맹은 2019년 유럽연합 의회 선거 당시 34.3%를 득표했다.

82 Adam Przeworski and John Sprague, 1986, Paper Stones: A History of Electoral Socialism, Chicago, London: University of Chicago Press.

나가며

1 구해근, 〈한국의 중산층을 다시 생각한다〉, 《창작과비평》 155호, 2012년.

2 OECD 등에서 공식적으로 사용하는 정의는 '중간소득집단(중위소득의 50~150%)'이다.

3 구해근, 《특권 중산층》, 창비, 2023년, 37쪽.

4 U.S. Department of Commerce, Middle Class in America, 2010, p.4.

5 "국민 60% 이상 '나는 중산층'", 〈동아일보〉, 1989년 1월 23일.

6 한국노동연구원, 〈중장기 노동력 수급 전망〉, 1990년; 조귀동, 《세습 중산층 사회》, 생각의힘, 2020년, 189쪽에서 재인용.

7 "분수 모르는 소비자 너무 많다", 〈경향신문〉, 1986년 12월 29일.

8 김명수, 〈발전주의는 언제 일상이 되었는가?〉, 《경제와사회》 152쪽.

9 1988년 박승 당시 건설교통부 장관(전 한국은행 총재)은 2016~2020년처럼 부동산 가격이 폭등하던 상황에서 분양가를 자율화해 공급을 늘리겠다는 복안을 밝

했다가 뭇매를 맞았다. 인위적으로 분양가를 시세보다 낮게 책정하는 분양가 상한제는 투기 수요를 부추길 수밖에 없다는 게 박 장관의 논리였다. 이장규, 《경제가 민주화를 만났을 때》, 올림, 2011년, 236쪽.

10 박해천, "88년 분양가 상한제 논쟁, 어느 쪽이나 사회적 분배방식으로 바라봤다", 〈조선일보〉, 2018년 5월 12일.

11 "'집통령' 꿈꾼 노태우…분당·일산 만들고 주택 200만호 공급", 〈서울경제신문〉, 2021년 10월 26일.

12 이장규, 앞의 책, 267쪽.

13 "세 살 영어 여든까지?… 부유층 넘어 일반 가정들도 가세", 〈국민일보〉, 2023년 3월 6일.

14 김유선, 〈국세청 천분위 소득자료 분석 (2012~21년)〉, 한국노동사회연구소 이슈페이퍼 184(2022).

15 "3대 영재고 신입생 절반 대치동 '한 학원' 다녔다", 〈매일경제신문〉, 2021년 6월 11일.

16 "부동산·주식 폭등에 소외감…30代 절반 이상이 '나는 하위층'", 〈한국경제신문〉, 2022년 4월 6일.

17 "최상의 경제목표는 중산층 복원", 〈매일경제신문〉, 2013년 8월 29일.

18 "현 정부, '문제 진단' 제대로 못해…내각제 도입 고려해야", 〈이코노미스트〉, 2023년 1월 2일.

19 박 의장 "토지공개념 혁명 부를 수도…", 〈동아일보〉, 1993년 3월 30일.

20 Disruptive, intolerant and populist icon: how Trump is seen as America's Mao. South China Morning Post. 2017. 1.20

21 Michael Kazin, "Trump and American Populism: Old Whine, New Bottles", Foreign Affairs, vol. 95, no. 6, November/December 2016, pp. 17~24.

22 마오쩌둥, 노승영 옮김, 《마오쩌둥: 실천론·모순론》, 프레시안북스, 2009년, 93쪽.

23 조너선 D. 스펜스, 남경태 옮김, 《무질서의 지배자 마오쩌둥》, 푸른숲, 2003년, 7~9쪽.

24 게리 거슬 케임브리지대 교수, "미국에서 세계화·자유무역 끝나… 더 많은 트럼프 출현할 것", 〈조선비즈〉, 2023년 1월 2일.

25 Nicola Pizzolato, "Revisiting Southern Migrants' Militancy during the 'Hot Autumn,", Contemporary European History, p.632.

26 Fabio Levi, Torino, o cara... Dove va la citta della Fiat. Meridiana , GENNAIO 1993, No. 16, p.144

27 장문석, 《토리노 멜랑콜리》, 문학과지성사, 2023년, 192쪽.

28   "'With Marine, we feel we exist': In rural Normandy, Le Pen voters are disillu-
      sioned by Macron's victory", Le Monde, 2022년 5월 4일.

29   "최순실에 휘둘렸던 관료들…고위공무원제 바꿔라", 〈조선비즈〉, 2017년 3월
      27일.

30   노르베르트 보비오, 황주홍 옮김, 《자유주의와 민주주의》, 문학과지성사,
      1992년, 65쪽.

31   니콜로 마키아벨리, 하인후 옮김, 《피렌체사》, 무블출판사, 2022년, 314쪽.

32   1992 Italian general election, Wikipedia. https://en.wikipedia.org/wiki/1992_
      Italian_general_election.

33   프랜시스 매컬 로젠블루스·이언 샤피로, 노시내 옮김, 《책임 정당: 민주주의로
      부터 민주주의 구하기》, 후마니타스, 2023년, 232쪽.

34   이준희, 《중앙정치와 지방정치는 어떻게 결합하는가?: 21대 국회의원 선거에
      서 나타난 정당조직의 형태를 중심으로》, 서울대학교 정치학과 석사학위 논문,
      2021년.

35   이병기, 《지방자치 주도세력 형성과 변천에 대한 연구: 종로구 지역정치 경험을
      중심으로》, 국민대학교 정치외교학과 박사학위 논문, 2015년.

36   엘머 E. 샤츠슈나이더, 현재호·박수형 역, 《절반의 인민주권》, 후마니타스,
      2008년, 42쪽.

37   최준영·김준석·구본상, 〈중도적 유권자: 탈정치적 구경꾼〉, 《의정연구》 28권
      3호, 2022년.

38   농어촌 파괴형 풍력·태양광 반대 전남연대회의, 2022년 2월.

39   니콜로 마키아벨리, 《로마사 논고》. 김경희, 《마키아벨리》, 아르테, 2019년,
      109쪽에서 재인용.

강신욱, 〈가구소득 불평등의 동향과 특징〉, 《한국보건사회연구원 소득분배의 현황과 정책대응 토론회 자료집》, 2018년.

강우진, 《박정희 노스탤지어와 한국민주주의》, 아연출판부, 2019년.

강원택, 〈2017년 대통령선거에서의 보수정치: 몰락 혹은 분화?〉, 《한국정당학회보》 16, no.2(2017).

강원택, 〈인터넷 정치 집단의 형성과 참여〉, 《한국과 국제정치》 20, no.3(2004).

강원택, 〈지역주의는 변화했을까〉, 이현우 등 지음 《변화하는 한국 유권자2》, 동아시아 연구원, 2008년.

강원택, 〈쟁점 부재 선거에서의 투표 선택: 2016년 국회의원 선거를 중심으로〉, 《한국 정치연구》 25.no.3(2016).

강준만, 《권력은 사람의 뇌를 바꾼다》, 인물과사상사, 2020년.

강준만, 《정치전쟁》, 인물과사상사, 2022년.

강준만, 《한국 현대사 산책 2000년대편》 1권, 인물과사상사, 2011년.

강창희, 〈최저임금 인상이 근로자 고용규모에 미치는 영향: '경제활동인구조사' 자료를 이용한 분석〉, 《노동경제논집》 44, no.1(2021).

경제·인문사회연구원, 《청년 관점의 '젠더갈등' 진단과 포용국가를 위한 정책적 대응 방안 연구》, 2020.

경제정의실천시민연합, 《여당이 정부의 재건축사업 정상화대책 발목 잡나?》, 2018년 3월 19일.

경향신문 특별취재팀, 《민주화 20년의 열망과 절망》, 후마니타스, 2007년, 35쪽.

고용노동부, 〈중장기 인력수급전망〉, 2022년.

고재석, 《세습 자본주의 세대》, 인물과 사상사, 2023년.

고제이 외, 《사회보장 재정 위기 감지 및 대응을 위한 분석적 기반 연구》, 한국보건사 회연구원, 2021년.

교육부·한국교육개발원, 〈교육통계연보〉, 연도별.

구인회 외, 《행정자료를 활용한 다층노후소득보장체계 심층분석》, 보건복지부 용역보고서, 2021년.

구해근, 《특권 중산층》, 창비, 2023년.

구해근, 〈한국의 중산층을 다시 생각한다〉, 《창작과비평》 155호, 2012년.

국민건강보험공단, 〈2021 노인장기요양보험통계연보〉, 2022년.

국정기획자문위원회, 《문재인 정부 국정운영 5개년 계획》, 진한엠앤비, 2017년.

금현섭, 《비교사회정책학적 관점과 한국의 현실. 안상훈 등. 한국 사회의 이중 구조와 생애주기적 불평등》, 집문당, 2015년.

김도균, 《한국 복지자본주의의 역사》, 서울대학교출판문화원, 2018년.

김명수, 〈발전주의는 언제 일상이 되었는가?: 도시 중산층 가정성의 확립으로 본 현대 정착의 양상과 시간성〉, 《경제와사회》, 131(2021).

김민규, 《모두가 기분 나쁜 부동산의 시대 : 문재인 정부 부동산 백서》, 빅피시, 2021년.

김민정·김현정, 《인간 이재명》, 아시아, 2022년.

김부겸, 고기석, 《캠페인 전쟁 2012》, 폴리테이아, 2011년.

김사현 외, 〈한국인 복지태도의 변화양상-집단 중심 다중궤적모형의 적용〉, 《사회복지정책》 48, no.1(2021).

김시덕, 《대서울의 길》, 열린책들, 2021년.

김시흥, 《이탈리아 사회연구 입문》, 명지출판사, 1996년

김시흥, 《현대 이탈리아 정치론》, 한국외국어대학교출판부 지식출판원, 2022년

김영순, 《한국 복지국가는 어떻게 만들어졌나?》, 학고재, 2021년.

김용호, 〈인터넷 커뮤니티와 정치: '노사모' 사례 연구〉, 《한국사회학회 사회학대회 논문집》, 2003년.

김유선, 〈국세청 천분위 소득자료 분석 (2012~21년)〉, 한국노동사회연구소 이슈페이퍼 184(2022).

김유휘·이정은, 〈한국 돌봄서비스의 이주노동자 실태 분석〉, 《보건복지포럼》 2022년 2월호, 한국보건사회연구원, 2022년.

김윤영·백승호, 〈생애 불안정 노동 이력, 젠더와 연금급여의 관계 분석〉, 《비판사회정책》 76(2022).

김일영, 〈한국 보수에게 미래는 있는가?〉, 《'한국의 보수를 묻는다' 심포지엄 발표문》, 한반도선진화재단, 2008년.

김일영, 〈한국에서 보수와 진보의 의미 변화와 현 위상〉, 《철학연구》 100(2006).

김종법, 〈현대 이탈리아 정치사회 : 굴절과 미완성의 역사와 문화》, 바오, 2012년.

김종엽 엮음, 《87년체제론: 민주화 이후 한국사회의 인식과 새 전망》, 창비, 2009년.

김종엽, 〈분단체제와 87년체제〉, 《87년체제론》, 창비, 2009년.

김종인, 《왜 대통령은 실패하는가》, 21세기북스, 2022년.

김종태, 《선진국의 탄생》, 돌베개, 2018년.

김지연·정규철·허진욱, 〈장기성장률 전망과 시사점〉, 《KDI 경제전망》 2022년 하반기, 2022년.

김찬우·김철주, 《우리나라의 소비 불평등 추정 및 주요 특징 분석》, 한국은행, 2021년.

김학준, 《보통 일베들의 시대: '혐오의 자유'는 어디서 시작되는가》, 오월의봄, 2022년.

김헌태, 《분노한 대중의 사회》, 후마니타스, 2009년.

김형구, 〈한국 중등사학의 성장〉, 《교육학 연구》 41, no.2(2003).

남재욱, 〈플랫폼 노동과 사회계약의 재구성〉, 《시민과세계》 40(2022).

노르베르트 보비오, 황주홍 옮김, 《자유주의와 민주주의》, 문학과지성사, 1992년.

농어촌 파괴형 풍력·태양광 반대 전남연대회의, 2022년 2월.

니콜로 마키아벨리, 《로마사 논고》, 김경희, 《마키아벨리》, 아르테, 2019년, 109쪽에서 재인용.

니콜로 마키아벨리, 하인후 옮김, 《피렌체사》, 무블출판사, 2022년.

다니엘 코엔, 김진식 옮김, 《유럽을 성찰하다》, 글항아리, 2020년.

더불어민주당 새로고침위원회, 《이기는 민주당 어떻게 가능한가》, 2022년.

더불어민주당 서울시당, 《서울시 유권자 정치 지형과 대선 전략 함의》, 2022년.

데이비드 굿하트, 김경락 옮김, 《엘리트가 버린 사람들》, 원더박스, 2019년.

류귀창, 〈집합행동: 사이버 공간에서의 상호작용 의례〉, 류하이룽 편, 김태연 외 역, 《아이돌이 된 국가》, 갈무리. 2022년.

류제헌·김정숙·최유리, 〈인천시 아이덴티티 형성의 인구·문화적 요인〉, 《인천학연구》 13(2010).

리처드 E. 뉴스타트, 이병석 옮김, 《대통령의 권력》, 다빈치, 2014년.

마경희, 〈변화하는 남성성과 성차별〉, 《2019 변화하는 남성성을 분석한다 세미나 발표 자료집》, 한국여성정책연구원. 2019년.

마오쩌둥, 노승영 옮김, 《마오쩌둥: 실천론·모순론》, 프레시안북스, 2009년.

마티아스 도프케·파브리지오 질리보티, 김승진 옮김, 《기울어진 교육》, 메디치미디어, 2020년.

문우진, 《한국 민주주의의 작동원리》, 고려대학교 출판문화원, 2018년.

미셸 부커, 이주만 옮김, 《회색 코뿔소가 온다: 보이지 않는 위기를 포착하는 힘》, 비즈니스북스, 2016년.

민주통합당 대선평가위원회, 〈18대 대선 평가 보고서: 패배 원인 분석과 민주당의 진로〉, 2013년.

박구용, 《문과, 새로운 주권자의 이상한 출현》, 메디치미디어, 2018년.

박문수, 한창용, 박진, 〈미시자료를 이용한 기업 생산성 및 임금 격차 간 관계 분석〉, 산업연구원(2021).

박배균·심한별·한윤애·강수영, 〈대치동의 지역지리 2: 대치동은 어떻게 대한민국의 사교육 1번지가 되었나?〉, 《한국지역지리학회 정기 학술대회 발표문》, 2017년.

박선경·이내영, 〈경제적 불평등은 어떻게 개인의 복지선호로 이어지는가? 한국인의 복지선호형성의 세부단계에 대한 유형화〉, 《현대정치연구》 11, no.3(2018).

박성민·강양구, 《정치의 몰락》, 민음사, 2012년.

박세일, 《대한민국 선진화 전략》, 21세기북스, 2006년.

박수형, 〈대통령 후보선출제도 변화 연구〉, 《한국정치학회보》 48, no.4(2014).

박시내, 〈결혼하면 어떤 집에 살고, 왜 이사를 갈까?〉, 《KOSTAT 통계플러스》, 2018년 4월호.

박정수, 《해외 주요국 공공기관 평가 및 관리방안》, 국회예산정책처 용역보고서, 2020년.

박정원, 〈우파 포퓰리즘의 세계화와 열대의 트럼프: 브라질 보우소나루의 퍼포먼스 정치와 백래시〉, 《시민과세계》 37(2020).

박찬표, 〈국민참여경선제의 제도 차이의 발생 배경에 대한 연구〉, 《미래정치연구》 5, no.1(2016).

박창호, 〈베버의 지배 개념-인터넷 사회에서도 가능한가?〉, 《사회이론》 2020.

박태웅, 《눈 떠보니 선진국》, 한빛비즈, 2021년.

박한슬, 《노후를 위한 병원은 없다》, 북트리거, 2022년.

박해천, 〈지펠과 디오스의 냉장고 디자인 연구 : 1990년대 후반부터 2000년대 중반까지〉, 《Archives of Design Research》 34, no.4(2021).

박형수, 〈국가재정과 사회보험재정, 문제없나?〉, 성균관대 경제학과 세미나 발표문, 2019년.

발레리 줄레조, 길혜연 옮김, 《아파트 공화국: 한국의 아파트연구 : 서울지역 7개 아파트단지의 경관분석을 중심으로》, 후마니타스, 2007년.

발레리 줄레조, 길혜연 옮김, 《한국의 아파트연구: 서울지역 7개 아파트단지의 경관분석을 중심으로》, 고려대학교 아세아문제연구소 출판부, 2004년.

배주현·김강영, 〈지방 중소도시 외국인 밀집 주거지 형성 과정: 영천시를 사례로〉, 《한국도시지리학회지》 22, no.2(2019).

백승욱, 《1991년 잊힌 퇴조의 출발점》, 북콤마, 2022년.

법무부, 〈2019 이민자 체류실태 및 고용조사〉, 2020년.

법무부, 〈출입국·외국인 정책 통계연보〉, 각 연도.

변수용·이성균, 《부모의 사회경제적 지위와 자녀의 교육 결과》, 박영사, 2021년

보건복지부, 〈한국의 사회복지지출〉, 각 연도.

보건복지부,《보건복지 통계연보》, 보건복지부, 2022년, 262쪽.

사회보장위원회, 〈제4차 중장기 사회보장 재정추계 결과〉, 2020년.

새뮤얼 헌팅턴,《정치발전론: 변혁사회에 있어서의 정치질서》, 을유문화사, 1971년.

새뮤얼 헌팅턴, 강문구·이재영 역,《제3의 물결: 20세기 후반의 민주화》, 인간사랑, 2011년.

석동현,《그래도, 윤석열》, 글마당, 2022년.

송경재, 〈사회적 자본과 한국의 시민참여: 관습적? 비관습적 참여와 사회적 자본〉,《한국정당학회보》, 12.no2 (2013).

송원근,《재벌 개혁의 현실과 대안 찾기》, 후마니타스, 2008년, 177쪽.

신동한·전현배, 〈기업 규모와 청년 고용: 종사자 연령별 일자리 창출구조에 대한 분석〉,《한국경제의 분석》28, no.2(2022).

신윤정 외,《미래 인구구조 변화에 따른 보건복지 대응》, 보건사회연구원, 2021년.

신진욱, 〈보수단체 이데올로기의 개념 구조, 2000~2006: 반공, 보수, 시장 이데올로기를 중심으로〉,《경제와 사회》78(2008).

실리아 호이저만, 남찬섭 옮김,《복지국가 개혁의 정치학》, 나눔의집, 2015년.

심상정 의원실, 〈참여정부 '삼성의존도' 심각하다〉, 2005년 10월 11일.

심철재,《고양시 지역의 소득수준별 건강불평등에 관한 연구》, 인제대학교 박사학위논문, 2020년.

심혜정, 〈세수오차가 재정운용에 미치는 영향과 개선방안〉,《재정학연구》8, no.2(2015).

안병진, 〈이행기 정치 질서? 바이든 행정부의 성격과 전망〉,《동향과전망》111호, 2021년, 10쪽.

야스차 뭉크, 함규진 옮김,《위험한 민주주의》, 와이즈베리, 2018년.

양원보,《1996년 종로, 노무현과 이명박》, 위즈덤하우스, 2008년.

양재진,《복지의 원리》, 한겨레출판, 2020년.

양재진·윤성원·장우윤 외, 〈한국인의 복지 및 기본소득 관련 증세 태도 연구〉,《예산정책연구》10, no.2(2021).

엄진영 외,《농업 고용환경 변화에 따른 외국인근로자 활용 정책 방안》, 한국농촌경제연구원, 2020년.

에즈라 클라인, 황성연 옮김,《우리는 왜 서로를 미워하는가》, 월북, 2002년.

엘머 E. 샤츠슈나이더, 현재호·박수형 옮김,《절반의 인민주권》, 후마니타스, 2008년.

오경환, 〈저출산의 정치경제학: 프랑스 제3공화국 전반기의 인구위기와 '프랑스 인구 증가를 위한 국민연합'〉,《서양사연구》43(2010) 5~31.

오상일·이종하·안희주, 〈구직기간별 실업자 분포를 이용한 자연실업률 추정〉,《BOK 이슈노트》, 2021년.

오지윤·엄상민, 〈법인 노동소득분배율의 추이 및 변화 요인 분석〉, 《KDI 경제전망》 36, no.2(2019).

요스타 에스핑-안데르센, 박시종 옮김, 《복지 자본주의의 세 가지 세계》, 성균관대학교 출판부.

우춘희, 《깻잎 투쟁기》, 교양인, 2022년.

윤민재, 〈뉴라이트의 등장과 보수의 능동화〉, 《시민과세계》 13(2008).

윤석명, 〈노인복지 예산의 현황과 과제〉, 《보건복지포럼》 256권, 2018년.

윤왕희, 〈공천제도 개혁과 한국 정당정치의 변화에 관한 연구〉, 서울대학교 박사학위 논문, 2022년.

윤왕희, 〈'비호감 대선'과 정당의 후보 경선에 관한 연구: 경선 방식과 당원구조 변화를 중심으로〉, 《한국정당학회보》 21, no.2(2022).

윤종승, 《뉴라이트운동의 이념, 조직 및 대응양식에 관한 연구》, 고려대학교 석사학위 논문, 2012년.

윤홍식, 《한국 복지국가의 기원과 궤적 3》, 사회평론아카데미, 2019년.

이동연, 〈세대정치의 문화와 힘〉, 《문화과학》 33(2003).

이병기, 《지방자치 주도세력 형성과 변천에 대한 연구: 종로구 지역정치 경험을 중심으로》, 국민대학교 정치외교학과 박사학위 논문, 2015년.

이상록, 〈민주주의는 개발주의에 어떻게 잠식되어 왔는가〉 1960년대 한국 지성계의 '발전'에 대한 강박〉, 《역사비평》 134(2021).

이세희, 《'국뽕코인'의 등장 : 국민됨의 감정을 추동하는 유튜브 인프라스트럭처의 정치》, 서울대학교 석사학위 논문, 2022년.

이숙종 외, 《2020 한국인의 정체성: 지난 15년간 변화의 궤적》, 동아시아연구원, 2020년.

이순혁, 《검사님의 속사정》, 씨네북스, 2011년.

이용마, 〈2000년대 이후 한국 사회 계층균열 구조의 등장〉, 《한국정치학회보》 48, no.4(2014).

이원진 외, 《소득분배 변화와 원인 분석 연구》, 보건사회연구원·소득주도성장특별위원회, 2022년.

이은혜, 《공공의료라는 파랑새》, 기파랑, 2021년.

이장규, 《경제가 민주화를 만났을 때》, 올림, 2011년.

이재명, 《이재명은 합니다》, 위즈덤하우스, 2017년.

이종구 외, 《서울특별시 성북구 도시노인의 건강상태에 대한 심층조사와 예방관리를 위한 중재연구》, 질병관리청 정책연구용역보고서, 2022년.

이종하·오상일, 〈산업 간 임금격차 확대 분석〉, 《조사통계월보》 2023년 1월호, 한국은행.

이주영, 〈중고령자 재취업 결정 요인 분석: 임금 및 비임금 일자리 경쟁 모형을 중심으로〉, 《한국인구학》 44, no.3 (2021).

이준석, 《거부할 수 없는 미래》, 21세기북스, 2023년.

이준석, 《공정한 경쟁》, 나무옆의자, 2019년.

이준희, 《중앙정치와 지방정치는 어떻게 결합하는가?: 21대 국회의원 선거에서 나타난 정당조직의 형태를 중심으로》, 서울대학교 정치학과 석사학위 논문, 2021년.

이창무·유송지·김재희·송영선, 〈시기별 아파트 질적 특성요인의 향상에 따른 가격효과 분석: 서울특별시 강남구를 중심으로〉, 《주택연구》 31, no.1 (2023).

이창원·허설화·조하영, 《청년층 중국동포 한국사회 편입과정과 정책과제》, 이민정책연구원, 2020년.

이철승·정준호, 〈세대 간 자산 이전과 세대 내 불평등의 증대: 1990~2016〉, 《동향과전망》 104 (2013).

이철희, 〈출생아 수 변화요인 분석과 장래전망〉, 《한국경제의 분석》 25, no.1 (2019).

이총희, 《2014년 연말정산 파동의 두 가지 불편한 진실-낮은 실효세율과 낮은 소득수준》, 경제개혁연대, 2015년.

이해찬, 《이해찬 회고록: 꿈이 모여 역사가 되다》, 돌베개, 2022년.

임희지·양은정, 《다세대·다가구 주택지 재생을 위한 슈퍼블록단위 통합·연계형 가로주택정비사업 추진 방안》, 서울연구원, 2020년.

장덕진, 〈한국의 보수 그들은 누구인가?〉, 《보수와 진보의 대화와 상생》, 한반도선진화재단, 2008년.

장문석, 〈정상국가를 향하여〉, 진태원 편, 《포퓰리즘과 민주주의》, 소명출판, 2017년.

장문석, 《토리노 멜랑콜리》, 문학과지성사, 2023년.

장석준, 《근대의 가을: 제6공화국의 황혼을 살고 있습니다》, 상현글방, 2022년.

장우영, 〈정치참여와 사회통합: 태극기집회 참가자 조사에 의거해서〉, 《선거연구》 9 (2018).

장우영, 〈ICTs와 정당의 '적응': 정치인 팬클럽의 역할을 중심으로〉, 《현대정치논총》 47, no.1 (2007).

장유정·정예슬, 〈농촌 이주노동자 유입과 농촌성의 재구성: 포천시 소흘읍을 사례로〉, 《한국도시지리학회지》 23, no.3 (2020).

장훈, 〈민주화 20년의 정당정치: 회색지대 속의 현실과 이론의 전개〉, 《한국과 국제정치》 26, no.1 (2009).

장훈, 《20년의 실험: 한국 정치개혁의 이론과 역사》, 나남, 2010년.

장휘, 송경호 〈코로나19와 한국 민족주의의 분화: '국뽕' 유튜브의 사례를 중심으로〉, 《시민과 세계》 39 (2021).

전광희, 〈이탈리아의 초저출산과 정책부재의 원인〉, 《사회과학연구》 28. no.3 (2017),

68쪽.

전영기, 〈주류세력의 혁명적 교체〉,《관훈저널》 86(2003년).

정병기, 〈이탈리아 정치사회변동과 중도-좌파정부(1996~2001) 정책〉,《한국정치학회보》 37, no.3(2003).

정병기, 〈이탈리아 정치적 지역주의 생선과 북부동맹당의 변천〉,《한국정치학회보》 34, no.4(2001).

정병기, 〈포퓰리즘의 개념과 유형 및 역사적 변화: 고전 포퓰리즘에서 포스트포퓰리즘까지〉,《한국정치학회보》 54, no.1(2020).

정상호, 〈미국의 네오콘과 한국의 뉴라이트에 대한 비교 연구〉,《한국정치학회보》 42, no.3(2008).

정수현, 〈당원들의 이념 성향과 정책 이슈에 대한 태도〉, 미래정치연구소,《한국의 당원을 말하다》, 푸른길, 2019년.

정재헌, 〈빅데이터 분석을 통한 자동차산업에서의 클러스터 형성과 생태계 연구〉,《산업경제연구》 30, no.5(2017).

정지혜·윤영관·윤왕희, 〈한국의 스윙보터는 누구인가?: 2017년 대선과 2021년 서울시장 보궐선거를 통해 본 무당파 유권자 분석〉,《의정논총》 16, no.2(2021).

정한울, 〈5년 만의 정권 교체와 탄핵정치연합의 해체 요인 분석〉,《동향과 전망》 115(2022).

정한울, 〈당원조사 분석 보고서〉, 한국리서치·열린민주당, 2020년.

정한울, 〈왜 180석 거대 여당은 2년 만에 심판 받았나: 이탈민주의 선택을 중심으로〉, 동아시아연구원, 2022년.

제이콥 해커·폴 피어슨, 조자현 옮김,《부자들은 왜 우리를 힘들게 하는가: 승자 독식의 정치학》, 21세기북스, 2012년.

제프리 케인, 윤영호 옮김,《삼성 라이징》, 저스트북스, 2020년.

조귀동,《세습 중산층 사회》, 생각의힘, 2020년.

조귀동,《전라디언의 굴레》, 생각의힘, 2021년.

조기숙·박혜윤, 〈광장의 정치와 문화적 충돌: 2008 촛불집회에 대한 경험적 분석〉,《한국정치학회보》 42, no.4(2008).

조너선 D. 스펜스, 남경태 옮김,《무질서의 지배자 마오쩌둥》, 푸른숲, 2003년.

〈조선일보〉 경제부,《재계의 인재들》, 동광출판사, 1984년.

조윤구·김보경·김현태, 〈기업 간 시장지배력의 양극화 확대와 이에 따른 통화정책 효과의 이질성 분석〉,《경제학 연구》 70, no.3(2022).

조은혜,《'팬덤 정치'라는 낙인》, 오월의봄, 2023년.

조이 프라드블래너·애런 M. 글레이저, 윤영호 옮김,《슈퍼팬덤》, 세종연구원, 2018년.

중앙선거관리위원회, 〈정당의 활동개황 및 회계보도〉, 각 연도 자료, 중앙선거관리위원회.

차태서, 〈자유주의와 민주주의의 불화: 한국에서 포퓰리즘적 계기의 출현〉,《정치·정보연구》24, no.3(2021).

청와대, 〈양극화, 함께 풀어갑시다: 국민과의 인터넷 대화 주요 내용〉, 2006년 3월 24일.

최성은·양재진, 〈미국 중산층 여성 일-가정양립 경로의 역사적 형성과정에 관한 연구〉,《한국사회정책》23. no.3(2016) 79.

최장집, 〈노동 없는 민주주의로의 전환: 일본사회당의 실패에 관한 한 해석〉,《아세아연구》49, no.2(2006년).

최장집, 〈다시 한국 민주주의를 생각한다: 위기와 대안〉,《한국정치연구》29, no.2(2020).

최장집,《민주화 이후의 민주주의》, 후마니타스, 2002년.

최준영·김준석·구본상, 〈중도적 유권자: 탈정치적 구경꾼〉,《의정연구》28권 3호, 2022년.

최한수·이창민, 〈정부의 암묵적 보증이 공기업 신용등급에 미치는 효과〉,《재무관리연구》34, no.2(2017).

카를 슈미트, 김효전·정태호 옮김,《정치적인 것의 개념》, 살림, 2012년.

카스 무데·크리스탈 로비라 칼트바서, 이재만 옮김,《포퓰리즘》, 교유서가, 2019년.

키스 반 커스버겐·바바라 비스, 남찬섭 옮김,《복지국가 개혁의 도전과 응전》, 나눔의집, 2017년.

통계청, 〈가계금융복지조사〉, 각 연도.

통계청, 〈지역별고용조사〉, 각 연도.

통계청, 〈2019년 다문화 인구동태 통계〉, 2020년.

통계청, 〈인구주택총조사〉, 각 연도.

폴 긴스버그, 안준범 옮김,《이탈리아 현대사》, 후마니타스, 2018년.

폴 태가트, 백영민 옮김,《포퓰리즘》, 한울아카데미, 2017년.

폴 피어슨, 박시종 옮김,《복지국가는 해체되는가: 레이건, 대처, 그리고 축소의 정치》, 성균관대학교 출판부, 2006년.

프랜시스 매컬 로젠블루스·이언 샤피로, 노시내 옮김,《책임 정당: 민주주의로부터 민주주의 구하기》, 후마니타스, 2023년.

피터 자이한, 홍지수 옮김,《붕괴하는 세계와 인구학》, 김앤김북스, 2023년.

하병규, 〈지방출자·출연기관 설립에 미치는 영향요인에 관한 연구: 기초자치단체를 중심으로〉,《한국공공관리학보》36, no.2(2022).

한국갤럽, 〈프로야구에 대한 여론조사〉, 2019년과 2023년.

한국갤럽, 〈한국갤럽 데일리오피니언 532호 2023년 3월 1주〉.

한국건강형평성학회, 〈지역별 건강격차 프로파일〉, 2018년.

한국고용정보원, 〈고령화 연구 패널〉, 각 연도.

한국금융연구원, 〈금융인력 기초통계 분석 및 수급 전망〉, 2021년.

한국노동연구원, 〈중장기 노동력 수급 전망〉, 1990년.

한국신용데이터, 〈코로나19와 소상공인의 삶: 2020년 소상공인 매출 빅데이터를 이용한 코로나19 피해 분석〉, 국회 소상공인정책포럼, 2021년.

한국여성정책연구원·여성가족부, 〈2021년 전국다문화가족실태조사〉, 2022년.

한귀영, 〈노무현·이명박의 어젠다 정치- 갈등과 통합의 딜레마〉, 《역사비평》 101(2012).

한승혜·배현회, 〈대규모 재개발에 따른 소득계층별 주거 분포의 변화에 관한 연구〉, 《한국정책학회보》 30, no.2(2021).

행정안전부, 〈2019 지방자치단체 외국인주민 현황〉, 2020년 11월.

허만섭, 《이명박 절반의 정직》, 디오네, 2008년.

허진재, 〈한국 대선의 흐름과 유권자의 변화〉, 《한국조사협회 창립 30주년 기념 세미나 '2022 대선 여론조사와 출구조사 진단' 발표문》, 2022년.

현영석·정규석, 〈현대와 도요타의 품질 위기와 극복〉, 《품질경영학회지》 42, no.1(2014).

홍민기, 〈최상위 소득 비중의 장기 추세(1958~2013)〉, 《경제 발전 연구》, 2015년. 2018년도 추정치까지 포함한 데이터는 https://sites.google.com/site/hminki00/minki-hong에서 입수.

홍장표, 〈소득주도성장 5년을 되돌아보며〉, 소득주도성장특별위원회 편, 《소득주도성장, 끝나지 않은 여정》, 메디치미디어, 2022년.

황지수, 〈부모의 교육수준에 따른 자녀 돌봄 시간〉, 《노동경제논집》 45, no.3(2022).

Adam Przeworski and John Sprague, 1986, Paper Stones: A History of Electoral Socialism, Chicago, London: University of Chicago Press.

Alberto Martinelli, Antonio Chiesi, and Sonia Stefanizzi. Recent Social Trends in Italy, 1960-1995. Vol. 7. McGill-Queen's Press-MQUP, 1999.

Alberto Melucci, "A Strange Kind of Newness: What's 'New' in New Social Movements?", Enrique Larana et. al., New Social Movements: From Ideology to Identity, Temple University Press, 1994.

Ashwini K. Agrawal and Daniel Kim, Municipal bond insurance and the US drinking water crisis, LSE Financial Markets Group, 2021.

Asuncion B. Bernardez-Rodal et. al., "Radical right parties and anti-feminist speech on Instagram: Vox and the 2019 Spanish general election", Party Politics 28(2),

2022.

Barlow, James. Success and failure in housing provision. Pergamon Press, 1994.

Beckman, Christine M. Beckman, "The influence of founding team company affiliations on firm behavior", Academy of Management Journal 49.4 (2006): 741-758.

Bull, Martin. Rhodes, Martin. Crisis and transition in Italian politics. Frank Cass, 1997.

Carbone, Maurizio & Piattoni, Simona eds. Italian politics : governing under constraint. Berghahn Books. 2016

Castles, Francis G. Castles and Maurizio Ferrera, "Home ownership and the welfare state: is Southern Europe different?", South European Society and Politics 1.2 (1996): 163-185.

Chiara Saraceno (1998), Mutamenti della famiglia e politiche sociali in Italia. Bologna: Il Mulino.

Cho J. & Chun H. & Kim H. et al., "Job Creation and Destruction: New Evidence on the Role of Small Versus Young Firms in Korea", JER 68, 173~187 (2017).

Chung, Jongwoo, and Chulhee Lee, "Technological Change, Job Characteristics, and Employment of Elderly Workers: Evidence from Korea", Bank of Korea WP 2022-14 (2022).

Cristóbal Rovira Kaltwasser, Paul Taggart, Paulina Ochoa Espejo, and Pierre Ostiguy. The Oxford Handbook of Populism. Oxford University Press. New York: 2019.

Daniel Kupper et. al., Boosting Resilience with Production as a Service, Boston Consulting Group, 2022.

David Plotke, Building a Democratic Political Order: Reshaping Americanism in the 1930s and 1940s, New York: Cambridge University Presss, 1996

Fabio Levi, Torino, o cara... Dove va la citta della Fiat. Meridiana , GENNAIO 1993, No. 16.

Federal Reserve Bank of St. Louis, Real GDP at Constant National Prices for Italy, Economic Resources and Data, https://fred.stlouisfed.org/series/RGDPNAITA666NRUG.

Francesca Barigozzi, Cesare Di Timoteo, and Chiara Monfardini, "The Gender Gaps in Time-Use Within Italian Households During 2002~2014", Italian Economic Journal (2022): 1-34.

Francesco Bloise, Daniela Chironi, and Mario Planta. "Inequality and voting in Italy's regions", Territory, Politics, Governance 9.3 (2021): 365-390.

Gábor Halmai, "Is there such thing as 'Populist Constitutionalism'? The case of Hungary", Fudan journal of the humanities and social sciences 11 (2018): 323-339.

Gary Gerstle, The Rise and Fall of the Neoliberal Order: America and the World in the Free Market Era, Oxford University Press, 2022.

Han, Jong-Suk, and Jiwoon Kim. "Reassessing the Inflows and Outflows of Unemployment in Korea." Korean Economic Review 35.1 (2019): 25-59.

Hine, David. Governing Italy : the Politics of Bargained Pluralism. Oxford University Press. 1993

Ignazio Visco, "Economic growth and productivity: Italy and the role of knowledge", EuroScience Open Forum 2020, Banca d'Italia.

International Federation of Robotics, World Robotics 2022, 2022.

James L. Newell, Italy's Contemporary Politics. Routledge, 2020.

Javier García-Manglano, Javier, Natalia Nollenberger, and Almudena Sevilla Sanz. "Gender, time-use, and fertility recovery in industrialized countries" (2014).

Jay A. Conger, Rabindra N. Kanungo, and Sanjay T. Menon. "Charismatic leadership and follower effects", Journal of Organizational Behavior 21.7 (2000): 747-767.

Jeong Hyeok, "Korea's growth experience and long-term growth model", World Bank Policy Research Working Paper 8240 (2017).

Jon Cohen and Giovanni Federico, The Growth of the Italian Economy: 1820~1960, Cambridge University Press, 2001

Kazin, Michael. "Trump and American Populism: Old Whine, New Bottles". Foreign Affairs. 95.no.6. November/December 2016.

Kim Byung-Yeon, and Jukka Pirttilä, "Political constraints and economic reform: Empirical evidence from the post-communist transition in the 1990s", Journal of Comparative Economics 34.3 (2006): 446-466.

Kimberly J. Morgan, "The political path to a dual earner/dual carer society: Pitfalls and possibilities", Politics & Society 36.3 (2008): 403-420.

Lechevalier, Sébastien, ed. The great transformation of Japanese capitalism. Routledge, 2014.

Leonardi, Robert. Government and Politics of Italy. Palgrave. 2017.

Lorenzo Codogno and Giampaolo Galli, Meritocracy, Growth, and Lessons from Italy's Economic Decline: Lobbies (and Ideologies) Against Competition and Talent. Oxford University Press, 2022.

Marco Tarchi, "Italy: the Promised Land of Populism?", Contemporary Italian Politics 7.3 (2015): 273-285.

Mario Pianta, "Italy's political upheaval and the consequences of inequality", Intereconomics 55.1 (2020): 13-17.

Marius R. Busemeyer, et al., eds. Digitalization and the Welfare State, Oxford University Press, 2022.

Maurizio Ferrera, "The 'Southern model' of welfare in social Europe", Journal of European Social Policy 6.1 (1996): 17-37.

Maurizio Ferrera, "The South European Countries", in Daniel Béland and others (eds), The Oxford Handbook of the Welfare State, 2nd edn, Oxford Handbooks (2021: online edn, Oxford Academic, 8 Dec. 2021.

Mershon, Carol. Pasquino, Gianfranco. Italian Politics: Ending The First Republic. Westview Press. 1995.

Ms. Lusine Lusinyan and Mr. Dirk Muir. "Assessing the macroeconomic impact of structural reforms the case of Italy", International Monetary Fund, 2013.

Newell, James L. Parties and Democracy in Italy. Routledge, 2018.

Newell, James L., and Martin J. Bull. "The April 1996 Italian general election: the left on top or on tap?." Parliamentary Affairs 49.4 (1996): 616-648.

Newell, James. Parties and democracy in Italy. Routledge. 2018.

Newwell, James. Italy's Contemporary Politics. Routledge. 2022.

Olugbenga Ajilore, The Role of Rural Communities of Color in the 2020 Election, Center for American Progress, 2020.

Paolo Barbieri "Italy: No country for young men (and women): The Italian way of coping with increasing demands for labour market flexibility and rising welfare problems." Globalized Labour Markets and Social Inequality in Europe (2011): 108-145.

Paolo Barbieri et al. "The rise of a Latin model? Family and fertility consequences of employment instability in Italy and Spain", European societies 17.4 (2015): 423-446.

Patricia Apps and Ray Rees, "Household production, full consumption and the costs of children", Labour Economics 8.6 (2001): 621-648.

Paul J. DiMaggio and Walter W. Powell, "The iron cage revisited: Institutional isomorphism and collective rationality in organizational fields", American Sociological Review (1983): 147-160.

Pepper D. Culpepper, and Kathleen Thelen, "Are we all Amazon primed? Consumers and the politics of platform power", Comparative Political Studies 53.2 (2020): 288-318.

Pizzolato, Nicola. "'I Terroni in Città': Revisiting Southern Migrants' Militancy in Turin's 'Hot Autumn." Contemporary European History 21.4 (2012): 619-634.

Richard Easterlin (1978), "What Will 1984 be Like? Socioeconomic Implications of Recent Twists in Age Structure", Demography 15(4), 397-432

Robert G. Patman, Populism from the Brexit and Trump playbooks enters the New Zealand election campaign—but it's a risky strategy, The Conversation, 2020.8.24.

Rudiger Dornbusch and Sebastian Edwards, The Macroeconomics of Populism in Latin America, University of Chicago Press, 1991.

Stefano Fella and Carlo Ruzza, Re-inventing the Italian Right: Territorial Politics, Populism and 'Post-Fascism'. Routledge, 2009.

Teresio Poggio, The hosing pillar of the Miditerranean welfare regime: relations between home ownership and other dimensions of welfare in Italy, Beyond Home Ownership, Routledge, 2011.

Thomas D. Snyder, Charlene M. Hoffman and Claire M. Geddes, Digest of Education Statistics, 2007, US Department of Health, Education, and Welfare(1997), p.18.

U.S. Department of Commerce, Middle Class in America, 2010.

W. A. Arts & J. P. T. Gelissen (2010), "Models of the welfare state", In F. G. Castles, S. Leibfried, J. Lewis, H. Obinger, & C. Pierson (Eds.), The Oxford Handbook of the Welfare State (pp. 569-583), Oxford Handbooks in Politics & International Relations, Oxford University Press.

Weakliem, David L. "The effects of education on political opinions: An international study." International Journal of Public Opinion Research 14.2 (2002): 141-157.

Wolfgang Lutz et al. "The Low-Fertility Trap Hypothesis: Forces That May Lead to Further Postponement and Fewer Births in Europe", Vienna Yearbook of Population Research, vol. 4, 2006,

Woo Chang Kang and Sunkyoung Park, "When do homeowners feel the same as renters? Housing price appreciation and subjective well-being in South Korea." Cities 134 (2023): 104~153.

內閣府, 令和4年版高齢社會白書, 內閣府 出版社, 2022年.
厚生勞動省, 外國人雇用狀況(令和4年10月末現在), 2023年.

이탈리아로 가는 길

선진국 한국의 다음은 약속의 땅인가

1판 1쇄 펴냄 2023년 7월 28일
1판 2쇄 펴냄 2023년 8월 28일
지은이 조귀동
발행인 김병준
편 집 정혜지
디자인 위드텍스트·권성민
마케팅 김유정·차현지
발행처 생각의힘

등록 2011. 10. 27. 제406-2011-000127호
주소 서울시 마포구 독막로6길 11, 우대빌딩 2, 3층
전화 02-6925-4183(편집), 02-6925-4188(영업)
팩스 02-6925-4182
전자우편 tpbook1@tpbook.co.kr
홈페이지 www.tpbook.co.kr

ISBN 979-11-93166-16-1 (03300)